KB020669
Ben Brear
Sound of Jura
Lochgilphead
Ardrishaig
Kilmory
Tayvallich
Crinan
Ben More
Dunoon
Helensburgh
Port Glasgow
Greenock
Dumbarton
Renton
Kilmacolm
Lochwinnoch
Kilbirnie
Dalry
Kilwinning
Irvine
Ardrossan
Saltcoats
Stevenston
Kilmarnock
Prestwick
Newton upon Ayr
Ayr
Heads of Ayr
Dunure
Culzean B.
Maybole
Turnberry Pt.
Kirkoswald
Girvan
Old Dailly
Dailly
Ailsa Craig
Shalloch Pt.
Bennane Hd.
Colmonell
Knockdolian Hd.
Ballantrae
Finnart Pt.
Corsewall Pt.
Loch Ryan
Cairnryan
Stranraer
Dounan B.
Strool B.
Salt Pan Cr.
Killantringan B.
Glenluce
New Luce
L. Stornoway
Ardpatrick Pt.
Gigha I.
Sound of Gigha
Cara I.
Tayinloan
Killean
Grogport
Carradale
Saddell
Campbelton
Davar I.
Southend
Sanda
Mull of Kintyre
Kilbrannan Sd.
Loch Ranza
Catacol
Goat Fell
Brodick & Bay
Corrie
Lamlash
Holy I.
Kings Cove
Blackwater Foot
Kilmory
Kildonan Pt.
Pladda I.
Bennan Hd.
Clachog Pt.
Kildonald
Druimodune B.
Kingscross Pt.
Whiting B.
Sound of Bute
Garroch Hd.
Cumbrae
Millport
Fairlie
Firth of Clyde
Campbelton to Glasgow 88 Miles
Glasgow to Ardrossan 87 Miles
Glasgow 135 Miles
Liverpool to Glasgow 243 Miles
Belfast to Glasgow 223 Miles
The Maidens
Wigtown

여행의 끝 위스키

Whisky, the end of the journey

여행의 끝 위스키

Whisky, the end of the journey

마케터의 시선으로 본
스코틀랜드 증류소

정보연 지음

모요사

일러두기

- 이 책에서 위스키 증류소와 브랜드의 이름은 국내 총판을 담당하는 수입사에서 사용하는 공식 명칭을 기준으로 표기한다. 그 외에는 국립국어원의 외래어표기법에 따른다.

머리말

이제는 마음의 준비가 된 것 같아요!

야근을 마친 늦은 밤, 바에서 우연히 접한 위스키가 내 삶을 바꾸었다. 나는 이커머스 플랫폼 마케터로 커리어를 시작했다. 24시간 운영하는 플랫폼의 특성상 캠페인은 보통 자정에 시작되었다. 새로운 서비스의 반영은 트래픽 밀도가 낮은 새벽에 진행되는 경우가 많았다. 그러면 잘 오픈되었는지 꼼꼼히 점검한 후 퇴근하는 것이 나의 일상이었다.

퇴근 후 자주 가던 바에서 매번 맥주와 칵테일을 한 잔씩 맛보다가, 어느 날 바텐더의 추천으로 위스키를 마셨다. 위스키의 향기를 들이마시는 순간, 자비에 돌란 감독의 영화 속 한 장면처럼 감각의 새로운 지평이 열리는 신기한 경험을 했다. 첫 만남의 강렬한 감정에 빠져서 하루의 끝에 위스키를 찾는 날들이 점점 늘어났다.

월급을 받으면 몰트 바에 갔다. 지갑이 얇아서 한두 잔, 늘 잔술로 위스키를 맛보았다. 정신을 차리고 보니 너무 많은 돈을 바에 쓰고 있었다. 그렇지만 위스키는 점점 더 좋아졌다. 이대로는 안 되겠다는 생각에 위스키 스터디를 만들었다. 친구들과 함께 위스키와 관련한 외국 원서를 읽고, 위스키를 테이스팅하면서 증류소를 공부하고 페어링을 연구했다. 알뜰하게 5년 동안 100회가량 스터디를 진행하면서 위스키에 대한 지식과 나만의 이야기가 쌓였다. 그리고 그 이야기를 담은 책 한 권이 나왔다. 여러 매체에서 위스키에 대해 더 많은 글을 쓰고 강연도 하게 되었다.

그사이 일본과 핀란드, 호주를 방문하면서 증류소 일곱 곳을 방문했다. 위스키 하면 떠오르는 것이 '스카치'인데, 스코틀랜드는 쏙 빼두고 말이다. 언제든 마음만 먹으면 휴가를 내서 스코틀랜드로 떠날 수도 있었지만, 아직 준비가 부족하다는 생각이 들었다. 조금 더 공부하고 시기가 되었을 때 스코틀랜드를 밟겠다고 생각했다.

드디어 스코틀랜드로!

팬데믹 시기를 거치는 동안 술을 가정에서 소비하는 시간이 늘어나면서, 오랜 시간 보관할 수 있고 잔술로 즐기기 좋은 싱글몰트 위스키의 인기가 자연스럽게 높아졌다. 이후 아난티 이터널저니와 문화센터 '더현대 서울 CH1985'를 비롯해 여러 서점과 도서관에서 불러줘서 위스키에 대해 더 많은 이야기를 나누었다. 스코틀랜드의 위스키 증류소를 구글맵으로 함께 찾아보고, 역사와 인물을 소개하는 시간도 있었다. 위스키에 대해 그렇게 떠들면서도 마음 한편은 늘 비어 있었다. 한국에서 독학으로 영어를 공부했지만 영국 현지에서 제대로 된 언어와 고유한 문화를 직접 느껴보고 싶은 갈망을 느끼는 학생처럼, 위스키의 본고장인 스코틀랜드에서 위스키를 직접 마셔보고 확인하고 싶은 마음이 커졌다.

그 무렵, 첫 직장의 입사 동기이자 나의 여행 메이트인 보경 언니가 부장으로 진급했다. 그녀는 이직하면서 커리어의 변화가 있었는데, 부동산 컨설팅 분야에서 본인만의 유통과 패션에 특화된 커리어를 배경으로 멋지게 활동하게 되었다. 부장 진급의 포상 중 하나로 해외 단기 연수의 기회가 제공된다고 했다. 물론 숙식 포함이었다. 같은 분야에서 커리어를 시작한 언니와 나는 마음이 잘 맞았다. 우리는 매년 휴가 일정을 맞춰서 시장 조사를 핑계로 도쿄, 오사카, 교토, 가루이자와, 런던, 헬싱키, 멜버른, 애들레이드 등 수많은 도시를 함께 누볐다.

"우리가 함께 런던에 다녀온 지 십 년이 되었잖아. 오랜만에 또 같이 런던에 가자. 숙소는 회사에서 지원해주니까 가벼운 마음으로 움직일 수 있어."

우리가 함께 떠났던 십 년 전의 런던 여행을 떠올리면서, 10월에 런던에서 함께 시간을 보내자고 했다. 그새 회사를 나와 홀로서기를 한 나는 오랜 시간 서울을 떠나는 일이 마음처럼 쉽지 않았다. 결정을 못 하고 머뭇거리는 내게 언니는 흥미로운 제안을 했다.

"런던에서만 2주를 머무는 게 조금 지루할 수 있으니까, 한 주는 스코틀랜드에서 지내고, 한 주는 런던에서 보내는 게 어때?"

솔깃했다. 여러 출판사에서 다음 위스키 책 제안이 왔다. 늦가을에 진행될 위스키 브랜드 론칭 행사의 진행 의뢰도 들어왔다. 모든 신호들이 나를 스코틀랜드로 끌어당겼다. 바로 글래스고행 비행기를 예약하고 숙소를 잡았다. 과감하게 앞뒤로 시간을 빼서 약 한 달의 기간을 영국에서 보내기로 결정했다.

그리고 글렌고인 증류소 홈페이지를 열어보았다. 증류소 투어 메뉴를 찾아 들어갔는데, 자리가 없었다. 이번에는 라가불린 증류소 홈페이지를 열었다. 역시 자리가 없었다. 이어서 글렌리벳 증류소 홈페이지를 열었다. 마찬가지였다. 일정을 옮겨야 할 것 같아서 예약해둔 비행기 표를 살펴보니, 취소 수수료가 70퍼센트인 특가 티켓이었다. 가슴이 답답해졌다. 한 자리 정도는 어떻게 되겠지 하고 그냥 노트북을 덮었다.

과연 이 여행의 끝은 어떻게 될까?

스코틀랜드 증류소의 시간을 읽다

위스키의 가장 큰 매력은 다채로운 향기 속에 적힌 '세월을 담은 이야기'라고 생각한다. 전작에서는 위스키 애호가로서 위스키를 어떻게 즐길지에 대해 소개했다면, 이번 책 『여행의 끝, 위스키』에서는 스코틀랜드 증류소를 직접 방문하면서 마케터로서 경험한 위스키 산업의 여러 얼굴을 본격적으로 살펴보았다. 마케터로 일한 경험과 경력은 단순히 위스키의 맛과 역사를 공부하는 데 그치지 않고, 어쩔 수 없이 상품 기획과 생산 관리, 브랜딩, 판매 전략과 미래 경영에 대한 호기심을 발동시켰다. 한번 호기심이 발동하자 관심은 더욱 깊어졌다. 단지 위스키를 테이스팅할 때 느꼈던 감각과 감동을 넘어서 ‘브랜드’ 가치를 입증한 위스키 증류소의 실질적인 힘과 근간을 알고 싶어졌다.

스코틀랜드 증류소의 여러 마스터 디스틸러와 진지하게 얘기를 나누고, 어디서도 들을 수 없는 증류소 운영 경험을 들으면서 나는 위스키 ‘문화’의 광활한 영역을 새롭게 개척하는 기분이었다. 그래서 이번 책에서는 과감하게 그들의 이야기를 집중적으로 소개하고자 마음먹었다. 위스키란 단지 힙한 취향을 보여주는 과시적인 ‘멋’의 수단이 아니라, 위스키가 숙성되는 세월 속에 담긴 ‘정신의 근간’을 체험하는 일이라는 것을 독자들과 공유하고 싶었기 때문이다.

위스키에 대한 이야기를 스코틀랜드에서 출발해야 할지 아일랜드에서 출발해야 할지를 따지는 일은 나에게 중요하지 않았다. 더 중요한 것은 그 가치를 가장 ‘먼저’ 알아보고 ‘지속적으로’ 시대와 소통하며 브랜딩하는 일이다.

위스키라는 상품을 기획하고 만드는 일, 이것을 사람들에게 소개하는 일은 브랜딩에 대해 고민하는 이들이라면 스코틀랜드로 향할 수밖에 없게 만든다. 비단 주류 업계의 종사자뿐만 아니라 패션·음악·미술·문학 등 다양한 크리에이티브 분야에서 활동하는 이들이 스코틀랜드 증류소에 이끌리는 것은 바로 이러한 힘 때문이 아닐까? 이곳에서 느낄 수 있는 색다른 공기와 세월이 쌓여서 빚어낸 감동적인 분위기는 스코틀랜드를 특별하게 만든다.

이 책은 ‘스코틀랜드 증류소의 시간’을 읽는 책이다. 관광객이나 애호가의 시선이 아니라 마케터가 머물면서 만난 공간과 브랜드, 그리고 문화를 움직이는 생산자에 관한 생생한 이야기다. 한편으론 글래스고에서 시작해 아일라, 스페이사이드로 이동하면서 경험한 스코틀랜드 증류소 견문록이며, 새로운 사람들과 만나면서 조금씩 확장해간 소통의 기록이기도 하다.

하루에도 수많은 브랜드가 태어나고 또 사라진다. 길게는 약 2백년의 세월을 견디고 진화한 스코틀랜드 증류소들의 생존 전략을 살펴보고 또 응원하면서, 이 책이 나처럼 미래의 마케팅을 고민하는 이들에게 조금이라도 도움이 되기를 바란다.

2023년 11월

정보연

차례

Part 2
증류소의 브랜딩 전략과 생산 관리 노하우

Part 3
문화를 창조하는 힘, 경험 마케팅과 팬덤 문화

Part 1

상품 기획과 트렌드를 이끄는 힘

Bruichladdich

브룩라디 증류소

극과 극은 통한다

티파니 블루의 위스키 병

글래스고에서 바람에 심하게 흔들리는 작은 비행기를 타고 아일라 섬에 도착했다. 좌석이 35석밖에 안 되는 비행기는 처음이었다. 안전띠를 한 번 더 조이고 비행하는 내내 양팔의 손잡이를 꽉 붙들고 잔뜩 긴장한 채로 왔다.

영국 현지 운전에는 아무래도 자신이 없어서, 큰맘 먹고 택시 투어를 신청했다. 공항을 나서니 아일라를 다녀온 친구가 강력히 추천해준 운전기사 짐Jim이 다가와 말을 걸었다. 그는 지금 막 날이 개었다며, 맑은 아일라의 날씨를 만끽하라고 환영 인사를 했다.

숙소인 포트샬롯 호텔은 공항에서 차로 40분 정도 거리에 있었다. 체크인까지는 시간이 남아 호텔 로비에 짐을 맡겨두고, 바로 브룩라디 증류소로 이동하기로 했다. 호텔에서 증류소까지 도보로 40분 거리인데, 차로는 딱 3분 거리다! 미리 증류소 근처를 조금 둘러보려고 서둘렀다.

하얀색 증류소 건물과 시원하게 대조를 이루는 초록 잔디밭 위, 오크통 헤드에는 티파니 블루 바탕에 흰 글씨로 브룩라디Bruichladdich라고 알파벳 대문자로 쓴 13자가 시선을 끌었다. 증류소 빌딩에 가까이 다가가니, 흰 벽에 파란 창문이 늘어선 모습이 마치 영국 화가 패트릭 콜필드Patrick Caulfield의 그림 '인테리어 시리즈'처럼 보였다.

2014년에는 한국 위스키 애호가들의 가슴을 뛰게 만든 이벤트가 있었다. 살아 있는 위스키의 전설 짐 매큐언Jim McEwan이 한국에서 마스터 클래스를 진행한 것이다. 위스키의 매력에 막 눈뜨기 시작한

때여서 그 소식이 더욱 기뻤다. 소식을 듣자마자 참가 신청을 하려고 보니 이미 마감된 후였다. 한국에서 그의 인기를 실감할 수 있었다. 그 순간부터 작정하고 여기저기 연락을 취해 어렵게 한 자리를 마련했다. 짐을 처음 만났던 그날의 감격은 지금도 생생하다. 참고로 그는 무라카미 하루키의 위스키 에세이 『만약 우리의 언어가 위스키라고 한다면』 초반부에 보모어 증류소에서 마스터와 캐치볼을 했다는 에피소드에 등장하는 바로 그 마스터다.

짐은 티파니 블루의 드넓은 바다 사진을 보여주면서, '브룩라디'라는 발음하기도 어려운 증류소의 위스키를 소개했다. 요즘의 위스키 병은 투명해서 위스키의 컬러를 바로 확인할 수 있게 설계돼 있다. 위스키 라벨 사이로 보이는 위스키 원액의 수색水色을 확인하면서 술꾼들은 입맛을 다시기 시작한다. 그런데 브룩라디 증류소의 위스키 병은 수색을 전혀 확인할 수 없는 티파니 블루 색이다. 아일라 앞바다의 매력적인 컬러를 위스키 병에 그대로 담은 것이다.

이 강렬한 컬러 덕분에 리커 숍에 가면 다른 위스키들 사이에서도 가장 먼저 눈에 띈다. 브룩라디 증류소의 보틀 디자인은 기존의 디자인 문법과는 달랐다. 스코틀랜드 서부 해안의 섬들, 즉 헤브리디스Hebrides의 가장 진보적인 증류소라는 것을 온 힘을 다해 보여주었다. 그들의 개성 있는 생산 방식과 위스키의 맛을 특별한 디자인으로 소비자들에게 쉽게 전달했다. '브랜드 리뉴얼'의 정석을 보여주는 브룩라디 증류소를 함께 걸어볼까?

괴짜 같은 증류소

짐 매큐언은 아일라의 보모어에서 태어나 열다섯 살 때부터 보모어 증류소에서 커리어를 시작했다. 1976년 모리슨 보모어에서 블렌더로 교육을 받고, 1986년 디스틸러 매니저로 커리어의 정점을 찍었다. 다른 이들이라면 은퇴를 고민할 나이인데도 38년간 근무했던 증류소를 뒤로하고, 2001년에 브룩라디 증류소의 마스터 디스틸러가 되면서 새 역사를 써 내려갔다. 은퇴하기 전인 2015년까지 피트 몬스터 옥토모어Octomore를 비롯해 아일라 최초의 진Gin 보타니스트Botanist까지, 그는 위스키계에서 수많은 혁신과 도전의 아이콘이었다. 현재는 독립 병입자 헌터 랭Hunter Laing에서 전개하는 새로운 증류소 아드나호Ardnahoe에서 또 다른 커리어를 이어가고 있다. 스코틀랜드에서는 "마스터 디스틸러는 절대로 은퇴하지 않는다"는 농담을 하곤 하는데, 짐 매큐언이야말로 그 농담을 사실로 증명하는 주인공이다.

짐의 유산인 브룩라디 증류소는 개성이 강한 위스키로 유명하다. 아일라 섬은 스모키한 위스키로 잘 알려져 있는데, 이 정체성과는 '정반대'로 논 피티드non peated 위스키인 브룩라디 클래식 라디Bruichladdich Classic Laddie를 만들었다. 또 스모키한 정체성을 더욱 강조한 헤빌리 피티드heavily peated 위스키인 포트샬롯Port Charlotte과 몰트의 페놀 함유량이 10배가량 높은 피트 몬스터 옥토모어를 내놓았다.(옥토모어 8.3의 경우 보모어 증류소의 위스키 대비 10배 정도 차이가 난다.) 한마디로 극과 극의 위스키를 만드는 괴짜 같은 증류소인 것이다.

실험적인 한정판 위스키도 비교적 다양하게 생산하는 편이라서

PROGRESSIVE HEBRIDEAN
DISTILLERS
BRUICHLADDICH
SINCE 1881
BRUICHLADDICH

브룩라디 증류소 전경.

이 증류소를 방문하면 생산 시설을 살피는 것은 뒷전이고 증류소 숍으로 먼저 달려가게 된다. 대개 증류소 오픈 시간에 증류소 숍에서 한정판 위스키를 풀기 때문이다. 라디 숍Laddie Shop 글자를 따라가 문을 열었다. 이미 도착한 사람들은 구매할 위스키를 신중히 살피고 있었다. 바이오다이내믹 프로젝트, 라디 오리진 아일라 페스티벌 2021, 로큰달 아일라 페스티벌 2022, 브룩라디 포트샬롯 아일라 발리 2013, 옥토모어 13.1, 옥토모어 13.3, 블랙아트 에디션 06.1 등 서울에서는 평소 구경하기도 힘든 한정판 위스키들이 가득했다.

홍분으로 들뜬 마음을 겨우 가다듬고 딱 두 병만 고르기로 했다. 아일라에서 글래스고로 돌아가는 35석의 작은 비행기는 수하물 규정이 상당히 까다롭기 때문에 수량 제한을 염두에 두어야 했다. 숍의 오른쪽에는 큰 오크통이 두 개 보였다. 포트샬롯 발린치, 브룩라디 발린치라고 적혀 있는 두 개의 오크통에는 사람 얼굴과 숫자가 크게 적혀 있었다. 발린치Valinch는 오크통에서 소량의 위스키를 추출하는 데 사용하는 구리로 된 파이프를 말한다. 브룩라디 증류소는 이곳에서만 판매하는 싱글 캐스크Single Cask의 캐스크 스트렝스Cask Strength 위스키에 발린치라는 이름을 붙였는데, 네이밍도 참 찰떡처럼 달라붙는다. 일인당 최대 두 병만 구매 가능하다는 제한을 두었기에 이것으로 한 병씩 구매하고 예약해둔 투어 대열에 합류했다.

브룩라디 증류소는 논 피티드, 피트 몬스터처럼 양극단의 위스키를 만든다는 점 외에도 와인 업계에서 주로 거론되는 테루아의 개념을 위스키에 적용시켜 상당히 진보적인 생산 방식을 선보이고 있

1 브룩라디 증류소의 밀링 룸.

2 몰트 분쇄기 로버트 바비.

3 뚜껑이 없는 무쇠 당화조.

4 다양한 수치를 기록하는 밀링 룸 철판.

브룩라디 증류소의 증류실과 증류기.

다. 브룩라디 증류소는 1881년에 시작됐는데, 스코틀랜드의 많은 증류소가 부침을 겪었듯 브룩라디 역시 증류소 운영과 폐쇄를 반복한 역사가 있다. 이후 2001년에 다시 문을 열면서 위스키에 새로운 개성을 불어넣었다. 그들은 스카치 위스키의 핵심 가치 중 하나인 '헤리티지'의 중요성을 잘 이해하고 있었고, 위스키를 만드는 장비만큼은 예전의 것을 그대로 살려 사용하려고 노력한다.

우선 제분기는 로버트 바비Robert Boby의 제품인데, 회전 벨트가 돌아가면서 몰트를 분쇄한다. 다른 증류소의 오래된 제분기들과는 다른 스타일로 스코틀랜드에서 유일하게 현존하는 올드 스타일의 제분기다. 또한 1881년에 증류소가 설립된 시기부터 사용하고 있는 무쇠로 만든 당화조도 인상적이다. 이 당화조에는 뚜껑이 없어서 지켜보면 조마조마한 마음까지 든다. 당화조의 뚜껑이 없으면 온도 보존 능력도 떨어질뿐더러 공기 중으로 혹은 바람에 날려 이물질이 들어갈 수도 있다. 그래서 당화 과정에서 세 번째 급수를 진행할 때는 수온을 92~98도까지 올려야 한다고 한다.(일반적으로 세 번째 급수는 약 85도로 진행한다. 물론 당화액에 효모를 넣고 발효하는 발효조Washback도 스테인리스가 아닌, 오리건 파인트리로 된 나무 발효조를 사용하고 있다.)

증류실로 이동하면 새까맣게 변한 증류기가 한눈에 들어온다. 1975년에 제작된 제1차 증류기와 1973년에 제작된 제2차 증류기가 세월이 지남에 따라 색이 변했다. 요즘처럼 컴퓨터로 모든 설비를 제어하는 시기에, 이곳에서는 숙련된 기술자들이 직접 진행 상황을 컨트롤한다. 디스틸러가 종종 자리를 비우는 다른 곳과 달리 지속적

BRUICHLADDICH
EST 1881
ISLAY SINGLE MALT

브룩라디 증류소 숙성고.

으로 체크하는 모습이 인상적이다.

숙성고를 지나면서 리브잘트Rivesaltes 캐스크를 발견했다. 문득 예전에 분당 위스키 모임에서 마셨던 브룩라디의 리브잘트 캐스크가 떠올랐다. 당시 강화 와인인 리브잘트가 생소해서 함께 검색해보며 테이스팅했던 기억이 났다. 분당 위스키 모임의 형님들(우리는 서로를 남녀 구분 없이 형님, 동생으로 부른다)과는 긴 세월에 걸쳐 함께 위스키를 테이스팅하고 있다. 몇 개월 뒤면 곧 우리 모임도 10년이 된다. 맏형인 PJ 형님이 유학 중인 아들을 보러 종종 캐나다를 갔다 왔는데, 그때마다 브룩라디 증류소의 마이크로 프로방스 시리즈를 공수해와서 즐겁게 맛보곤 했다. 오래 지속해온 모임이기에 브룩라디의 예전 위스키인 알파벳 시리즈(퍼스트 그로스First Growth 시리즈)부터 다양한 위스키를 테이스팅하던 흐뭇한 시간들이 머릿속에 스쳐 지나간다.

최근 스코틀랜드 증류소에는 세대교체가 활발하게 일어나고 있다. 브룩라디 증류소 역시 짐 매큐언이 떠나고, 헤드 디스틸러로 아일라에서 태어나고 자란 애덤 해넷Adam Hannett이 자리를 이어 맡게 되었다. 불과 2004년에는 증류소 숍에서 일하면서 투어를 담당하던 그가 2015년에는 최고 관리자의 자리에 오르게 된 이야기가 너무 궁금하지 않은가? 하지만 내가 아일라를 방문한 시기에는 그가 휴가로 자리를 비운 터라 만나지 못했다. 꼭 인터뷰하고 싶은 마음을 꾹꾹 눌러 담고 애덤에게 편지를 썼다. 그리고 다음 날 다시 브룩라디 증류소에 들러 다른 직원에게 편지를 남기고 돌아섰다. 과연 나의 마음이 전달될까?

INTERVIEW

브룩라디 증류소의 헤드 디스틸러, 애덤 해넷

Q 2004년 브룩라디 증류소에 투어 가이드로 처음 합류하게 되었다고 들었어요. 당시 브룩라디 증류소에 지원하게 된 배경에 대해 듣고 싶어요. 투어 가이드로 시작해 헤드 디스틸러의 자리까지 오르게 된 과정은 특별한 케이스라고 생각해요.

A 저는 평생 아일라에서 자랐어요. 고등학교 졸업 후 대학 공부를

위해 스코틀랜드 본토의 애버딘으로 이사했지만 일 년 만에 중퇴하고 섬으로 돌아왔죠. 별다른 계획이 없던 제게 가족의 지인이 증류소에서 투어 가이드로 일할 수 있는 임시직을 제안했어요. 그 제안은 일 년 계약으로 이어졌죠. 당시에 저는 위스키를 마셔본 경험이 전혀 없던 터라 이 증류소의 정신과 열정, 미래에 대한 진보적인 비전을 보고 단박에 반해버렸죠. 그 후로는 뒤도 돌아보지 않았어요.

저에게 브룩라디 증류소는 위스키 업계의 언더독이었어요. 항상 자신만의 길을 개척하고 관습에 반기를 들거나 새로운 일에 도전해왔죠. 저는 그런 열정과 추진력이 좋았어요. 처음에는 투어 가이드로 고용됐지만, 운 좋게도 처음 몇 달 동안 증류소의 다양한 측면을 접할 수 있었죠. 매싱(당화)부터 캐스크 관리에 이르기까지 위스키 제조의 모든 것을 흡수하듯 배워 나갔어요. 제게 온 기회를 적극적으로 붙잡았고 엄청난 양의 경험을 쌓을 수 있었죠. 그때의 열정이 현재의 직책까지 오르는 데 큰 도움이 되었습니다.

Q 이전의 마스터 디스틸러인 짐 매큐언과 함께 일하면서 가장 많이 배운 점은 무엇인가요? 또 브룩라디 증류소의 인재 육성에 대한 본인만의 생각이 궁금합니다.

A 짐에게서 배운 것은 제 커리어에서 가장 귀중한 경험이었고, 현재 브룩라디 증류소의 일을 이어가는 근간입니다. 위스키 제조에 대한 그의 헌신과 열정을 바로 옆에서 지켜보는 것만으로도 즉각 제게 영향을 미쳤을 정도죠. 그는 일터에 출근해서 단순히 일을 가르

치는 것이 아니라 제가 하는 모든 일에 확고한 '신념'을 가지고, 원하는 것을 '진심'으로 옹호하라고 가르쳤어요. 새로운 풍미를 탐구하거나 색다른 위스키 제조 기술을 시도하는 등 항상 새로운 것을 도모할 수 있는 용기를 심어주었죠. 그의 선구자적인 유산은 오늘날에도 브룩라디에 깃들어 있어요.

브룩라디 증류소에서 하는 모든 일의 중심에는 '사람'이 있어요. 모든 팀원이 스스로 가치 있게 느끼고 든든한 지원을 받는다고 믿도록 강력한 인사 정책을 시행하고 있죠. 우리 증류소에는 진정한 '공동체 의식'이 있어요. 각자가 하는 일에 관심과 열정을 갖고 있죠.

Q 증류소에는 본인보다 오래 근무한 이들도 있을 텐데, 커뮤니케이션에 어려움은 없는지요? 또 브룩라디 증류소의 팀이 어떻게 구성돼 있는지도 궁금해요.

A 브룩라디 증류소에는 2001년에 증류소가 재개장할 때부터 함께 일한 팀원들이 있어요. 우리가 제대로 일하고 있다는 증거죠.

현재 브룩라디 증류소에는 110명이 근무하고 있어요. 특정 시즌에 일손을 돕는 다섯 명과 프리랜서로 일하는 직원을 제외한 숫자인데, 이 작은 아일라 섬에서 가장 큰 일자리를 창출하고 있는 셈이죠. 최근에는 여러 증류소가 자동화 시스템을 도입하면서 평균적으로 20~30명 내외의 구성원으로 운영되고 있어요. 점차 생산의 효율화에 집중하면서, 또 팬데믹을 거치면서 그 인원도 많이 줄어든 상황이에요.

Q 증류소의 일은 본인이 맡은 일 외에도 다양한 분야의 일을 도와야 할 때가 있는 것 같아요. 큰 공사를 진행한다거나 고객 초대 행사가 있다거나 할 때 다 함께 협력하는 경우가 많다고 들었거든요. 구체적으로 어떤 일들이 있을까요? 또 이렇게 협력이 가능한 이유도 궁금합니다.

A 브룩라디는 '공동체 의식'이 강해서 회사에 큰일이 있으면 모두가 함께 소매를 걷어붙이고 몰두해요. 증류소가 다시 문을 열었을 때도 외부 업체를 계약하지 않고 내부 인력이 직접 나서서 낡은 부지에 페인트를 칠하고 병입 시설bottling hall을 건설하는 등 팀워크가 돋보이는 작업을 진행했죠.

오늘날에도 동일한 직업 윤리를 아일라 페스티벌 같은 행사에서 느낄 수 있어요. 이 축제는 증류소에서 가장 중요한 행사이고, 저에게도 한 해의 하이라이트 중 하나예요. 아일라 페스티벌은 5월에 열리는데 약 2천5백 명의 위스키 팬들이 브룩라디 안뜰에 모여 라이브 음악, 엔터테인먼트, 음식, 위스키를 즐기며 하루를 보냅니다. 증류소 정문에서 티켓을 관리하거나 바에서 칵테일을 만드는 등 축제 기간 동안에는 증류소의 모든 직원이 중요한 역할을 담당해요. 이 시기에는 모두가 진정으로 '하나'가 되고, 팀의 사기를 북돋기 위해 헌신하지요. 이 행사의 모든 것을 우리 손으로 몸소 실천해서 치러 내죠.

Q 브룩라디 증류소에서 근무하는 인물을 내세워 보틀 라벨에 등장시킨 발린치 시리즈는 상당히 인상적이었어요. 결국 위스키를 만드는 일은 사람이 하는 일

이기 때문에 그 중요성을 강조한 프로젝트로 저는 해석했어요. 그 일은 어떻게 시작되었나요? 또 등장하는 인물의 순서를 정하는 기준도 궁금합니다.

A 발린치 시리즈는 내부에서 '래디 크루Laddie Crew' 시리즈라고 부르기도 해요. 위스키 제조를 책임지는 브룩라디 직원을 기념하기 위해 만들어졌어요. 진정한 팀워크의 산물이라 할 수 있죠. 창고와 병입 시설부터 마케팅 및 재무팀에 이르기까지 모든 사람이 각자의 역할을 완수하며 최종 제품에 이바지합니다.

현재는 68번째 발린치(글로벌 브랜드 앰버서더인 아비 클레페인Abi Clephane이 새겨진 보틀)를 생산하고 있어요. 브룩라디의 모든 개성과 재능을 담는 훌륭한 방법이라고 생각합니다. 저에게는 증류소의 다양한 역할과 기술을 조명하고 팀원들에게 감사를 표할 수 있는 좋은 방법이기도 하고요.

인물의 순서를 결정하는 기준은 모든 부서의 인물이 다양하게 등장할 수 있도록 하는 것입니다. 특히 증류소에서 오랫동안 함께 일해온 팀원을 우선으로 등장시키는 경향이 있죠. 그들의 공헌에 감사하기 위해서요.

Q 브룩라디 증류소는 오래된 장비를 사용해 다른 회사에 비해 독특한 방식으로 위스키를 만들잖아요. 오래된 장비를 그대로 운용하는 것에는 어떤 장점이 있나요?

A 1881년에 브룩라디 증류소가 설립된 때부터 지금까지 우리는 같은 방식으로 위스키를 만들어왔어요. 이게 저에게는 정말 특별한

일입니다. 미래를 위해 재창조된 증류소에서 여러 세대에 걸쳐 사용해온 오리지널 빅토리아 시대의 기계로 작업한다는 것은 정말 놀라운 일이에요. 우리의 위스키 제조 공정은 자동화 기계보다 인간의 '직관'을 신뢰하는 쪽에 무게중심을 두고 있어요. 과거와 계속 소통하는 거죠. 브룩라디는 위스키 제조 과정의 모든 측면을 '수작업'으로 측정하고 모니터링하는 등 전체 공정이 인간의 감각적인 판단과 정밀성에 의존하고 있습니다.

또한 1881년에 제작된 오리지널 기계 중 일부를 사용한다는 것은 위스키 제조 공정을 서두를 수 없다는 의미이기도 합니다. 이 과정은 매우 느리지만 위스키의 풍미를 부드럽게 추출해 놀라운 결과를 만들어내지요.

Q　저는 위스키 시장에도 테루아라는 개념이 처음 도입된 게 브룩라디로부터라고 생각합니다. 스코티시 발리, 아일라 발리, 최근에는 오가닉 발리 등 주재료인 보리를 중심으로 다양한 실험을 해나가면서 말이죠. 지금의 보리에 관한 생각과 앞으로 준비하고 있는 프로젝트에 대해 듣고 싶습니다.

A　우리는 브룩라디의 보리 재배 프로그램을 매우 자랑스럽게 생각해요. 현재 이 프로그램은 지속적으로 발전하고 있어요. 재개장한 이래로 우리는 보리의 수확량보다는 '보리의 풍미'를 추구하며 테루아를 옹호해왔어요. 우리에겐 보리가 어디서 어떻게 재배되는지가 중요하고, 그것이 싱글몰트에서 큰 차이를 만든다고 믿습니다.

현재 우리는 지속 가능한 방식으로 재배한 유기농 보리, 고대 품종 보리Bere Barley, 이 지역의 아일라 보리, 그리고 가장 최근에는 최초의 아일라 호밀 등 싱글몰트 포트폴리오 전반에 걸쳐 다양한 보리 품종과 유전적 다양성을 확보하려고 노력하고 있습니다. 보리 재배 프로그램은 단지 풍미를 추구하는 것을 넘어서 스코틀랜드와 아일라의 농업 공동체를 옹호하고 토양을 건강하게 가꾸기 위한 것이기도 하지요. 더 나아가 현대 농업과 농약 의존에 대한 지속 가능한 대안을 찾고자 합니다.

Q 아일라의 농업 회복을 도모하기 위해 지역 농업 공동체를 지원하는 것도 중요하겠군요?

A 맞습니다. 우리는 2004년부터 중요한 농업 파트너들과 협력해 아일라에 상업용 보리농사를 다시 도입했어요. 당시에는 단 한 명의 농부뿐이었지만 현재는 20명의 현지 농업 파트너와 협력해 총생산량의 50퍼센트 이상의 보리를 아일라에서 재배하고 있지요.

위스키의 주재료인 보리의 명확한 원산지 이력에 대한 안내와 더불어 테루아 자체의 특징을 소개하는 것은 지역 사회로 기업의 가치를 환원하고, 대안적 농업 관행을 모색하는 농부들을 지원하는 방법이기도 해요.

또한 우리는 쇼어 하우스 크로프트Shore House Croft라고 알려진 농가에 30에이커(약 36,725평)의 토지를 소유하고 있어요. 농부의 필요를 최우선으로 생각하는 '농부 우선Farmer First' 정신을 담은 이 토지는 농작물 연구, 곡물 개발, 토양 건강, 재생 농업, 농작물 순환에 중요한 역할을 할 겁니다. 또한 농업 파트너들이 직접 농작물을 시험하고 배우며 지식을 공유할 수 있는 기회를 제공해서 파트너들이 농작물을 실험하는 데 따르는 위험을 완화할 수 있지요.

게다가 쇼어 하우스 크로프트는 새로운 보리 품종과 재배 기술을 시험해서 위스키 업계의 한계를 뛰어넘을 가능성을 타진할 수 있는 매우 흥미로운 프로젝트이기도 합니다. 앞으로 이곳을 잘 지켜봐 주세요!

Q　이제 위스키의 본질에 관한 이야기를 해볼게요. 브룩라디 증류소는 가장 개성이 강한 싱글몰트 위스키라고 생각해요. 아일라에서 만드는 논 피티드 위스키 브룩라디, 상상을 뛰어넘는 피트 몬스터 옥토모어처럼요. 이러한 위스키를 만들게 된 배경은 무엇인가요?

A　우리는 가능한 한 가장 자연스러운 증류주를 생산하려고 노력합니다. 각각의 증류주 브랜드는 진보적인 증류소 정신에 충실하면서 고유한 개성과 뚜렷한 풍미 프로파일을 가지고 있어요. 한 증류소의 위스키 포트폴리오에 피티드 싱글몰트와 논 피티드 싱글몰트가 모두 있다는 것은 정말 멋진 일이에요. 위스키 제조자인 저에게는 시장에서 다양한 스타일과 풍미를 선보일 수 있는 환경이기도 하죠.

브룩라디 증류소에서는 피티드 싱글몰트도 포트샬롯과 옥토모어, 두 가지 종류가 있어요. 포트샬롯은 오직 아일라에서만 당화, 증류, 숙성, 병입을 하는 위스키가 무엇을 할 수 있고, 또 무엇을 해야 하는지를 보여줍니다. 다른 '전형적인 아일라' 위스키에서는 맛보기 힘든 바비큐에 가까운 우아한 이탄 향이 특징이지요. 고유의 원산지를 기념하고 이 위스키를 만든 커뮤니티에 경의를 표하는 싱글 몰트 위스키로, 아일라 위스키의 '진정한 전형'이라 할 수 있어요.

옥토모어는 우리가 '불가능한 방정식'이라고 부르는 위스키예요. 호기심에서 시작해 '만약에'라는 질문을 던지며 탄생했지요. 이 위스키의 창시자는 전前 헤드 디스틸러인 짐 매큐언입니다. 하일랜드의 주도인 인버네스의 (현재도 우리와 함께 일하고 있는) 베어즈 몰팅스Bairds Maltings를 방문한 짐은 이탄의 농도를 어디까지 높일 수 있는지 의문을 품었고, 베어즈 몰팅스는 이탄에 불을 붙여 보리에 최대한의 연기가 퍼지도록 했지요. 그렇게 탄생한 옥토모어는 너무 어리고, 너무 강하고, 너무 피티했어요. 안 될 것 같은 조합이었지만 멋지게 성공했습니다.

새로운 옥토모어 시리즈를 만드는 것은 언제나 즐거운 도전입니다. 다양한 이탄의 수준, 캐스크의 영향, 보리 원산지의 독특하고 정밀한 균형을 찾는 일은 연금술에 가까울 정도로 까다롭습니다. 위스키 제조자를 극한의 한계까지 밀어붙이지요.

Q 최근엔 증류소마다 다양한 에디션의 위스키가 출시되고 있어서, 소비자로서는 그 코어 레인지의 변주를 감상하는 일이 매우 즐겁습니다. 이러한 에디션을 만들 때는 어디서 영감을 얻는지요? 또한 새로운 에디션이 탄생하는 과정도 궁금해요.

A 우리 증류소는 항상 스스로를 채찍질하고 가능성을 탐구합니다.

고객들에게 새롭고 흥미로운 제품을 즐길 수 있는 기회를 제공하는 건 정말 멋진 일이지요.

매년 출시하고 있는 포트샬롯 캐스크 익스플로레이션Port Charlotte Cask Exploration은 제가 개인적으로 가장 좋아하는 표현이에요. 변화무쌍한 포트샬롯 스피릿에 캐스크가 미치는 깊은 영향력을 보여주지요. 우리 증류소는 재개장한 이래로 지속적으로 캐스크를 탐험해 왔어요. 이 시리즈는 다양한 품질의 오크통에 대한 심층적인 탐구의 결과물이라 할 수 있지요. 우리는 수년 동안 포이약Pauillac과 올로로소Oloroso부터 소테른Sauternes과 포므롤Pomerol에 이르기까지 다양한 캐스크의 오크통을 사용하고 있습니다.

최근에는 브룩라디 프로젝트 시리즈를 선보였습니다. 소량 생산의 자유분방한 실험은 브룩라디의 새로운 지평을 열고 위스키 제조의 한계를 뛰어넘을 기회이기도 합니다. 이 제품들은 증류소의 샘플링 룸에서 바로 생산되며, 특별한 제품을 만들어낼 수 있는 완전한 창작의 자유가 주어집니다.

지금까지 세 가지 브룩라디 증류소 프로젝트를 출시했어요. 브룩라디, 포트샬롯, 옥토모어 등 세 가지 싱글몰트로 구성된 리미티드 보틀인 테너리 프로젝트The Ternary Project, 탄소 제로 농장에서 재배한 보리로 만든 세계 최초의 바이오다이내믹 스카치 위스키인 바이오다이내믹 프로젝트The Biodynamic Project, 아일라에서 재배한 호밀로 만든 최초의 싱글몰트인 리제너레이션 프로젝트The Regeneration Project입니다.

Q 레미 코앵트로 소속으로, 다른 지역과 장르의 양조자들과도 교류와 협업을 하는지도 궁금해요. 포트샬롯의 코냑 캐스크 숙성도 그런 예로 봐도 될까요?

A 우리는 항상 레미 코앵트로 포트폴리오 내의 다른 브랜드 하우스와 협력하는 데 관심이 있어요. 레미 코앵트로는 테루아, 원재료, 지속 가능성을 옹호하는 가족이 운영하는 증류주 기업이에요. 같은 생각을 가진 더 큰 브랜드 그룹에 속하게 되어 기쁘고, 특히 지식과 전문성을 공유할 수 있다면 더할 나위 없이 좋겠죠. 우리는 숙성고에 다양한 럼과 코냑 통을 보관하고 있어요. 레미 코앵트로의 다른 브랜드와 오크통을 교환한 덕분이죠. 우리는 럼과 코냑을 담았던 오크통으로 위스키 추가 숙성 프로젝트를 진행하기도 해요. 다른 브랜드와 협업하는 것은 멋진 일이고, 언제나 새로운 파트너십을 환영하지요. 그 과정에서 어떤 혁신이 나올지 알 수 없으니까요.

Q 개성 있는 브룩라디의 위스키를 소개하기 위한 채널 및 마케팅 전략도 궁금해요. 특별히 소비자를 위한, 또는 디스트리뷰터와 바텐더를 위한 교육이나 마케팅의 방향성이 있나요?

A 교육 프로그램에도 많은 중점을 두고 있어요. 브랜드 교육팀은 아일라에 본사를 두고 전 세계의 유통업체, 영업팀, 브랜드 앰버서더, 바텐더를 대상으로 교육을 제공해요. 또한 다양한 시장에 산재한 팀을 직접 방문함으로써 모든 증류소 홍보대사가 동일한 지식, 열정, 가치를 공유할 수 있도록 해요.

'진정성 있는 스토리텔링'은 브룩라디 마케팅 전략의 기본이자 우리가 누구이며 무엇을 상징하는지를 의미 있게 전달하는 수단이죠. 과감한 시도를 두려워하지 않는 진보적인 브랜드인 브룩라디를 사람들의 입에 오르내리게 하고, 결정적으로 기존의 위스키에 대한 고정관념을 깨기 위해 여러 대담한 캠페인을 실행해왔어요. 포트샬롯의 'We Are Islay' 캠페인은 팀원들과 아일라 섬의 커뮤니티를 조명하는 것이고, 글로벌 브룩라디의 'We Also Make Whisky' 캠페인은 위스키 제조가 사람과 지구에 미치는 영향을 살펴봅니다.

Q　본인만의 위스키 페어링 노하우가 있다면 소개해주세요.

A　위스키와 물의 페어링이에요. 몇 방울의 물은 위스키의 풍미를 더욱 풍부하게 하고 위스키의 복잡함과 깊이를 드러내지요. 단순하지만 절제된 페어링으로 음용 경험을 한층 더 높여줄 수 있습니다. 하지만 저에게 최고의 위스키 페어링은 좋은 사람과 함께하는 것입니다. 좋은 사람과 함께 위스키를 마시는 순간은 그 무엇과도 비교할 수 없는 즐거움을 선사하지요. 제가 위스키를 즐기는 가장 좋아하는 방법입니다.

Q　현재 위스키 메이커를 꿈꾸는 청년들에게 한 말씀 부탁드릴게요.

A　위스키 제조에 관심이 있다면 언제든 도전해보라고 말하고 싶어요. 제가 드리고 싶은 조언은 가능한 한 많은 경험을 쌓을 수 있는 기회를 찾으라는 거예요. 브룩라디 증류소에서는 자격증과 전문 과정의 스펙이 전부가 아니에요. 우리는 사람들의 태도, 배우고자 하는

욕구, 새로운 것을 시도하려는 의지를 중요하게 생각합니다.

Q 앞으로 브룩라디 증류소와 애덤 해넷 개인의 목표는 무엇인가요?

A 브룩라디 증류소의 목표는 계속해서 성장하고, 더 많은 사람들이 싱글몰트와 아일라 드라이 진에 흥미를 갖게 하는 것입니다. 진보적인 자세로 비즈니스를 선한 영향력으로 활용하는 것도 중요하지요. B Corp● 인증 기업으로서 우리는 항상 직원, 커뮤니티, 지구를 위해 옳은 일을 할 수 있도록 노력합니다.

개인적으로는 요즘 이보다 더 행복할 수 없는 나날을 보내고 있어요. 스코틀랜드의 외딴섬에 살고 있지만 저에겐 따뜻한 가족이 있고, 세계 최고의 직장에 다니고 있으니까요.

Q 한국의 브룩라디 팬들에게 한 말씀 해주세요.

A 한국의 위스키 팬 여러분께 진심으로 감사의 말씀을 드립니다. 여러분과 함께 브룩라디의 여정을 함께하게 되어 정말 기뻐요. 우리가 만드는 위스키는 증류소 안에서만 만들어지는 것이 아니라 전 세계 사람들과 함께 만들어가는 것이기 때문에 한국에서도 많은 분들이 싱글몰트 위스키를 즐겨주셨으면 좋겠습니다.

● 기업의 사회적 지속 가능성 및 환경에 대한 평가기관. 3년 주기로 재평가한다. 최근 미주와 유럽의 국가들에서는 ESG 경영의 일환으로 글로벌 스탠더드로 해당 기관의 인증을 받는 추세다. 2023년 8월 기준으로 92개국, 161개 산업에 걸쳐 7,351개의 기업이 B Corp 인증을 받았다.

TIP1

Grass to Glass, 몰트 위스키의 주재료 보리

예로부터 인류는 주식으로 먹는 곡물이 있었고, 먹고 남은 것으로 술을 빚어왔다. 스코틀랜드는 보리 경작이 잘 돼서 보리농사를 짓다가 잉여 곡식으로 맥주와 위스키를 만들었다. 미국은 아일랜드에서 이주한 농부들이 옥수수 농사를 짓다가 옥수수가 주재료인 증류주 버번 위스키를 만들었다. 미국과 가까운 북부에 위치한 캐나다는 호밀 농사를 많이 지었는데, 영국의 식민지령이던 당시에 증류 기술이 도입되면서 호밀로 라이Rye 위스키를 만들게 되었다. 쌀을 주재료로 하는 우리나라에서 위스키를 만들었다면 라이스 위스키를 만들지 않았을까? 실제로 한국에서는 쌀 증류주로 유명한 '화요'에서 원액을 5년 이상 오크통에 숙성해서 '화요XP'라는 제품을 출시했는데, 이것이 2020년 EU에서 한국 최초의 싱글 라이스 위스키로 인정받기도 했다.

그러면 당연하게도 스코틀랜드에서는 스코틀랜드산 보리로 위스키를 만들 것 같지만, 아이러니하게도 19세기 후반부터 양조업자들은 수입산 보리를 함께 사용하고 있다. 위스키를 만들기에 적합한 보리의 생산량이 자국에서 생산한 보리만으로 충당하기에는 턱없이 부족하기 때문이다. 그런 이유로 스코틀랜드의 증류소들은 영국, 프랑스 북부, 스웨덴, 덴마크 등 유럽 국가에서 생산한 보리부터 멀리 캐나다에서 재배한 보리까지 함께 사용해왔다고 한다. 그래서 백퍼센트 스코틀랜드산 보리를 사용해서 위스키를 만드는 경우에는 브룩라디의 클래식 라디처럼 스코티시 발리Scottish Barley라고 보틀 라벨에 크게 표기한다. 비교적 최근에 오픈한 클라이드사이드Clydeside 증류소에서는 백퍼센트 스코틀랜드산 보리만을 사용해서 위스키를 만든다는 것을 강조한다.

브룩라디 증류소는 '테루아' 개념을 적극적으로 도입해 위스키를 만들면서 스코티시 발리에 이어서 아일라 발리, 최근에는 오가닉 발리까지 사용한다. 이에 영향을 받아 다른 증류소에서도 로컬 발리Local Barley 프로젝트와 바이오다이내믹 농법으로 생산한 보리로 유기농 위스키를 만들기도 한다.

아일라 발리처럼 '로컬' 보리로 위스키를 만드는 가장 유명한 예로는 스프링뱅크 증류소의 로컬 발리Local Barley가 있다. 캠벨타운 지역에서 생산한 보리를 플로어 몰팅 방식으로 건조해 만드는데, 위스키의 풍미가 좋고 생산량이 적기 때문에 인기가 높다. 또한 글렌모렌지Glenmorangie에서는 스코틀랜드 하일랜드 지역의 캐드볼 에스테이트Cadboll Estate에서 재배한 보리로 위스키를 만들어 한정판으로 출시하고 있다. 한국 최초의 싱글몰트 위스키 증류소인 쓰리소사이어티스Three Societies 증류소는 2022년부터 경기도 가평에서 보리를 재배하기 시작했다. 김창수 위스키는 군산 몰트로 위스키를 생산한 적이 있다.

위스키를 만드는 보리는 보리밥을 짓는 보리와는 다른 품종의 보리를 사용한다. 식사용으로는 보통 낱알이 많은 6줄 보리를 사용하는데, 위스키에 사용되는 보리는 2줄 보리로 단백질 함량이 낮고 전분 함량이 높아 수율이 높은 품종이다. 더 나아가 위스키를 만드는 보리의 품종도 지속적으로 변화해왔다. 위스키 평론가인 마이클 잭슨의 『위스키: 월드 가이드 결정판Whiskey: The Definitive World Guide』에 따르면, 당시 보리 품종의 대다수를 골든 프로미스Golden Promise로 소개하고 있다. 그런데 2023년 현재 가장 많이 사용되는 품종은 로리엇Laureate이다. 두 보리의 낱알을 비교해보면, 사이즈가 확연하게 차이가 난다. 최근 품종인 로리엇이 낱알이 굵고, 몰트 1톤을 기준으로 알코올 수율도 약 410리터 정도로 높다. 골든 프로미스의 경우 약 385~395리터의 수율을 보인다.

1 브룩라디 증류소와 보리 농가의 협업.

2 브룩라디 증류소의 유기농 위스키.

대개 위스키 디스틸러들은 보리 품종이 위스키의 맛에 큰 영향을 주지 않는다고 설명한다. 아무리 그렇더라도 같은 증류소의 1980년대, 1990년대, 2000년대의 위스키 맛이 다른 이유에는 보리의 영향도 분명히 있을 듯하다. 병충해에 약한 보리 품종을 다른 품종으로 대체해 경작한다든지, 더 많은 알코올을 생산할 수 있도록 수율이 높은 보리를 사용하는 것이 이들의 과제이다. 수율이 높은 보리에 집중하다 보니 유전자 변이로 인해 일부 해로운 물질이 검출될 수 있는데, 이것을 개선해서 새로운 품종이 출현하기도 한다. 보리 품종의 개량은 지금도 계속 진행 중이다. 증류소마다 편차는 있지만 보통은 2년에서 5년에 한 번은 보리 품종을 변경해 위스키를 생산한다. 그래서 대부분의 증류소에서 동시대에 사용하는 보리의 품종이 서로 비슷하다. 여러 증류소에서 활동하는 몰트맨Malt Man은 과거엔 보리를 건조하고 이후에 썩지 않도록 플로어 몰팅을 하는 역할에 그쳤다. 최근에는 이들의 역할도 시대에 맞게 변화하고 있다. 보리를 발주하고 변화하는 품종에 따라 분쇄의 정도를 점검하고, 당화 과정에서 분쇄된 몰트의 블렌딩이 적합한지 등을 체크한다. 증류소의 규모에 따라 이 일을 디스틸러가 함께 관장하는 곳도 있다.

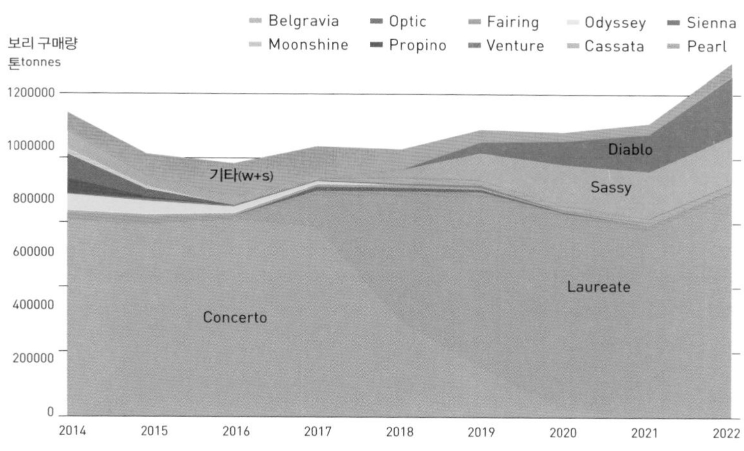

스코틀랜드 보리 품종의 변화(출처: Malting Barley Update 2023 Summer, ukmalt.com)

TIP2

피티드 위스키의 비밀

1억 년 이상 탄화된 화석 연료를 석탄이라고 부른다. 약 3천 년 정도의 세월이 축적되어 완전히 탄화되지 않은 화석 연료는 이탄Peat이라고 부른다. 예전에 스코틀랜드에서는 석탄이 비교적 비싼 화석 연료였다. 특히 아일라 섬처럼 접근이 어려운 곳은 석탄을 운송하는 일 자체가 상당한 부담이었다. 그래서 이곳에서는 석탄 대신 이탄을 땔감으로 사용했다.

석탄과 다르게 이탄은 각종 식물의 퇴적층으로 연소 시에 특유의 냄새가 난다. 이를 두고 스모키하다고 표현하는데 그 훈연 향에도 다양성이 있다. 스코틀랜드의 이탄 습지대 층에는 물이끼, 헤더heather(진달래과의 관목), 황새풀, 습지 잔디 등이 녹아 있다. 또 바닷가에는 해조류가 많기 때문에 이탄 습지에도 다양한 해조류의 퇴적물이 있다. 그래서 어느 지역의 습지대에서 채취한 이탄인지에 따라 향미가 달라진다. 이탄 자체가 땅을 의미

라가불린 증류소의 피트 지대.

하기 때문에 테루아의 연장선으로도 볼 수 있다.

현대에 와서 이탄은 아일라, 스카이, 오크니처럼 주로 섬에서 생산되는 위스키의 특징으로 인식되고 있다. 재미있는 것은 1930년에 이니어스 맥도널드Aeneas Mcdonald가 출간한 『위스키Whisky』에 따르면, 피트를 하일랜드 위스키의 중요한 향미 요소라고 특징지으며 그 경제성에 대해 언급하고 있다는 점이다. 또한 꽃과 과실 향기가 특징이라고 알려져 있는 스페이사이드의 증류소 중에서 1970~1980년대 스타일의 위스키를 표방한 벤로막Benromach의 경우는 이탄에서 오는 스모키한 터치가 위스키에 녹아들어 있다.

보리의 싹을 틔운 몰트(맥아)를 건조시킬 때 석탄이 아닌 이탄을 사용하면 이탄 특유의 스모키한 냄새가 몰트에 배어들게 된다. 이런 몰트로 만든 위스키를 피티드 몰트 위스키Peated Malt Whisky라고 부른다. 피티드 몰트 위스키는 페놀 수치ppm로 스모키한 정도를 표기하는 것으로 알려져 있다. 보통 헤빌리 피티드라고 이야기하는 위스키의 경우는 40ppm 이상 수준이다. 이 정도의 페놀 수치를 보이는 위스키를 생산하는 곳으로는 포트샬롯, 아드벡Ardbeg, 라프로익Laphroaig 증류소를 꼽을 수 있다. 피트 몬스터로 통했던 아드벡 슈퍼노바Supernova의 경우는 120ppm이며, 아드벡 하이퍼노바Hypernova는 170ppm 수준이었다. 그런데 브룩라디 증류소의 옥토모어 6.3의 경우는 258ppm, 옥토모어 8.3은

라가불린 증류소의 피트.

309ppm으로 엄청난 수준의 피트 레벨을 자랑한다. 그럼에도 막상 테이스팅해 보면 강한 훈연 향에 인상이 찌푸려지기보다는 기분 좋게 마실 만하게 느껴진다. 왜 그럴까? 이는 바로 ppm 수치를 위스키가 아닌 '몰트'를 기준으로 측정하기 때문이다.

우리가 마시는 위스키는 몰트를 건조시킨 이후에 이를 분쇄하고 당화, 발효, 그리고 증류의 과정을 거치기 때문에 피트 수치가 점차 변화한다. 증류 과정 이후에 위스키 원액을 측정해 보면 보통 약 50퍼센트 수준으로 피트 레벨이 떨어진 걸 볼 수 있다. 또 숙성 과정에서도 시간이 흐름에 따라 피트 레벨이 반감된다. 그래서 우리가 위스키를 마시는 시점에는 페놀 수치가 많이 떨어진 상태이기 때문에 풍미를 느끼기에 좋은 정도이지 부담이 될 정도는 아니라는 이야기다.

한편 위스키 팬들 중에는 피티드 위스키의 페놀 수치가 주는 임팩트에 완전히 매몰되기도 한다. 그러나 페놀 외에 과이어콜Guaiacol, p-크레졸p-crezol처럼 다른 페놀 화합물이 실제 위스키의 향미에 기여하는 바가 더 크다고 밝힌 논문•도 있다. 페놀은 페놀류 중에서 감지 역치(효과를 감지하는 데 필요한 최소한의 자극의 세기)가 가장 높기 때문에 향미에 큰 영향을 주기 어렵다는 것이다. 쉽게 말하자면, 페놀 수치의 변화를 사람이 감지하기 어려워 실제 향미에 영향을 주지 않는다는 의미다.

또 스모키한 피티드 위스키는 숙성 연수에 따라 페놀 수치가 반감된다. 2017년 발베니에서 진행한 피트 오브 위크Peat of Week 테이스팅 세션에 따르면, 위스키를 증류한 바로 직후에 페놀 수치가 가장 높았다. 이후 숙성 연수에 따라 페놀 수치가 점점 낮아지게 되는데, 이는 오크통에서 숙성되는 과정에서 나무와 만나 화학 작용을 일으키면서 분자 구조가 변형되기 때문이다. 피티드 위스키의 강렬한 향미가 부담스러운 분들은 꼭 고숙성 피트 위스키를 만나보라고 권하는 이유이기도 하다.

• Tao Yang, "The impact of whisky blend matrices on the sensory perception of peaty flavours", International Centre for Brewing and Distilling School of Life Sciences, Heriot-Watt University, Edinburgh, September, 2014.

TIP3

마스터 디스틸러 vs 디스틸러리 매니저

마스터 디스틸러는 증류소의 수장으로서 생산 관리, 품질 관리, 신제품 개발, 증류소 운영 관리 등 위스키 제조 과정 전반을 감독한다. 디스틸러리 매니저의 역할도 유사한데, 증류소 생산 과정의 총감독 역할이다. 직원 고용 및 교육, 재고 관리, 장비 유지 관리를 담당한다. 증류소에 따라 마스터 디스틸러와 디스틸러리 매니저의 업무가 구분되지 않는 곳들도 많다.

'마스터 디스틸러'라는 이름이 직관적으로 더 잘 이해되기 때문에 보통 마케팅 차원에서 디스틸러리 매니저와 혼용해서 사용하기도 한다. 하지만 실제로 마스터 디스틸러와 마스터 블렌더라는 타이틀을 얻으려면, 수년의 실무 경험과 IBD[Institute of Brewing and Distilling] 시험을 통과해야 한다.

한편 증류소에서도 세대교체가 일어나면서, 마스터 디스틸러라는 표현을 꺼리는 이들도 있다. '마스터'라는 이름이 세월과 전문성을 담보하는 무게감을 느끼게 하는 직함이기 때문이다. 젊은 증류소의 총책임자들은 스스로를 겸손하게 '헤드 디스틸러'라고 부르기도 한다.

- **마스터 디스틸러가 되기 위한 과정은 아래에서 자세하게 확인할 수 있다.**
  https://www.ibd.org.uk/ibd-qualifications/distilling-qualifications/master-distiller/

Balvenie

발베니 증류소

핸드 크래프트에 대한 집착

발베니의 보리밭

스페이사이드에 위치한 글렌피딕 증류소 바로 옆에는 자매 증류소 격인 발베니 증류소가 있다. 보통 투어 동선으로는 글렌피딕과 발베니를 함께 둘러보면 좋은데, 아쉽게도 발베니는 대중 투어를 잘 열지 않는다. 특히 보경 언니와 함께 방문한 지난 10월은, 어느 때보다 발베니 증류소가 분주했다. 바로 전前 몰트 마스터인 데이비드 스튜어트David C. Stewart의 근속 60주년을 기념하기 위한 행사가 있었기 때문이다.

1962년 열일곱 살에 위스키 업계에서 일을 시작한 그는 현재 스코틀랜드에서 가장 오랜 경력의 장인으로 그간의 공로를 인정받아 영국 왕실에서 'MBEMember of the Most Excellent Order of the British Empire' 훈장을 받기도 했다. 이 행사로 가뜩이나 많지 않던 대중 투어도 일시적으로 중단된 것이다. 여러 채널로 메일을 보냈지만, 이 시기 증류소의 문턱은 매우 높았다. 그래도 그냥 돌아갈 우리가 아니었다.

"언니, 발베니 증류소의 보리밭이라도 구경할래요?"

"좋지!"

의기투합한 우리는 숲으로 조성된 주차장에서 증류소 쪽으로 조금 걸어 들어갔다. 발베니 증류소 건물 앞으로 보리밭이 펼쳐져 있었다. 평소엔 서로의 사진을 잘 안 찍지만 발베니의 보리밭 앞에서는 누가 먼저랄 것도 없이 포즈를 취했다. 동시에 웃음이 터졌다.

"이건 너무 우리답지 않은데? 그래도 참 예쁘고 좋다."

'핸드 크래프트'를 강조하는 발베니에 대해서는 자체적인 보리 재배, 플로어 몰팅, 증류기 장인(구리 세공), 오크통 장인(쿠퍼리지), 몰트 마스터, 이 다섯 가지를 중심으로 거론된다. 그중에서 우리가 서 있는 이곳부터 발베니 메인즈Balvenie Mains(발베니와 글렌피딕 증류소 근처 부지)까지 약 1천 에이커(약 120만 평) 이상의 면적에서 보리를 재배한다. 와이즈맨 가문이 여러 세대에 걸쳐 발베니 증류소에서 사용하는 보리의 일부를 생산하고 있다.

많은 증류소에서 쿠퍼리지Cooperage를 외부에 아웃소싱하는 것과는 달리, 발베니를 소유하고 있는 윌리엄그랜트앤선즈William Grant and Sons는 증류소 내부에 쿠퍼리지를 두고 있다. 윌리엄그랜트앤선즈에는 스코틀랜드에 글렌피딕, 발베니, 키닌비, 거반 증류소를, 아일랜드에 툴라모어 증류소를 소유하고 있다. 특히 글렌피딕과 발베니 증류소는 맞닿아 있기 때문에 여러 자원을 공유하는데 그중 하나가 바로 쿠퍼리지다.

2014년과 2019년 두 번에 걸쳐 글렌피딕의 오크통 장인인 이언 맥도널드Ian Mcdonald가 내한했다. 운 좋게도 두 번 모두 장인의 오크통 조립 시연을 직접 볼 수 있었다. 당시에는 회사에 다닐 때라서 퇴근하자마자 쪼르르 달려가 첫 줄에 앉아 그의 오크통 조립 시연을 감상했다. 장인은 막 스코틀랜드에서 가져온 오크통에서 아직 위스키 향기가 느껴진다며, 가까이 와서 코를 갖다 대고 향기를 느껴보라고 했다. 뚝딱뚝딱 십여 분 만에 물이 새지 않도록 오크통을 분해하고 재조립하는 모습이 인상적이었다.

발베니와 나의 인연

생각해보면, 발베니와는 여러 인연이 있었다. 2019년에는 『하루의 끝, 위스키』의 출간을 앞두고 당시 편집장과 나는 고민에 빠졌다. 책을 만들기로 한 순간부터 백과사전식 위스키 책은 많으니 갓 입문한 사람들이 즐길 수 있는 위스키 책을 만들자는 생각으로 임했다. 그런데 막상 다양한 체험 이야기를 엮다 보니, 전문성이 떨어지는 게 아닌가 하는 우려가 생겼다. 그래서 증류소 탐방기도 넣고 인터뷰도 더 해보기로 했다. 특히 여성의 시각으로 위스키를 즐기는 방법을 소개하는 것이 중요한 방향성이기도 했기에, 가급적이면 여성 마스터를 인터뷰하는 게 좋겠다고 의견을 모았다. 그중 한 분으로 커리어의 정점을 찍고 있는 벤리악·글렌드로낙·글렌글라사를 관장하는 마스터 블렌더 레이첼 베리Rachel Barrie를 선택했다. 다른 한 분은 학업을 마치고 현업에서 커리어를 시작하고 있는 이십 대의 몰트 마스터 켈시 맥케크니Kelsey McKechnie로 정했다. 특히 켈시는 발베니의 수석 몰트 마스터인 데이비드 스튜어트가 2018년에 차기 몰트 마스터로 막 내정한 참이었다. 당시 인터뷰에서 켈시는 신중한 어조로 다음과 같이 말했다.

위스키의 숙성과 마찬가지로 하룻밤 사이에는 아무 일도 일어나지 않아요. 앞으로 긴 시간 도제 교육을 앞두고 있고, 아직 배울 것이 많습니다. 나중엔 보다 새롭고 독특한 베리에이션의 발베니를 만들어보고 싶어요. 위스키 카테고리는 끊임없이 변화하고 있기 때문에 저는 발베니가 새롭고 흥미로운 위스키를 출시해 항상 앞서기를 바랍니다.

켈시 맥케크니는 2014년에 웨스트 스코틀랜드 대학교에서 생물학 및 생명과학 학사를 취득한 후 그해에 거반 증류소Girvan Distillery에서 공학 석사 프로그램technical graduate으로 윌리엄그랜트앤선즈에 합류했다. 이후 헤리엇와트 대학교에서 양조 및 증류 석사 학위를 취득하고 난 뒤 바로 발베니에서 일하면서 몰트 마스터에게 지난 4년간 발효 및 증류에 대한 분석부터 후각 훈련, 창의적인 상품 기획, 위스키 제조 등 다양한 훈련을 받았다. 데이비드 스튜어트가 그녀에게 위스키 만드는 방식을 계승하고 함께 작업하는 장면이 BBC 다큐멘터리 〈영국에서 온 편지A Love Letter from Britain〉에 소개되기도 했다. '몰트 마스터' 역시 발베니를 특징짓는 핸드 크래프트의 핵심이기 때문에 긴 시간에 걸쳐 훈련하고 또 역사를 계승하는 순간을 가장 공신력 있는 매체에 담았다고 평가된다. 수습 기간을 거치고 난 2022년부터 켈시는 몰트 마스터로 활동하며, 위스키 라벨에 데이비드 스튜어트와 함께 몰트 마스터로 이름을 남기기 시작했다. 데이비드가 은퇴한 2023년 10월부터는 홀로 몰트 마스터의 역할을 수행하고 있다.

그리고 또 다른 인연 역시 내가 쓰는 글과 연관된다. 최근에 나는 대한항공의 스카이숍 매거진에 필진으로 종종 참여하고 있다. 기내 면세점에서 판매되는 다양한 술들을 소개하는데, 특히 위스키 이야기를 많이 다룬다. 처음 이 매거진에서 연락해 온 2022년 여름, 기존의 기내 면세점 책자와는 조금 다른 콘텐츠 기획에 흥미를 느꼈고

몰트 마스터 데이비드 스튜어트와 켈시 맥케크니.

함께하고 싶다는 답변을 보냈다. 첫 기획은 위스키 '알쓸신잡'을 테마로 삼아 소개되는 위스키의 세부 정보부터 증류소와 생산지, 그리고 다양한 사람들의 사연을 담는 것이었다. 처음 쓴 기사에 소개된 위스키가 바로 발베니 12년, 15년, 18년이다. 첫 호는 업계의 여러 전문가가 함께한 덕분에 위스키 전문지 이상으로 완성도가 높게 나왔다. 물론 지금도 위스키를 가장 다각도로 다루는 매거진이라고 생각한다. 이 매거진에 참여해 자료를 정리하면서 나에게도 공부가 많이 됐다. 무엇보다도 해외에서 오랜만에 한국에 오는 친구들과 비즈니스로 출장을 가는 지인들이 종종 연락해 오는 것이 반가웠다.

한번은 이 매거진에서 '향기 페어링'을 주제로 위스키와 어울리는 향수를 추천해 달라고 해서 고심했던 적이 있다. 기내 면세점에서 판매하는 제한된 리스트의 향수와 위스키를 테이스팅해서 짝짓는 일은 생각보다 쉽지 않았다. 가장 중요한 것은 향기가 테이스팅에 방해가 되지 않아야 하고, 다음으로는 둘이 편안하게 어우러져야 했다. 이 일 덕분에 향과 관련된 여러 편의 다큐멘터리를 보고 서적을 읽었으며, 약 20종이 넘는 향수를 시향했다. 그중에서 추리고 추려 위스키와 페어링해 보면서 다섯 가지로 좁혔다. 이후에 한 주류 플랫폼의 대표가 출장을 가는 길에 비행기에서 이 기사를 읽게 되었고, 인상적인 기사였다며 직접 연락을 해왔다. 이것이 계기가 되어 아르마니 뷰티 프리베 상탈 행사(위스키와 향수 페어링)도 하게 된 것을 보면, 모든 공부는 언젠가 도움이 된다는 것을 다시 한 번 되새기게 된다. 그러고 보니 이때 발베니 18년 페드로 히메네즈 캐스크와 어울리는 향수로 니콜라이 휘그 티 오 드 투왈렛을 소개했었다.

올해 4월에는 청파동에 있는 나의 작업실 '보연정'에서 B 매거진 촬영을 하게 됐다. 한차연 작가의 '화병' 그림과 도자기 잔을 감상하면서, 발베니 위크 오브 피트를 테이스팅하는 모습을 소개했다. 거친 아일라 피트와 달리 발베니의 부드러운 피트에는 헤더 꽃 향기가 은은히 묻어난다. 먹물로 그린 한차연 작가의 드로잉을 감상하면서 위스키를 한 모금 맛보면 꽃향기, 숲 내음과 바람이 또렷이 그려진다. 이처럼 음식 외에도 그림, 공예, 음악, 문학 등 다른 예술 작품과 함께 위스키를 즐기는 방법을 나는 종종 '위스키 오브제 페어링'이라는 이름으로 소개하고 있다.

또, 다른 촬영에서는 평소 애정하는 발베니 클래식과 다비도프 클럽 시가릴로의 페어링을 소개했다. 발베니 클래식에는 어릴 적 학교 책상 위의 필통을 떠올리게 하는 삼나무 향기와 가죽 향기가 있다. 작은 시가릴로에 불을 붙이면서 함께 맛보면 그 향기가 서로 상승효과를 가져다준다. 시가를 즐기는 사람이 아니더라도, 작은 시가에 불을 붙이고 인센스 스틱처럼 향을 즐겨보는 것도 추천할 만하다. 시가와 위스키 페어링에 대한 이야기는 '토민타울 시가 몰트' 편에서 자세히 다룰 것이다.

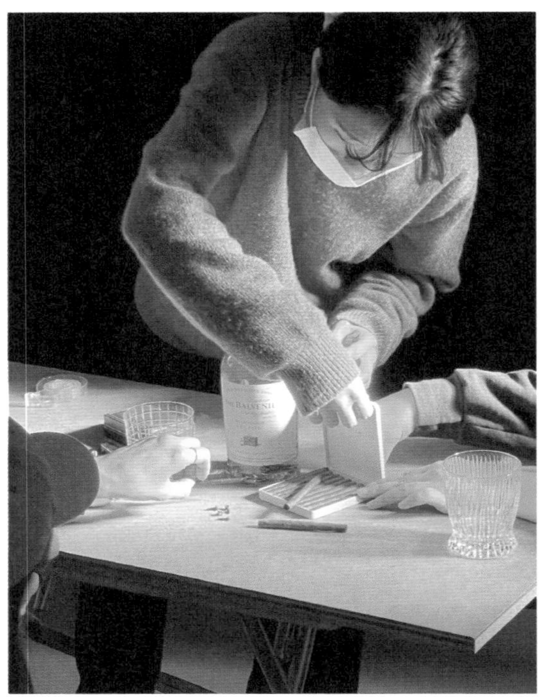

1 발베니 37년 핸드필 위스키.

2 대한항공 스카이숍 매거진 촬영.

발베니 특집 기사가 실린 B 매거진.

INTERVIEW

발베니 증류소의 전前 몰트 마스터, 데이비드 스튜어트

2023년 10월, 반갑게도 한국에서 데이비드 스튜어트 60주년 기념 행사 전시가 진행되었다. 데이비드 스튜어트가 지난 60년간 완성해온 발베니 위스키를 회고하면서, 1970년대부터 최근까지 출시된 발베니 위스키 보틀을 전시하는 행사였다.

발베니는 시대를 거쳐오며 다양한 모습으로 변화해왔다. 1970년대

초기에 나왔던 '발베니 퓨어몰트 8년'은 과거 글렌피딕과 같은 초록 삼각기둥으로 만들어진 보틀이었다. 당시에는 글렌피딕의 인지도가 싱글몰트 시장에서 압도적으로 높았기 때문에 싱글몰트 위스키를 연상시키는 삼각기둥 보틀에 위스키를 담았다고 한다. 또 1980년대 초까지는 목이 긴 코냑을 연상시키는 보틀이었다. 이후 1990년도에 나온 발베니 파운더스 리저브는 현대적인 디자인이지만, 화이트 와인을 연상시키는 보틀이었다.

현재 우리가 만나고 있는 발베니 보틀은 1993년에 개발된 디자인으로, 발베니의 심장과도 같은 볼 증류기의 모양을 본떠 병목의 디자인에 힘을 주었다. 증류기의 목이 긴 글렌모렌지는 증류기를 닮은 병목이 긴 위스키 디자인으로 유명하다. 최근 여러 증류소에서 위스키 병을 디자인할 때 증류기의 특징을 담아낸다. 증류소의 개성을 잘 보여줄 수 있기 때문이다.

데이비드 스튜어트의 근속 60주년을 맞이해, 그가 근무하기 시작했던 1962년에 증류한 위스키 원액으로 60년간 숙성한 위스키를 세상에 내놓았다. 스코틀랜드는 엔젤스 셰어로 인한 증발량이 많은 탓에 위스키는 단 71병만 출시됐다. 해당 위스키의 오크통은 특별히 데이비드 스튜어트의 후계자로 최근 몰트 마스터로 취임한 켈시 맥케크니가 골랐다. 이 역시 찰스 3세의 즉위식만큼이나 대단히 '정통성'을 부여하는 작업이라는 생각이 든다.

1945년생으로 곧 여든 살을 바라보고 있는 데이비드 스튜어트는 역사상 가장 오랜 시간 마스터 블렌더(몰트 마스터)로 활약한 인물이다.

꼿꼿한 자세로 한 사람 한 사람에게 진심을 다하는 모습이 '인간 발베니'로서 완벽 그 자체였다. 짧은 시간이었지만 전시 오프닝 행사에 앞서 인사를 나누고 그간 궁금했던 이야기를 들을 수 있었다.

Q 지금은 너무나도 당연하게 위스키 산업에서 사용되고 있는 캐스크 피니싱Cask Finishing 기법을 완성하셨지요. 싱글몰트라는 개념이 떠오르기 시작한 게 1970년대였으니까, 1980년대에 '캐스크 피니싱'이라는 아이디어로 기획하고 위스키를 생산한 것은 상당히 파격적이었을 것 같아요. 어떻게 아이디어를 얻으셨는지 궁금합니다.

A 당시 발베니 증류소의 숙성고에는 버번, 셰리, 포트 캐스크가 각각 숙성되고 있었어요. 회사에서 준 신제품 개발이라는 미션으로 고민에 빠졌던 시기였죠. 하루는 버번 캐스크에서 숙성한 위스키를 옮겨서 추가로 셰리 캐스크에서 숙성해보면 어떨까 생각해봤어요. 그리고 그대로 실천에 옮겼지요. 한 달, 두 달, 석 달, 그렇게 매달 위스키의 변화를 기록하고 테이스팅했어요. 9개월이 되었을 무렵, 때가 되었다는 확신이 들었죠. 회사에 이 실험의 결과를 발표했을 때 모두가 함께 기뻐했어요.

Q 긴 시간이 걸리는 실험은 끝이 보이지 않는 터널과도 같아서 심적으로 부담이 컸을 듯해요. 이후에 '더블우드'라는 이름으로 세상에 소개되었는데, 이름이 진짜 귀에 쏙 들어옵니다.

A 처음 이 위스키의 이름은 '발베니 클래식'이었어요. 글로벌 브랜드 팀에서 이후에 더블우드라고 명명했죠. 팀워크가 좋았어요.

Q 이전과는 달리 이제는 많은 증류소에서 공식처럼 캐스크 피니싱 기법을 적용해 위스키를 만들고 있습니다. 다른 증류소와 차별화하기 위한 발베니 증류소만의 노력이 있다면요?

A 더블우드처럼 기존의 핵심 제품은 유지하되, 항상 새로운 캐스크 실험을 통해 색다른 위스키를 제공하려고 노력합니다. 몰트 마스터의 역할은 '혁신'에 있으니까요. 또 모든 작업에는 시간이 걸리기 때문에 인내심을 가져야 하지요. 이제는 몰트 마스터를 맡게 된 켈시가 이 일을 잘 수행할 거라고 믿고 있어요.

Q 발베니는 핸드 크래프트 위스키를 표방합니다. 여러 세대에 걸쳐 보리를 재배하고, 플로어 몰팅 방식으로 맥아를 관리하고, 내부에 쿠퍼리지와 증류기를 관리하는 쿠퍼를 두고 장인 정신으로 위스키를 만드는 것으로 유명하지요. 이를 총 관장하는 몰트 마스터가 있는 건 물론이고요. 시대의 흐름에 따라 생산 효율화를 위한 고민 또는 유혹이 없었는지 궁금해요. 기본을 지키면서 내부 혁신을 위한 방향과 기준을 어떻게 세우셨는지요?

A 장인 정신은 발베니의 정체성이자 핵심 가치입니다. 우리는 발베니의 전통과 개성을 유지하기 위해 기술, 프로세스, 지식 및 경험을 대대로 전달하는 것을 중요하게 생각해요. 현대 기술을 적용시키고, 탄소 발자국을 줄이기 위한 프로세스를 개선하지요. 맥아 제조

에서도 여전히 플로어 몰팅을 진행하지만, 기계화를 도입해 직원들의 작업 환경을 개선하기도 했고요.

위스키를 만드는 일은 정말 오랜 시간이 걸리는 일이기 때문에 매일 '인내심'을 가지고 꾸준히 만드는 일이 발베니의 품질과 일관성을 유지하는 방법이에요. 그리고 몰트 마스터로서 수많은 실험을 '매일 꾸준히' 진행하고 기록해 나갔어요. 매일 30가지의 샘플을 테이스팅하고 또 블렌딩하면서요.

Q 몰트 마스터의 일 중에는 미래의 수요 공급에 대한 전망이 중요할 것 같아요. 요즘처럼 황금기를 맞이하고 있는 싱글몰트 위스키에 대한 미래 수요를 어떻게 예측하고 있는지요? 1980년대처럼 수요 공급에 대한 우려는 없는지 궁금해요.

A 수요를 판단하는 것은 매우 중요한 일이에요. 숙성고에 재고가 너무 많이 쌓이게 되면 그것 역시 곤란한 일이지요. 1970년대에 위스키 시장이 호황을 맞으면서 증류소들은 생산량을 과도하게 늘렸어요. 이후 1980년대에 위스키 수요가 감소하자, 증류소들은 생산량을 다시 줄이거나 문을 닫는 곳도 생겼죠. 또 1990년대에 위스키에 대한 관심이 늘어나자, 원액이 부족해져서 생산량을 다시 늘리게 됐죠. 우리는 이에 대한 학습으로 통찰력이 생겼어요.

최근 스코틀랜드를 포함해 전 세계에서 위스키 증류소를 새로 짓고 있어요. 또 소규모 증류소들이 생겨나면서 다양한 개성을 가진 위스키들이 탄생하고 있지요. 저는 싱글몰트 위스키 시장의 미래가 상당히 밝다고 생각합니다. 제가 입사할 당시만 하더라도 블렌디드 위스키의 인기가 정말 높았거든요. 특히나 싱글몰트에서 25년, 30년, 이번에 출시한 60년 같은 고숙성 위스키와 빈티지 위스키처럼 프리미엄 위스키 시장이 열리게 되리라는 걸 당시에는 몰랐죠. 최근에는 한국을 포함해 아시아 시장에서 스카치 위스키가 인기를 끌고 있다는 것도 새로운 변화고요.

Q　윌리엄그랜트앤선즈는 발베니와 글렌피딕을 소유하고 있는데, 특히나 브랜드 앰버서더 프로그램이 잘 갖춰져 있는 것으로 유명합니다. 다른 위스키 브랜드에서 여러 국가를 한 앰버서더가 담당하거나, 한 명의 앰버서더가 여러 브랜드를 맡아서 소개하는 것과는 달리, 개별 브랜드의 전문가가 소비자와 업계 관계자들에게 교육을 통해 위스키 문화를 전달하지요. 좋은 프로그램이지만 지속적으로 운영하기 위한 인력 효율화 측면에서는 고민이 있을 듯해요.

A　우리는 좋은 품질의 위스키를 만들기 위해 노력하고 있지만, 이를 소비자들에게 잘 전달하는 일도 매우 중요하게 생각해요. 현재 윌리엄그랜트앤선즈에서 가장 많은 인원의 브랜드 앰버서더를 운영하고 있다고 알고 있어요. 발베니의 정신을 소비자와 업계 관계자들에게 소개하고, 또 위스키를 즐기는 방법과 스카치 위스키 문화를 알리는 일을 매우 중요하게 생각하기 때문이죠. 전 세계의 브랜드 앰버서더들이 한곳에 모여 네트워킹하고, 또 증류소와 위스키 생산과 연계된 공정을 온몸으로 이해할 수 있도록 지속적으로 지원하죠. 우리의 방법이 아주 효과적이라는 생각이 드는데요? (웃음)

Q 어떻게 60년이 넘는 세월 동안 한 직업, 한 직장에서 활동을 이어올 수 있었는지 궁금해요. 일을 하다 보면 매너리즘에 빠지거나 번아웃이 오기도 하잖아요. 자기 관리에 철저했기에 가능했을 듯한데, 본인만의 루틴이 있는지요?

A 아까 말씀드린 것처럼 하루하루를 충실하게 사는 거예요. 인내심을 가지고 매일 30종의 샘플을 테이스팅하다 보니 60년의 세월이 흐른 거죠.

Q 저는 발베니 14년 캐리비안 캐스크를 가장 좋아했는데, 최근에 광화문의 발베니 바에서 발베니 포트우드 21년을 맛보고 순위가 바뀌었어요. 가장 아끼는 발베니가 있나요?

A 오, 좋은 취향을 가졌군요! 저의 최애 발베니가 포트우드 21년이에요. 저녁 식사를 마친 후에 니트(스트레이트)로 즐기기에도, 디저트와 함께 마시기에도 정말 좋거든요. 건포도와 대추야자 향이 일품이고 전체적인 균형감이 훌륭해서 참 아름다운 위스키라고 생각합니다. 이 위스키로 여러 주류 대회에서 상을 많이 받아서 개인적으로 자부심을 느끼기도 하고요.

Q 행사 전에 시간을 내주셔서 정말 감사했습니다. 오랜 시간 좋은 위스키를 만들어주셔서 고맙습니다.

A 반가웠어요. 좋은 시간 보내요.

발베니 코리아 앰버서더 김미정, 데이비드 스튜어트, 발베니 글로벌 앰버서더 찰리.

TIP4

스코틀랜드의 5대 위스키 생산지

스코틀랜드의 위스키 생산 지역은 크게 다섯 곳으로 분류한다. 기억하기 쉽게 지역을 구분하는데, 북쪽에 산이 많은 지역을 하일랜드Highland, 남쪽에 농사를 많이 짓는 평야 지대를 로랜드Lowland로 묶는다. 그리고 서쪽 섬 지역으로는 스모키한 위스키를 생산하는 아일라Islay, 스모키한 위스키를 옛 방식으로 생산하는 캠벨타운Campbeltown으로 함께 묶는다. 나머지는 하일랜드 동쪽 스페이Spey 강을 중심으로 발달한 스페이사이드Speyside 지역이다.

위스키 생산지는 '스카치 위스키 규제 2009the Scotch Whisky Regulations 2009'에 따라 생산지에 대한 정의를 법적으로 규정해 스카치 위스키 산업을 보호하고 있다. 하일랜드, 로랜드, 아일라, 캠벨타운, 스페이사이드의 다섯 가지 외에도 좀 더 명확한 분류를 위해 스코틀랜드 서쪽 대서양에 있는 5백여 개의 섬을 묶어 헤브리디스Hebrides라고 별도로 구분 짓기도 한다. 아일라 섬 역시 이 헤브리디스에 속하는데, 그래서 헤브리디언 위스키Hebridean Whisky라고 불리기도 한다.

TIP5

위스키 증류소가 가장 많이 밀집한 스페이사이드

스코틀랜드에서 위스키 증류소가 가장 많이 밀집한 지역은 스페이사이드다. 스페이 강을 중심으로 발달한 지역으로, 스페이사이드는 우리식으로 말하자면 스페이 '강변'에 해당한다. 스코틀랜드에서 위스키를 생산하는 다섯 곳을 모두 암기하기 어렵다면, 이곳 스페이사이드만 기억해도 좋다. 스페이 강은 스코틀랜드에서 유속이 가장 빠르고 물이 좋기 때문에 일찍부터 여러 증류소들이 밀집했다. 글렌리벳, 글렌피딕, 글렌알라키, 발베니, 맥캘란 등 가장 유명한 증류소들이 모두 여기에 있다. 스카치 위스키 협회에 따르면 2022년 9월 기준으로 스코틀랜드에 141개의 증류소가 운영되고 있다고 한다. 그중 약 50퍼센트가 여기 스페이사이드에 집중적으로 분포되어 있다.

스페이 강은 총 길이가 175킬로미터로 스코틀랜드에서 테이Tay 강 다음으로 길다. 연어 낚시로도 유명하다. 아벨라워 지역에 있는 빅토리아 브리지 위에 올라 스페이 강을 감상했는데, 수면 아래 비치는 붉은 돌멩이도 잘 보이고 강물의 속도도 제대로 느껴졌다.

아벨라워 지역에서 바라본 스페이 강.

강을 따라서 하얀 갈대가 낮게 흔들리고 그 위에서 살랑거리는 나무들은 주변을 점점 노랗게 물들이고 있었다. 가을볕 아래 스페이 강을 감상하는 시간만으로도 이번 스코틀랜드 여행은 충만했다.

그런데 2021년 BBC 뉴스 기사에 따르면, 최근 스페이 강이 수력 발전과 지역 개발 때문에 강의 수위가 점차 낮아지고 있다고 한다. 기후 변화로 인한 이상 고온과 건조한 여름을 대비하기 위해서는 지하수 저장이 중요한데, 강의 수위가 낮아지면서 스페이 강의 생태학적 환경도 변화하고 있다. 그나마 다행스러운 것은 스코틀랜드 정부와 환경보호국에서 스페이사이드 집수 지역에서 전환되는 물의 양을 줄이도록 조치했다는 점이다. 2027년까지 스페이 강의 회복을 위한 개선 프로젝트가 진행된다고 하니 추이를 지켜봐야 할 듯하다.

빅토리아 브리지에서 바라본 스페이 강.

TIP6

백 년 된 스코틀랜드 지도 보는 법

많은 싱글몰트 증류소는 지역의 이름에서 따왔다. 지평 막걸리가 경기도 양평군 지평면에서 시작된 것처럼 글렌리벳은 글렌리벳이라는 동네에서 위스키를 만들고, 글렌피딕은 피딕 강이 흐르는 글렌피딕이라는 동네에서 위스키를 만들며, 발베니 역시 발베니 성 근처에서 위스키를 생산하면서 그 동네의 이름을 붙였다. 이처럼 대부분의 싱글몰트 위스키는 지역의 이름이 브랜드 네임이 된 곳이 많다. 반대로 블렌디드 위스키는 블렌더가 중요하기 때문에 조지 발렌타인의 발렌타인, 존 워커의 조니워커, 시바스 형제의 시바스 리갈처럼 사람의 이름을 따서 네이밍한 경우가 대부분이다.

특히 스코틀랜드의 지명에는 게일어로 붙인 이름이 많기 때문에 예전에도 유사한 이름으로 불렸을 가능성이 높다. 마치 우리의 대동여지도에 표시된 산맥과 물길이 지금과 크게 다르지 않은 것을 보고 깜짝 놀라는 것처럼 스코틀랜드도 예전 지도를 살펴보면 그 정확함에 놀라게 된다.

런던의 스피타필드 마켓 지도 가게.

런던의 스피타필드Spitafields 마켓에는 유명한 책의 초판과 헌책들을 판매하는 곳이 있다. 그 바로 옆에서는 옛날 지도를 판매한다. LP판을 고르듯 포장된 지도를 한 장씩 넘겨가면서 고르는 방식이다. 혹시나 하는 마음에 스코틀랜드의 옛 지도를 찾아보았지만 잉글랜드 지도가 대부분이어서 쉽게 찾을 수 없었다. 왠지 대영제국의 모든 지도를 가지고 있을 것만 같아서 주인장에게 물어보니 끝에 있는 박스가 스코틀랜드와 아일랜드 코너라고 했다. 약 한 시간 동안 천천히 지도의 상태를 살펴보고, 백 년 전 스코틀랜드 전체가 나오는 지도와 지역을 클로즈업해서 디테일하게 보여주는 지도를 7점 골랐다. 서울로 돌아와 나무 액자를 만드는 렉탠글에 부탁해서 위스키를 숙성하는 품종인 오크 프레임으로 액자를 만들어 지도를 넣었다.

이렇게 발품을 팔지 않아도 16세기부터 20세기까지 스코틀랜드의 지도를 간편하게 보는 방법이 있다. 스코틀랜드 국립도서관에 접속하면 가능한데, 지도 카테고리에서 시대별 또는 지도 제작처별로 볼 수 있다.(https://maps.nls.uk/scotland/) 스캔본의 해상도가 높아서 확대해 예전 지명을 하나씩 살펴보다 보면 시간이 금방 간다. 2백 년 전의 지도를 화면에 띄우고 그 지역의 위스키를 골라 한 잔 맛보면 색다른 즐거움을 느낄 수 있다.

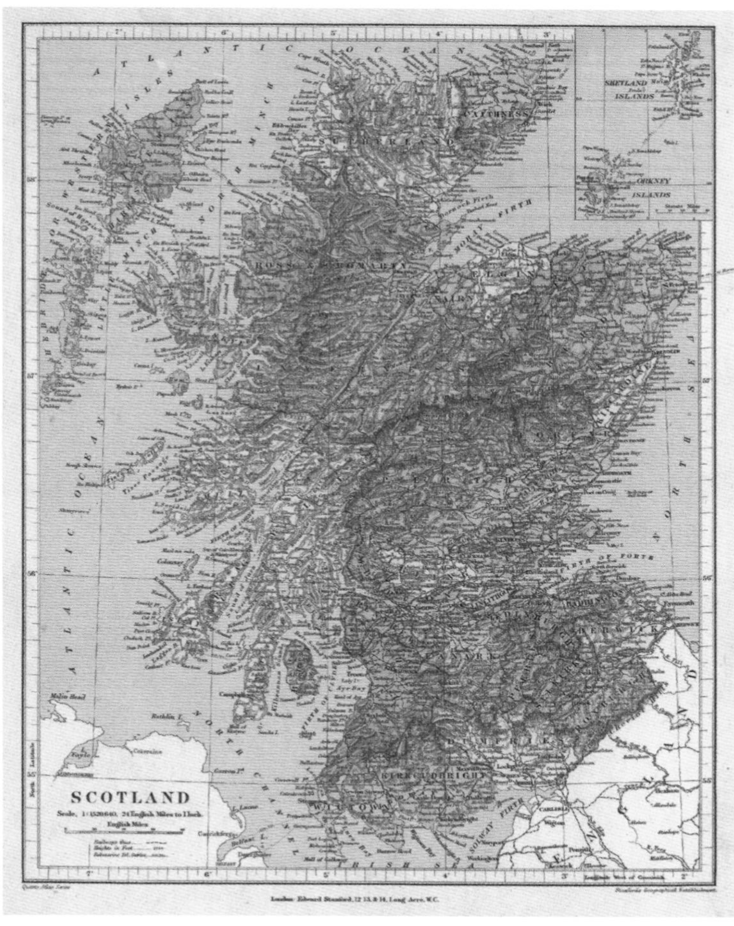

1906년에 에드워드 스탠퍼드가 제작한 스코틀랜드 지도.
Edward Stanford, *Stanford's London Atlas Of Universal Geography*, 1906.

GlenAllachie

글렌알라키 증류소

성공의 법칙, 새롭게 불어넣은 숨결

노장은 여전히 건재하다! 마스터 블렌더 빌리 워커

내가 싱글몰트의 매력에 본격적으로 눈뜬 것은 2014년이었다. 폭발적인 과실 향기가 매력적인 셰리 캐스크 숙성 위스키를 찾아다닐 때였다. 맥캘란을 시작으로 비교적 합리적인 가격대로 접근할 수 있었던 글렌파클라스Glenfarclas와 글렌드로낙Glendrounach 증류소의 위스키를 하나씩 독파하기 시작했다. 글렌드로낙은 바에서 마시거나 분당 모임 형님들과 위스키 스터디를 하면서 다양하게 경험을 확대했다. 셰리 캐스크 숙성 위스키 맛의 기준점을 잡는 데 많은 공부가 되었다. 그리고 당시 글렌드로낙 뒤에는 마스터 블렌더 빌리 워커Billy Walker가 있었다.

글렌드로낙 증류소는 여러 사정으로 잠시 운영이 중단되었다가 1996년 시바스 브라더스에서 인수했다. 당시만 해도 눈에 띄는 성과는 없었다. 아마도 블렌디드 원액의 공급처 역할을 했을 것이다. 이후에 빌리 워커가 글렌드로낙을 인수했다. 그가 기존의 증류소 숙성고에 있던 질 좋은 셰리 캐스크 숙성 캐스크들을 발굴하고, 2008년부터 셰리 캐스크 위스키로 글렌드로낙의 스타일을 되돌리는 작업에 집중하면서 위스키 애호가들 사이에서 입소문이 나기 시작했다. "이 집, 셰리 맛집이야." 나 역시 여러 위스키 선배들의 추천으로 글렌드로낙의 매력에 푹 빠졌다.

시간이 흘러 2016년 어느 날, 잭다니엘스Jack Daniel's로 유명한 브라운포맨Brown Forman에서 벤리악Benriach 증류소 그룹(벤리악, 글렌드로낙, 글렌글라사)을 인수한다는 기사를 접했다. 2억 8천5백만 파운드(한화로 약 4,310억 원)에 매각되었다고 했다. 몰트 팬들에게는 꽤 충격적인 이슈였다. 빌리 워커가 드디어 은퇴하는 것인가! 하지만 2017년, 그는 글렌알라키GlenAllachie 증류소로 생각보다 빨리 파격적으로 돌아왔다. 그리고 이번에는 글렌알라키 브랜드가 또 빠르게 사랑받기 시작했다. 주목받지 못했던 증류소를 인수하고 새로운 숨결을 불어넣는 그의 작업은 대단히 경이롭다. 70세 노장은 여전히 건재하다.

지각 찬스로 얻은 프라이빗 투어의 맛!

나는 빌리 워커의 빅팬이지만 아직 글렌알라키의 팬은 아니다. 그러나 새롭게 선보이는 다양한 글렌알라키의 위스키를 재밌게 즐기고 있으며 어떤 순간이 오기를 기다리고 있다. 스페이사이드에는 증류소가 너무 많기 때문에 모두 방문하기는 어려웠지만, 그중에서 꼭 가보고 싶었던 곳이 글렌알라키였다. 빌리 워커의 새로운 작업물이 너무나 궁금했기 때문이다. 그는 스카치 위스키 업계를 뒤흔들 만큼 대단한 사업가다. 앞서 언급한 벤리악 증류소 삼총사 외에도 잠들어 있던 딘스톤Deanston, 토버모리Tobermory 증류소를 새롭게 부활시킨 것은 굉장히 유명한 일화다. 과연 글렌알라키는 어떻게 바뀌고 있을까?

일요일 오후에 나와 보경 언니는 글렌알라키 증류소에 가보기로 했다. 사실 일요일 투어를 오픈하는 증류소는 많지 않다. 이번 주말에는 노르웨이 베르겐에서 살고 있는 친구 시선이 애버딘을 통해 스페이사이드로 넘어오기로 했다. 그래서 두 사람과 함께 증류소를 몇 군데 방문해보려고 일정을 살폈다. 요즘처럼 스카치 위스키의 인기가 높은 시기에 세 명의 인원이 같은 시간에 증류소 투어를 예약하는 일은 생각보다 쉽지 않았다. 그래도 운 좋게 숙소에서 가까운 글렌알라키 투어 예약에 성공했다.

글렌알라키 증류소로 가는 길은 날씨까지 완벽했다. 전날 내린 비로 하늘이 말갛게 씻긴 듯 증류소 건물이 보이는 앵글에 걸리는 호수와 잔디, 파란 하늘까지 공식 웹 사이트 대문에 걸린 바로 그 이미지가 눈앞에 펼쳐졌다. 글렌알라키는 증류소 건축가로 유명한 윌리엄 델메 에번스William Delme-Evans의 마지막 작품이다. 그는 툴리바딘Tullibardine 증류소와 주라Jura 증류소를 건축했는데, 단순히 설계만 잘하는 건축가가 아니라 주라 증류소 매니저로 일한 경험을 설계에 반영할 만큼 증류소에 특화된 전문가다. 그래서 글렌알라키 증류소는 방문객에게도 생산자에게도 '경험'이 녹아 있는 동선으로 구성되어 있다.

보통 증류소 투어를 할 때는 시작하기 전에 근처를 슬슬 산책하면서 워밍업하는 맛을 즐기는 편인데, 이날 우리는 급하게 방문자 센터의 문을 열 수밖에 없었다. 예약한 택시 회사에서 우리 일정을 놓치는 바람에 투어 예약에 20분이나 늦었기 때문이다. 어렵게 예약했는데 취소될 수도 있겠다 싶어 마음이 조마조마했다.

"안녕하세요, 정보연이에요. 저희가 너무 늦어서 미리 전화를 드렸는데, 자동응답기로 넘어가더라고요."

"많이 늦었네요! 이미 투어는 시작됐어요."

1 글렌알라키 증류소의 입구.

2 증류소의 동선을 한눈에 확인할 수 있다.

글렌알라키의 방문자 센터와 테이스팅 룸.

"늦어서 죄송해요. 사정이 좀 있었어요. 투어 중간에 합류하는 것은 어려울까요?"

"음, 지금 시간이면 증류실로 입장할 것 같은데 다른 팀에 방해가 될 것 같아요."

"에고, 정말 죄송합니다. 혹시 뭔가 도움을 주실 수 있을까요?"

"걱정 말아요. 세 분을 위한 프라이빗 투어를 해드릴게요."

"와, 정말요? 너무 감사해요!"

"이쪽에서 테이스팅부터 시작하고, 이후에 증류소 시설을 함께 보러 갑시다. 숨 좀 돌려요, 숙녀분들."

대다수의 증류소가 생산 공정을 먼저 살펴보고 이후에 시음하는 것과는 순서가 달랐다. 술꾼들의 마음을 헤아리는 구성이랄까? 생산 과정을 보기 전에 위스키를 먼저 맛보아야 이해가 쉽다고 생각한 걸까? 아니면 설명이 필요 없는, 맛있는 위스키를 만들고 있다는 자부심일까?

네 잔의 위스키를 순차적으로 마셨다. 첫 잔으로는 글렌알라키 15년 숙성을, 두 번째 잔으로는 보르도 레드 와인 캐스크에서 10년 숙성한 메독 바리크Medoc Barrique 캐스크 숙성을, 세 번째는 11년 숙성 올로로소 펀천 캐스크 숙성을, 마지막으로는 럼릭Lum Reek 21년을 함께 마셨다. 럼릭은 빌리 워커가 만든 블렌디드 위스키다.

"글렌알라키의 이름에서 '글렌'은 게일어로 계곡, '알라키'는 '바위를 넘어서'라는 뜻이에요."

"크라이겔라키Craigellachie(크라이그+알라키)의 '알라키' 역시 같은 의미죠."

"이 네 번째 위스키 럼릭은 빌리 워커의 신작이에요."

"럼Lum은 지붕을, 릭Reek은 스모크를 뜻해요."

"아, 그래서 피티한 풍미를 지니고 있군요."

친구 시선의 입맛에는 달콤한 올로로소 캐스크가 가장 맞았다. 빌리의 시그니처를 한 번에 알아보는 그녀의 안목이란! 이 중 메독 바리크와 올로로소 펀천은 핸드필hand-fill● 위스키로 구매할 수 있다는 사실에 그녀는 흥분했다. 주말여행을 허락해준 남편에게 선물해야겠다고 했다. 보르도 레드 와인 캐스크에서 숙성한 위스키는 다홍빛이 돌고, 올로로소 캐스크에서 숙성한 위스키는 조금 더 깊은 밤색이었다. 시선과 보경 언니는 컬러는 보르도가 예쁘고, 맛은 올로로소가 마음에 든다고 덧붙였다. 증류소를 투어하기 전에 글렌알라키 위스키를 테이스팅하면서 워밍업하는 재미가 상당히 좋았다.

"즐겁나요, 여러분? 그런데 어디에서 왔어요?"

"저희는 한국인인데, 한 친구는 노르웨이에서, 저희 둘은 서울에서 왔어요."

"오, 한국이요? 제 조카가 최근에 북한 여성분과 결혼했어요."

"정말요? 어떻게 만나셨대요?"

"러시아에서 만나 결혼해서 최근에 아이가 태어났는데 막 돌이 지났어요. 한국식으로 생일 파티를 했는데 이 사진 볼래요?"

"한복을 입고 생일을 맞이했네요. 돌상인가 봐요."

● 위스키를 오크통에서 직접 뽑아 병입하는 것.

"여러분, 이제 나가서 증류소를 함께 둘러볼까요? 준비됐나요?"

휴일의 매시 하우스

우리는 매시 하우스(당화 공정이 진행되는 곳)로 함께 이동했다. 예상외로 증류소는 한적했다. 생산 시설에 직원들이 보이지 않았다.

"일요일은 생산을 쉬나요?"

"네, 저희 생산 팀은 주말에는 쉬어요. 월요일부터 목요일까지 생산하고, 금요일에는 청소를, 주말에는 쉽니다."

방문했던 증류소 중에 손에 꼽힐 정도로 생산 시설이 깨끗했다. 깔끔한 정도가 아니라 광이 났다. '어떻게 이렇게까지 관리할 수 있는 거지?'

매시 하우스 안쪽에는 제분실이 있었다. 여러 증류소에서 보았던 빨간 제분기가 눈에 들어왔다. 포르테우스Porteus 제품이었다.

"보경 언니, 기억나요? 이 기계? 토민타울 증류소에서도 보았던 건데요."

"오, 진짜 그렇네!"

증류소가 설립된 1967년부터 사용한 제분기를 여전히 쓰고 있었다. 증류소를 방문할 때마다 이렇게 오래 사용하고 있는 것을 보니, 진짜 잔 고장이 없고 품질이 월등하다는 것을 다시 한 번 느낄 수 있었다. 유명한 몰트 회사인 크리스프Crisp에서 몰트를 구매해 저장하는 몰트 빈Malt Bin에 30톤을 쌓아두고, 나무통으로 된 엘리베이터로 몰트를 이동시켜 당화를 진행할 때마다 필요한 양만큼 분쇄해서 사

1 글렌알라키 당화실.

2 몰트를 분쇄한 그리스트.

3·4 포르테우스 제분기.

용한다. 분쇄한 몰트를 한 번씩 만져보았다. 흥미롭게 살펴보는 우리에게 투어 매니저는 2021년에 생산한 헤빌리 피티드 몰트도 꺼내 보여주었다.

"최근에 출시된 스페이사이드 트릴로지 싱글몰트Trilogy of Speyside Single Malt 혹시 아세요?"

"네, 과거-현재-미래로 세 가지 위스키를 소개했죠?"

"맞아요. 그 시리즈 중에 '미래' 에디션에 사용된 것이 바로 이 피티드 몰트예요."

글렌알라키 트릴로지 에디션은 마스터 블렌더 빌리 워커의 경력 50주년을 기념하면서 출시한 위스키다. 4년 숙성으로 스카치 위스키로는 짧은 숙성 연수지만, 빌리 워커가 글렌알라키를 맡기 시작하면서 '최초'로 증류한 글렌알라키의 원액으로 만들었다는 점을 마케팅 포인트로 잡아 고가에 판매되었다. 몰트 향을 맡아보니, 정말 훈제 향이 강렬했다. 페놀 수치를 80ppm 이상으로 몰팅했다고 한다.

곧이어 투어 매니저는 우리를 제분실에서 데리고 나와 크게 자리잡은 매시턴(당화조)을 소개했다. 안쪽 제분실에서 분쇄된 그리스트grist(맥아 가루)가 파이프를 따라 이곳으로 이동하는데, 뜨거운 물을 급수해서 당화 작업을 진행하는 곳이다. 마침 일요일은 생산을 하지 않는 날이라 당화조 안을 자세히 살펴볼 수 있었다. 지름 6.1미터로 몰트 9.4톤을 당화 처리할 수 있는 규모의 세미 라우터 턴Semi Lauter Tun의 당화조였다. 그리스트가 나오는 곳, 물이 나오는 곳, 그리고 이것을 저어주는 기계 팔을 하나씩 살펴보기에 좋았다. 역시 당화조

글렌알라키 증류소의 당화조와 당화조 내부.

안팎이 너무나 깨끗했다.

글렌알라키의 당화 공정은 조금 특이한데 일반적으로 증류소들이 3단계로 당화 과정을 진행하는 데 반해 이곳은 '4단계'로 진행한다. 1조의 당화조에서 처음에는 65.5도로, 두 번째는 82도로, 세 번째는 90도로, 마지막에는 95도로 물을 투입해서 워트wort(당화조에서 으깬 그리스트와 뜨거운 물이 혼합된 달콤한 전분 용액)를 뽑아낸다. 마지막까지 쥐어짜서 당분을 뽑아내는 점이 인상적이다. 참고로 빌리 워커가 몸담았던 벤리악 증류소 역시 4단계로 당화 과정을 진행한다. 이렇게 사용되고 남은 몰트 찌꺼기는 농가로 보내져 소의 사료로 사용된다. 스코틀랜드의 토종 소 품종인 헤어리 카우Hairy cow의 사료로 말이다. 투어 매니저는 헤어리 카우를 헤어리 쿠Hairy Coo라고 소개했다. 환경을 고려한 공정이라고 한다.

발효조의 냄새

이어서 발효실로 이동했다. 스테인리스 발효조가 6개 있었다. 비어 있는 발효조도 있고, 가득 찬 발효조도 있었다.

"시선아, 거기 얼굴 넣어봐."

"왜? 넣어도 되는 건가?"

투어 매니저도 웃으면서 넣어보라고 했다.

"윽~!"

앞서 다른 증류소에서 우리는 발효조에서 나는 냄새를 이미 경험한 터라 그 냄새를 알고 있었다. 시선을 놀려주고 나서 우리는 자지

러지게 웃었다. 코를 찌르는 정도가 홍어 뺨쳤다.

"지금 발효 시간이 어느 정도 지난 거예요?"

"정확하진 않지만, 이건 화요일에 시작했어요. 저희는 163시간 동안 발효를 진행해요."

"네? 163시간이요? 정말 긴 시간인데요!"

일반적으로는 72시간 정도를 발효 시간으로 하는데, 빌리 워커가 글렌알라키를 맡게 되면서 발효 시간을 약 세 배 이상 늘렸다고 한다.(글렌알라키 증류소는 이전에 54시간 동안 진행했다.) 요즘 스코틀랜드 증류소들은 발효 시간을 늘리는 것이 트렌드처럼 보였는데, 그럼에도 163시간은 정말 긴 시간이었다. 발효 과정을 통해 알코올 발효alcohol fermentation가 진행되는데, 이때 온도가 높아지면서 효모의 활동이 줄어들고 이후 젖산균이 활발히 활동하면서 젖산 발효가 진행된다. 이 젖산 발효는 보통 와인 양조 과정에서 더 많이 언급되는데, 과일의 풍미를 이끌어내는 에스테르ester가 풍부하게 생성되고, 또 강한 산도를 둥글게 만들어서 버터, 우유, 크림, 요거트와 같은 풍미를 낸다. 발효 시간을 늘리면서 풍미를 더 풍성하게 만들었다고 이해할 수 있을 듯하다.

글렌알라키는 특별히 긴 시간 동안 발효 과정을 거치기 때문에 효모의 사용도 다른 곳과 조금 달랐다. 일반적으로 맥주와 와인 생산자들은 다양한 효모를 사용하면서 향미의 변화를 주는 실험을 즐기는 것과 달리 위스키 생산자들은 대부분 디스틸러 효모distiller's yeast를 사용한다. 글렌알라키는 위스키를 만들 때 사용하는 디스틸

1 글렌알라키 증류소의 발효조.
2 발효조에서 막 꺼낸 워시 샘플.
3 디스틸러 모니터.

러 효모와 맥주 양조용 효모brewer's yeast를 섞어서 사용한다. 맥주 양조용 효모를 사용하면 초기 발효가 빠르게 진행된다고 알려져 있으며, 또 오랜 발효 시간 동안 효모가 죽지 않고 버틸 수 있다고 한다.

증류실로 이동하기에 앞서 작업자의 모니터 앞으로 다가갔다. 작업 공정을 한눈에 볼 수 있는 화면이었다. 발효가 어떻게 진행되고 있는지, 증류가 어떻게 진행되고 있는지를 한 화면에서 확인할 수 있었다. 투어 매니저는 목요일에 증류한 투명한 스피릿을 우리에게 글라스로 따라주었다. 진한 스피릿을 한 모금씩 맛보고 곧장 증류실로 이동했다.

수평형 응축기의 장점

증류실에는 4대의 증류기가 자리 잡고 있었다. 1차 증류기는 2대로 약 3만 리터의 용량이었고, 2차 증류기 역시 2대로 약 1.9만 리터였다. 특이하게도 포사이스의 증류기가 아니라 맥밀란Archibald McMillan & Co의 증류기였다. 대부분의 증류소는 스페이사이드에 위치한 포사이스의 증류기를 사용하는데, 1960년대에는 포사이스에서 작은 증류기를 생산하지 않았기 때문에 에든버러에 있는 맥밀란에 맡겼다고 한다.

증류기의 파이프라인을 따라서 시선을 돌리다가 또 다른 흥미로운 사실을 발견했다. 일반적인 증류소들이 수직형 응축기vertical condenser를 사용하는데, 글렌알라키에서는 수평형 응축기horizontal condenser를 사용하고 있었다. 수평형 응축기는 공간을 많이 차지하기

글렌알라키 증류소의 증류실과 증류기.

때문에 대부분의 증류소는 수직형 응축기를 사용한다. 그럼에도 수평형 응축기는 나름의 장점이 있는데, 증류된 위스키의 원액이 액체로 냉각되는 시점에 구리와 접촉하는 시간이 길어지고 면적이 넓어진다는 것이다. 구리의 접촉을 늘리면 불쾌한 냄새의 원인인 황화합물을 흡착시켜 없애준다. 그래서 스카치 위스키에서 가장 중요한 역할을 하는 것이 바로 구리로 만든 증류기이고, 응축기와 파이프까지도 구리로 만드는 것이다.

향으로 다가가는 여정의 마지막, 오크통

이제 우리는 야외로 이동해서 숙성 과정을 살펴보기로 했다. 숙성고 투어는 안 되지만 글렌알라키에서 주로 사용하는 오크통을 보여주겠다고 했다. 현재 글렌알라키는 16개의 숙성고에 약 6만 개의 캐스크를 가지고 있다. 그중 글렌알라키의 상징인 셰리 캐스크가 75퍼센트 이상을 차지한다. 증류소에 갓 도착했다는 여러 캐스크의 뚜껑을 열어 향기를 맡아보았다. 과일과 스파이스들의 향연을 온몸으로 느꼈다. 긴 발효 시간, 작은 증류기, 수평형 응축기, 셰리 캐스크, 이 모든 것이 풍부한 향으로 다가가는 여정이었다.

다시 테이스팅을 진행했던 숍으로 돌아갔다. 아름다운 냉각 연못Cooling Pond을 지나는데 오리들이 보였다. 증류기를 식히고 난 따뜻한 물에 사는 오리들을 빌리 워커의 이름을 따서 빌리 덕Billy Duck이라고 부른단다. 귀여운 친구들이다. 보통 증류소에서는 증류소에 사는 개나 고양이를 마스코트로 내세우는데, 글렌알라키는 오리였다.

글렌알라키 증류소의 캐스크.

글렌알라키 증류소의 냉각 연못과 증류소의 뒤편.

오리에게까지 빌리의 이름을 붙이다니 대단한 '빌리 마케팅'이라는 생각이 든다.

투어를 시작하기에 앞서 맛보았던 올로로소 펀천 위스키를 핸드필로 한 병씩 채우고 증류소를 나왔다. 숙소인 매시턴까지는 도보로 30분밖에 걸리지 않았다. 짐이 많지 않으니, 천천히 숙소까지 걸어가기로 했다. 지금까지도 가장 인상적인 스코틀랜드 여행의 한 장면을 꼽으라면 이날의 산책길이 먼저 떠오른다. 이미 수확이 끝난 보리밭을 지나는데 고요하고 신성한 기분에 젖어들게 하는 밀레의 그림 〈만종〉이 생각났다.

걸어가는 길에 작은 농장의 집이 부동산 매물로 나온 것을 발견했다. 그전까지의 호젓한 감상에서 빠져나와 여기서 살아보면 어떨지 머릿속에 그려보았다. 실실 웃음이 새어 나왔다. 한 달은 즐거울 텐데 일 년 이상 지내려면 생계를 해결할 방법을 찾아야겠지? 구체적으로 계산기를 두들겨보니 답이 안 나왔다. 에라, 모르겠다. 이 순간에 좀 더 집중하자. 숨을 쉴 때마다 아직도 느껴지는 위스키의 잔향, 아름다운 햇살, 조용한 마을…… 오랜 벗들과 이 길을 걸을 수 있어서 참 고마웠다.

글렌알라키 증류소 투어와 아름다운 산책로는 〈여행의 끝, 위스키〉 유튜브 채널에서 감상할 수 있다.

INTERVIEW

글렌알라키 증류소의 마스터 블렌더, 빌리 워커

Q　어떻게 위스키 산업에 뛰어들게 되었는지요? 특별한 계기가 있었나요?

A　저는 하이람워커앤드선즈Hiram Walker & Sons와 'J&B'의 본거지인 위스키 타운 덤바턴Dumbarton에서 태어나서 21년 동안 살았어요. 그래서 위스키 산업의 일원이 된 것은 필연적이었죠. 글래스고 대학교에서 화학을 전공하고 제약 연구 화학자로 4년을 보냈지만 하이람

워커앤드선즈에 합류하지 않겠냐는 제안을 받고 바로 위스키 산업에 뛰어들게 됐어요. 그곳에서 매우 즐거운 경험을 했지요.

Q　요즘의 젊은 디스틸러들은 화학을 공부한 사람들이 많지만, 마스터께서 위스키 업계에 뛰어들었을 당시에는 화학자들이 디스틸러인 경우보다 증류소에서 밑바닥부터 시작했던 사람들이 더 많았을 것 같아요. 화학자로서의 훈련이 위스키를 생산하고 품질을 관리하는 데 어떤 도움을 주는지 궁금해요. 또 글렌알라키 실험실에서 진행되는 특별한 연구가 있는지도요.

A　화학자로서의 경력은 마스터 블렌더의 역할에 매우 도움이 되었어요. 물론 블렌더의 촉각이란 측면에서는 분명 타고나는 감각과 본능이 있지만, 화학은 놀라운 결과물에 대한 원리를 설명할 수 있는 근간이 되니까요. 또 화학자로서의 훈련은 비즈니스에서 생산, 품질 관리 및 목재 관리 영역에서도 도움이 됩니다. 위스키 블렌딩에서는 늘 확실한 것은 없고, 놀라운 일들의 연속이지만요.

Q　당신은 글렌드로낙, 벤리악, 딘스톤, 토버모리, 그리고 글렌알라키까지 증류소를 새롭게 부활시킨 것으로 유명합니다. 증류소를 선택할 때 본인만의 기준이 있는지, 또 증류소의 개성을 살리기 위한 작업을 어떻게 진행했는지 궁금해요.

A　우리가 인수한 증류소의 경우는 '가용성'과 '우연'이 섞여 있었어요. 우선 글렌드로낙, 글렌글라사, 글렌알라키는 당시 개별 브랜드로 시장에 출시된 상태는 아니었기 때문에(증류소는 존재했지만 블

렌디드 위스키의 재료로 사용되었다) 기본적으로 '빈 캔버스'의 상태로 브랜드를 구축하는 작업을 해야 했어요. 각 증류소의 '개성'과 물려받은 (기존 증류소에서 보유하고 있던 위스키 원액) '재고의 품질'을 이해하기 위해 광범위한 작업을 수행했지요. 그다음 단계로, 기존 재고를 향후 증류소의 DNA를 재정의할 수 있는 캐스크로 재배치하는 계획을 세웠어요. 이 작업은 매우 중요하고도 보람 있는 도전이었죠.

Q 많은 사람이 빌리 워커의 위스키 하면 글렌드로낙을 떠올려요. 글렌드로낙과 글렌알라키의 가장 큰 차이는 무엇인가요?

A 글렌드로낙 증류소를 인수했을 때는 정말 놀라웠어요. 증류 원액인 스피릿 자체도 매우 훌륭했고요. 특히 기존에 글렌드로낙이 시장에서 제대로 소개되지 않았기 때문에 오히려 그 점이 시장에 새롭게 소개할 수 있는 이점이 되고, 판매 부담도 비교적 적다는 것이 마음에 들었어요. 8년간 그곳에서 마스터 디스틸러로 일하는 동안 증류소의 개성을 정의하고 위스키 원액이 셰리 캐스크에서 충분히 숙성될 수 있는 시간을 가질 수 있었죠. 이것이 근본적으로 시장에서 성공하는 데 도움이 되었어요.

글렌알라키는 정말 성취감이 넘치는 도전이었죠. 저는 지난 6년간 이 아름다운 증류소의 관리자로 일하면서 증류소에 '새로운 정체성'을 부여하고 이 우아한 싱글몰트를 자랑스럽게 선보이기 위해 끊임없이 노력해왔어요. 글렌알라키는 이전의 증류소와는 달리 '생산 공정'에서부터 주요한 변화를 시도할 수 있다는 점이 매력적이었죠. 긴 발효 시간과 소량 생산에 중점을 두면서 특별한 성격을 부여하기 위한 작업을 지속하고 있습니다.

증류소마다 개성이 다르기 때문에 글렌드로낙과 비교하기는 어렵지만, 글렌알라키를 '셰리 스타일'로 정의하려는 계획은 첫날부터 최우선 순위에 두었어요. 지금까지의 여정에 매우 만족하지만 완벽을 위한 노력을 계속하고 있습니다.

Q 여러 증류소 중에서 특별히 글렌알라키를 인수하게 된 배경이 궁금해요.

A 사실 글렌알라키의 인수는 갑작스럽게 이루어졌어요. 당시 글렌알라키 증류소를 소유한 시바스와 매우 긍정적인 대화를 나누면서 탄생한 결과였거든요.

Q 이미 여러 프로젝트를 성공시킨 경험이 있지만, 이번 글렌알라키의 새로운 도전이 두렵지는 않았나요?

A 글렌알라키 인수는 매우 흥분되는 일이었고, 전혀 겁나지 않았어요. 블렌더에게 증류소의 개성을 만들 수 있는 자유가 주어지는 경우는 드물기 때문이지요.

Q 글렌알라키 증류소 투어를 신청하면, 생산 시설을 먼저 둘러보지 않고 위스키 테이스팅부터 시작하는데 그렇게 기획한 특별한 이유가 있는지요?

A 증류소 투어에서 시음을 먼저 하는 이유는 '싱글몰트의 성격을

숙성고에서 오크통의 마개를 여는 빌리 워커.

정의'하는 일부터 시작되어야 한다고 생각하기 때문이에요.(실제 투어에서도 여러 싱글몰트 위스키와 블렌디드 위스키를 테이스팅하면서 그 차이를 소개한다.) 또 위스키를 마시는 행위를 통해 위스키 그 자체에 '몰입'할 수 있는 분위기가 조성된다고 생각해요. 그 뒤에 실제 증류소의 생산 시설을 돌아보면 그 경험이 자연스럽게 연결될 수 있다는 장점이 있지요.

Q 저도 투어에서 확실히 그 점을 느꼈어요. 글렌알라키를 한 모금 마시고 증류소를 걸으니까, 하나하나 생산 공정의 의미를 맛과 향에 연결 짓기 쉬웠어요. 투어를 통해서 글렌알라키는 특이하게 네 단계의 당화 과정을 거친다는 것을 알게 됐어요. 그것의 장점은 무엇인가요?

A 네 단계로 당화 과정을 진행하는 것은 우리가 증류소를 인수하기 전부터 진행하던 생산 방식을 그대로 계승한 거예요. 이 시스템을 변경할 이유를 찾지 못했으니까요. 기본적으로 이 방식은 몰트에서 최대한의 당을 추출하기 위해 도입된 것이기 때문이죠. 또 3단계 및 4단계에서 물을 재활용한다는 측면에서도 좋고요.

Q 글렌알라키에서는 발효 시간을 이전에 비해 약 세 배로 늘렸어요. 최근에 스코틀랜드의 여러 증류소에서 발효 시간을 늘리는 트렌드를 확인할 수 있었는데, 생산성 측면에서는 고민이 많이 됐을 듯해요. 과감하게 이런 결정을 내릴 만큼 맛의 차이가 큰지 궁금해요.

A 발효 시간이 길어지면 산소가 더 많이 유입되고 향기 성분인 에

스테르가 촉진되는 등 여러 가지 이점이 있어요. 긴 발효 주기는 풍미를 향상시킬 뿐만 아니라 매우 부드러운 발효액을 생성해서 다음 단계인 증류가 더 쉬워집니다.

Q　디스틸러 효모와 맥주 효모를 같이 사용한다는 점도 흥미로웠어요. 이렇게 새로운 아이디어는 어디에서 얻는 건가요?

A　기존에 사용하던 효모뿐만 아니라 다양한 효모를 사용하려는 시도를 지난 몇 년간 계속했어요. 글렌알라키에서는 여러 효모를 사용하는 흥미로운 프로젝트도 진행했죠. 예를 들면 레드 와인, 화이트 와인, 샴페인 등을 생산할 때 사용하는 효모를 발효 과정에 도입한다든가 하는 것이지요.

Q　긴 발효 시간, 작은 증류기, 수평형 응축기, 셰리 캐스크, 이 모든 것이 풍부하고 섬세한 향을 만드는 여정이라고 이해했어요. 글렌알라키 위스키만의 개성을 부여하기 위한 아이디어는 어떻게 얻는지 궁금합니다.

A　우리의 혁신적인 작업 대부분은 수년간의 시도와 실험을 통해 얻은 결과물이에요. 단번에 얻어지는 건 아무것도 없지요. 이러한 작업은 증류 과정에서 개성을 부여하고, 사람들의 마음을 사로잡기 위한 노력의 일환이지요.

Q　기존 증류소가 가지고 있던 위스키 재고를 개편하는 작업은 어떻게 이루어지나요?

A 대규모 샘플링 및 평가 프로그램이 필요해요. 과거 증류소의 재고에 대해 미시적으로 이해하는 게 매우 유용하기 때문이죠. 다음 단계에서는 현재와 미래의 개성을 계속 정의하는 작업이 필요해요. 경우에 따라서는 재정의가 필요한 위스키를 어떤 캐스크에 다시 넣을지에 대한 계획을 세워야 하죠.

Q 마스터께서는 셰리 캐스크 위스키를 잘 만들어내는 것으로 유명합니다. 숙성을 위한 셰리 캐스크 선정과 관리에 대한 기준과 노하우가 있는지요?

A 셰리 캐스크를 소싱하는 것은 숙성 과정에서 매우 중요해요. 정확한 출처를 가진 캐스크를 소싱하고 즉시 재배치하는 것을 의미하니까요. 숙성된 캐스크는 정기적인 샘플링과 기록 작성을 통해 숙성 과정을 철저하게 관리해요.

Q 트릴로지 시리즈의 미래 에디션은 피티드 위스키였죠. 앞으로 글렌알라키 위스키의 방향성으로 봐도 될까요? 아니면 스페셜 기획으로 이해해야 할까요?

A 트릴로지는 일회성 특별 기획이었어요. 글렌알라키의 코어 제품군은 클래식 셰리 스타일로 논 피티드로 계속 생산될 예정입니다. 하지만 글렌알라키 증류소에서 만드는 위스키 총생산량의 10퍼센트는 별도의 피티드 위스키 브랜드가 될 거예요.

Q 린제이 코미Lindsay Cormie는 2006년 벤리악 증류소에서부터 지금의 글렌알라키 증류소까지 당신과 함께 일한 것으로 알려져 있어요. 인재 육성에서도 자

신만의 노하우가 있나요?

A 린제이는 2006년부터 오랜 동료이자 친구로 위스키를 만들어가는 과정에서 매우 중요한 역할을 담당하고 있어요. 제가 인사팀에 어떤 특별한 통찰력을 주기는 어렵지만, 단순히 직원이 아니라 동료로서 참여시키는 걸 중요하게 생각해요. 우리 모두 글렌알라키를 함께 만들어가는 공동체라는 점을 기억하는 게 의미 있는 성장을 만들어내니까요.

Q 럼과 위스키 카테고리는 유사점이 있는 듯해요. 둘 다 발효와 증류 과정을 세심하게 감독하고, 향미 개발 방법으로 오크통 숙성을 활용하는 것도 공통적이고요. 요즘은 두 증류주 모두 프리미엄 및 소규모 출시가 눈에 띄게 증가하고 있어요. 위스키 외에 럼도 생산하기 시작한 것으로 알고 있어요. 다른 스타일의 스피릿에 도전한 이유가 무엇인지요?

A 저는 싱글몰트 스카치 위스키와 크래프트 럼의 유사점에 매료되어 있어요. 사실 럼을 생산하기 위한 우리의 여정은 이제 막 시작되었다고 할 수 있어요. 하지만 파나마, 자메이카, 가이아나 럼의 원액을 새롭게 블렌딩하기 위해 준비해둔 오크통과 숙성에 대한 관리 작업을 진행하고 있어요. 향후 완성될 럼을 상당히 기대하고 있습니다. 우리가 만들 럼을 지켜봐주세요!

Q 개인적인 질문을 드릴게요. 평소 스트레스와 건강 관리는 어떻게 하는지요?

A 솔직히 자유 시간이 많지 않아요. 쉴 때는 축구를 보는 게 좋아요!

Q 글렌알라키 증류소의 향후 계획은 무엇인가요? 또 개인적인 목표도 궁금해요.

A 글렌알라키의 철학은 '우리는 절대적인 일관성을 추구하지 않고 절대적인 완벽함을 추구한다'입니다. 글렌알라키가 스페이 밸리Spey Valley 최고의 증류소로 인정받는 것이 우리의 열망이지요. 이제 그 장대한 도전이 시작되었습니다!

Q 한국의 위스키 팬들에게 한 말씀 해주세요.

A 저는 1980년부터 한국을 방문해왔어요. 스카치 위스키의 인기가 날로 높아지는 것을 지켜봤지요. 특히 지난 5년간 싱글몰트 스카치 위스키의 성장에 깜짝 놀랐습니다. 한국은 분위기가 좋고 멋진 나라라고 생각해요.

Q 위스키 메이커를 꿈꾸는 이들에게 조언을 부탁드립니다.

A 스카치 위스키 산업은 선의의 경쟁이 펼쳐지는 정말 즐거운 분야예요. 위스키 메이커가 될 수 있는 기회가 있다면 두 손으로 꼭 잡으세요!

Part 2

증류소의 브랜딩 전략과 생산 관리 노하우

The Glenlivet

더 글렌리벳

역사를 잇는 방법

더 글랜리벳 전설의 시작

위스키를 좋아하지 않아도 누구나 아는 이름이 있다. 바로 '글렌리벳'. 이번 일정에서 글렌리벳 증류소를 두 번이나 방문하게 된 데에는 나름의 이유가 있었다. 두 번이나 방문했지만 여러 증류소를 예약하는 과정에서 가장 난이도가 높았던 곳 역시 글렌리벳이었다. 스페이사이드 지역의 증류소를 방문할 때는 보경 언니와 함께 움직였는데, 두 자리를 예약하는 일은 하늘의 별 따기였다. 특히 글렌리벳 증류소처럼 대중적으로 잘 알려진 증류소는 더 힘들었다. 우선 내 자리를 하나 예약하고, 이후 아침저녁으로 예약 페이지의 새로고침을 눌러가며 취소된 좌석을 살피기로 전략을 세웠다.

그렇게 주야로 모니터링한 덕분에 스페이사이드에서 '처음' 방문할 증류소로 글렌리벳 증류소를 일정에 올릴 수 있었다. '처음'이라는 말은 글렌리벳 증류소와 딱 맞아떨어지는 단어다. 스코틀랜드에서 1824년에 처음으로 위스키 제조로 합법적인 면허를 취득한 곳이기 때문이다.

약 2백 년의 역사를 가진 글렌리벳의 위스키가 워낙 유명하다 보니 그 시절에는 많은 증류소들이 이 이름을 가져다 사용했다. 글렌리벳Glenlivet Estate이 지역 이름이었기에 가능한 일이었다. 우리로 치면 명동 칼국수의 원조로 불리는 명동교자 외에도 여러 곳에서 칼국수 앞에 명동이라는 이름을 붙이고 판매하는 것과 비슷하다. 그래서 맥캘란-글렌리벳Macallan-Glenlivet, 글렌 모레이-글렌리벳Glen Moray-Glenlivet, 벤로막-글렌리벳Benromach-Glenlivet 식으로 당시 글렌리벳의 위상을 활용해서 많은 증류소들이 '미 투Me too' 브랜드 전략을 취했다. 이후 상표권을 보호하기 위해 글렌리벳 증류소에서는 16개의 증류소를 상대로 소송을 하게 되는데, 1884년에 다른 글렌리벳과는 다르다는 의미로 'The Glenlivet'이라는 이름을 사용하라는 판결을 받게 된다. 그래서 전 세계에서 글렌리벳의 위스키는 '더 글렌리벳'이라고 부르게 되었다.

브랜드 전략에서는 다른 브랜드와 어떻게 다른가를 보여줄지에 대해 다음과 같은 네 가지 기준을 제시한다.

- 최초(First)로 보이는가.
- 대체 불가한 하나(Only)로 보이는가.
- 한 분야의 최고(Best)처럼 보이는가.
- 어떤 방향(Target Market)으로 보여줄 것인가.

더 글렌리벳은 '최초'이자, '대체 불가'로 위스키 업계에서 자사의 포지셔닝을 명확히 했다.

디 오리지널 투어

글렌리벳의 증류소를 방문해보니 '더 글렌리벳'은 확실히 자신의 아이덴티티를 정확히 이해하고 전달하고 있었다. 더 글렌리벳 증류소의 가장 기본적인 투어의 이름은 '디 오리지널The Original'이었다.

90분간 진행되는 투어는 제조 공정을 소개하는 멀티미디어실에

더 글렌리벳 증류소의 디 오리지널 투어가 진행된 멀티미디어실과 뉴메이크 스피릿.

서 주로 진행된다. 위스키를 만드는 과정과 이를 만드는 '사람들'에 대한 이야기를 입체적으로 다룬다. 위스키를 만들 때는 보리, 물, 효모가 필요하다. 투어 프로그램은 제조 공정을 거치면서 어떻게 위스키 원액이 탄생하는지를 비디오로 보여주면서 참여자들이 원물을 하나씩 만져보고 이해할 수 있도록 구성되었다. 사실 처음 증류한 원액은 오크통에서 숙성되기 전에는 물처럼 투명한 색이다. 그런데 팟스틸의 구리 컬러에 현혹되어 위스키를 증류하자마자 황금빛이 난다고 생각하는 사람들이 간혹 있다. 이 부분을 효과적으로 소개하기 위해서 증류한 원액인 뉴메이크 스피릿new make spirit을 향수처럼 투명한 공병에 담아두었다. 스프레이로 뉴메이크를 분사하면서 향기와 촉감을 느낄 수 있도록 준비해둔 것이다.

위스키를 만들 때 가장 중요한 점으로는 기후와 같은 환경적인 요인과 더불어 보리, 물, 효모, 오크통 등 재료의 중요성, 그리고 술을 만드는 '사람'을 중요하게 언급한다. 보통은 과거의 선조가 처음 개발한 기술이라든가 그 사람의 집요함과 끈기에 집중된다. 혹은 현재의 디스틸러리 매니저 또는 마스터 디스틸러의 작업에 초점을 맞춰 소개하는 것이 일반적이다. 더 글렌리벳의 소개가 특별했던 점은 보리를 설명할 때 30년간 더 글렌리벳에 보리를 공급해온 '농부의 이야기'를 소개했다는 것이다. 숙성 과정을 소개할 때도 오크통을 관리하는 사람의 이야기를 담았다.

과잉 정보 시대에 사는 우리는 어떤 정보를 어떻게 받아들여야 할지 때로는 혼란스럽다. 앞서 농부의 이야기처럼 삶이 녹아든 스토리텔링은 개인의 경험을 빗대어 생각하게 되므로 브랜드에서 전달하고자 하는 메시지에 대한 몰입도가 높아진다. 일과 삶은 늘 우리 곁에 있기에 받아들이기 쉬운 것이다.

최근 더 글렌리벳 증류소에서는 2022년까지 48년간 근무했던 마스터 디스틸러인 앨런 윈체스터Alan Winchester가 은퇴하고, 새로운 증류소 매니저로 리사 글렌Lisa Glen이 선임되었다. 리사는 더 글렌리벳 증류소의 팀 리더로서 지난 8년간 증류소의 운영과 프로세스를 감독한 경험이 있었다. 글렌리벳 증류소 역사상 첫 여성 총괄 디스틸러의 탄생이다.

이에 앞서 2017년에는 현재 브라운 포맨에서 소유하고 있는 글렌드로낙, 벤리악, 글렌글라사의 증류소를 총괄하는 마스터 블렌더로 레이첼 베리가 부임한 바 있다. 또 발베니 역시 켈시 맥케크니가 데이비드 스튜어트의 뒤를 이어 몰트 마스터를 잇게 되었다. 전통적으로 생산과 상품 기획에 남성 구성원이 주축이던 증류소도 이제는 다양한 리더를 맞이하며 세대교체가 일어나고 있는 것이다. 위스키를 만드는 사람들의 이야기를 따라가다 보니 어느덧 체험형 전시실이 끝났다.

투어 가이드의 인솔에 따라 2018년에 새롭게 오픈한 새 증류 시설로 이동했다. 더 글렌리벳 증류소 입구에서 보았던 통유리로 된 건물이다. 이 새로운 증류 시설 덕분에 더 글렌리벳은 연간 스피릿 2,100만 리터로 기존 생산량에서 3배가량 확장할 수 있었다. 위스키 생산량을 말할 때는 증류한 원액인 스피릿Spirit으로 설명한다. 숙성된 원액인 위스키는 증발량과 최종 병입 시점의 도수 등 개별 위스키의 상태에 따라 기준과 숫자가 달라질 수 있기 때문이다. 날씨가 화창한 덕분에 유리창 넘어 들어온 빛으로 반짝이는 증류기를 감상하는 것만으로도 아름다운 경험이었다.

먼저 눈에 띄는 것은 스위스 뷸러Bühler의 제분기와 14톤 규모의 브릭스Briggs 당화조처럼 2009년에 증류소 확장 공사를 시작하면서 교체한 최신형 기기들이었다. 더 글렌리벳 정도 되는 규모의 증류소는 글렌피딕을 제외하고는 없는데, 확장하면서 생산 효율에 중점을 두고 새로운 기계를 들인 듯했다. 제분기는 롤러가 6개나 장착되었고, 당화조에는 회전팔rotating arm이 5개나 있었다. 발효조는 32개가 있는데 그중 절반인 16개는 오리건 파인트리로 만든 전통적인 방식의 나무 발효조이고, 나머지는 스테인리스 발효조이다. 여기에서 52시간 정도 발효를 진행한다.

더 글렌리벳 특유의 부드러운 과일 향을 완성하는 데에는 증류기의 역할이 크다. 현재 증류실은 총 세 곳이고 증류기는 28대가 있다. 이번에 내가 방문한 세 번째 증류실에만 14대의 증류기가 설치되어 있었다. 한두 쌍의 증류기로만 운영하는 곳에 비하면 정말 그 규모에 압도될 수밖에 없다. 1차 증류기와 2차 증류기를 모두 1:1로 매칭해 사용한다.

더 글렌리벳의 증류기는 포사이스에서 만든 것으로, 몸통과 목 사이가 잘록하게 들어간 랜턴형lantern-shaped이다. 나는 시각적으로 우아하고 아름다운 랜턴형 증류기를 가장 좋아하는데, 나란히 줄지

더 글렌리벳 증류소의 발효실.

더 글렌리벳 증류소의 증류기.

어 있는 증류기를 감상하는 것만으로도 교회 건축에서나 느낄 법한 심리적인 안정감을 주었다. 더 글렌리벳은 특히 라인암Lyne Arm(증류기 헤드에서 응축기로 연결되는 경사진 관)이 엄청 긴데, 키가 큰 증류기의 긴 라인암에서 증류된 원액은 구리 접촉이 늘어나고 환류reflux가 일어나면서 섬세한 원액이 완성된다.

더 글렌리벳은 자동화된 스피릿 세이프spirit safe(응축기에서 나온 원액을 통제하고 감시하는 증류 장치)를 가지고 있다. 여전히 많은 증류소에서 스틸맨이 2차 증류를 마치면, 스피릿의 알코올 도수를 스피릿 세이프에 설치된 비중계로 확인한다. 스틸맨은 모니터링을 하다가 적절한 알코올 도수에 다다르면 컷 포인트cut point에 맞춰 스피릿이 흘러가는 밸브를 잠그고 돌려 중류를 보관하는 탱크로 이동시킨다. 또 중류를 끊고, 후류로 전환하는 시점에는 다시 밸브의 방향을 바꾸어준다. 그리고 초류와 후류를 함께 모아두는 탱크feint receiver로 보낸다. 이러한 작업을 수동식 커팅manual cutting이라고 한다. 더 글렌리벳과 같이 최신식 장비를 갖춘 대형 증류소에서는 자동화 작업으로 진행한다. 그래서 이 넓은 증류실을 한두 명의 스틸맨이 모두 관리할 수 있다.

'디 오리지널' 투어의 마지막 여정은 1번 숙성고를 방문하는 것이었다. 다양한 스타일의 아메리칸 오크, 버번 캐스크, 올로로소와 PX 셰리 캐스크, 그리고 프렌치 리무쟁 오크통 등 다양한 캐스크를 만져보고 어떠한 향이 나는지 체험할 수 있는 곳이다.

수많은 캐스크들이 이 숙성고에 잠들어 있었다. 내가 태어난 해

더 글렌리벳 증류소의 숙성고와 증류소 숍.

의 빈티지를 찾아보는 것도 큰 재미다. 나의 생년 빈티지인 1985년에 증류한 원액의 캐스크도 한쪽에 보였다.

투어를 마치고 증류소 숍에서는 다양한 싱글 캐스크 위스키를 만날 수 있었다. 적극적으로 시음 의사를 밝히면 이 많은 위스키들을 무료로 시음하는 것도 가능하다. 특히 여기에서는 보틀에 각인을 해주는 서비스도 있다. 올로로소 셰리 캐스크에서 숙성한 글렌리벳 싱글 캐스크 한 병을 구매하고, 이름 각인을 요청했다. 이 각인 서비스는 나처럼 술 욕심이 많은 편이 아닌 보경 언니의 지갑도 열게 만들었다. 종이에 우리의 영문 이름을 적어주고 나왔다. 각인이 완성되기까지 20~30분 정도 소요된다고 했다.

그동안 증류소의 응접실과 바를 조금 더 둘러보다가 혹시 내일 '디 아카이브The Archives'라는 숙성고 투어의 여석이 있는지 물었다. 좌석이 없어서 일단 내 자리만 예약해 두었는데, 마침 취소석이 있다고 해서 보경 언니의 좌석도 추가로 예약할 수 있었다.

디 아카이브 투어

다음 날 우리는 다시 더 글렌리벳을 찾았다. '디 아카이브' 투어는 디 오리지널 투어와는 전혀 다른 동선으로 시작되었다. 방문자 센터 뒤편의 나무 계단을 올라 더 글렌리벳 증류소의 2층 VIP 응접실로 올라갔다. 응접실에는 여기저기 이곳과 관련된 인물의 초상화가 걸려 있고 오래된 가구와 기품 있는 패브릭으로 꾸며져 있었다. 방을 구경하고 소파에 앉아 있으니, 부잣집에 놀러 온 것 같은 기분이 들었다. 더 글렌리벳의 헤리티지에 대한 이야기를 간단히 듣고 우리는 3번 숙성고로 이동했다.

3번 숙성고는 이전에 둘러본 1번 숙성고와는 분위기가 전혀 달랐다. 검은 흙바닥에 돌로 쌓은 벽까지, 조금 더 전통적인 스타일의 더니지 숙성고Dunnage warehouse였다. 이 숙성고 안에는 다양한 오크통이 잠들어 있다. 흥미로운 것은 더 글렌리벳의 오크통뿐만 아니라 맥캘란의 캐스크도 보인다는 점이다. 어떻게 맥캘란의 원액이 여기 더 글렌리벳 숙성고에 잠들어 있는 것일까?

또 최근에 영국의 국왕이 된 찰스 3세의 오크통도 보였다. 오크통 리드에 그의 서명이 있었다. 찰스 3세는 라프로익만 좋아하는 줄 알았는데 그가 진정한 위스키 팬이라는 걸 인정하게 됐다. 그의 프라이빗 캐스크는 다른 오크통과 조금 달랐다.

"이 오크통은 왜 마개 위에 돌이 얹어져 있는 거예요?"

"병입 시기가 된 오크통을 표시해둔 거예요."

"왜 바로 병입하지 않은 거죠?"

"증류소에서는 지금이 적기라고 생각될 때 병입을 추천해요. 그러고 나서 보통 캐스크 오너가 테이스팅한 후 최종 의견을 주기를 기다립니다."

"그럼, 찰스 왕이 얼른 오셔야겠네요!"

"맞아요. 실은 얼마 전에 오시기로 했어요. 그런데 갑자기 당일 일정을 취소하셨어요. 뭔가 왕실에 큰일이 있구나! 하고 직감했죠."

"무슨 일이 있었나요?"

더 글렌리벳 3번 숙성고의 맥캘란 캐스크와 찰스 왕 캐스크.

“그날이 엘리자베스 2세 여왕이 서거한 날이었어요.”

엘리자베스 2세 여왕의 재위 70주년을 기념하는 플래티넘 주빌리Platinum Jubilee 행사가 엊그제 같은데, 내가 이곳을 방문하기 한 달 전인 2022년 9월 8일에 엘리자베스 2세가 소천했다. 전 세계가 애도를 표하는 장면을 나도 텔레비전에서 보았다. 이 일이 스코틀랜드의 한 증류소에도 영향을 끼쳤다니……. 여담이지만 찰스 3세의 더 글렌리벳은 버번 캐스크에서 숙성 중이었다.

숙성고 투어를 마치고 우리는 다시 응접실로 돌아왔다. 그사이 고숙성 위스키가 응접실에 가지런히 놓여 있었다. ‘디 아카이브’는 애호가들을 위한 투어답게 구성이 확실히 달랐다. 투어 매니저는 이제 위스키 테이스팅을 진행하겠다고 선언했다. 테이스팅 글라스에 귀하디귀한 더 글렌리벳 세 잔을 따라주었다.

13년 숙성 싱글 캐스크, 25년 숙성 싱글 캐스크, 30년 숙성 셀러 컬렉션. 49도에서 59.1도 사이인 이 위스키 원액은 더 글렌리벳이 얼마나 완성도 있는 위스키를 만들 수 있는지를 제대로 보여주었다. 고숙성 위스키를 제법 마셔보았다고 자부했는데, 이 더 글렌리벳의 섬세한 맛과 향의 밸런스는 어나더 클래스였다. 부드럽다고만 생각했던 더 글렌리벳의 다채로운 표정을 발견할 수 있었다. ‘오리지널리티’의 스토리텔링을 빌드업하는 것을 기본으로, 위스키에 대한 색다른 경험을 설계하고, 제품의 본질로 승부하는 모습이 대단했다. 이날 이후 위스키 셀렉션을 제대로 갖춘 바에 가면 고숙성 더 글렌리벳 위스키와 싱글 캐스크를 주문하게 되었다.

더 글렌리벳의 '디 아카이브 투어' 테이스팅 위스키와 테이스팅.

더 글렌리벳 증류소를 나오면서 우연히 반가운 이들을 만날 수 있었다. 미국 오하이오 주에 살고 있다는 멍멍이 '글렌'이었다. 아빠와 함께 글렌리벳을 방문한 글렌은 착한 멍멍이였다. 글렌의 아빠는 스페이사이드 증류소를 투어하는 중인데, 이 일정을 모두 글렌과 함께 소화할 예정이라고 했다.

또 다른 반가운 얼굴은 아쿠토 이치로 님이었다. 우리에게 이치로 몰트로 유명한, 일본 치치부 증류소의 설립자다. 지난번에 치치부 증류소에서 만났던 기억이 떠올라 반가운 마음에 성큼 다가가 인사를 드렸다. 나의 적극적인 인사에 당황한 듯했지만, 그냥 지나칠 수가 없었다. 글렌리벳과 치치부는 어떤 프로젝트를 진행하고 있는 걸까? 단순히 증류소 시설을 견학하려고 방문한 걸까? 이런저런 프로젝트를 머릿속에 그려보며 즐거운 상상을 해보았다.

더 글렌리벳 증류소에서 만난 멍멍이 글렌과 증류소 전경.

TIP7

스카치 위스키 캐스크 스왑

스코틀랜드 증류소들은 상호 협력적이다. 그런 면모를 단적으로 보여주는 것이 바로 위스키 원액 교환 프로그램이다. 스코틀랜드의 증류소에는 다른 증류소의 위스키 원액이 숙성고에 보관되어 있다. 캐스크 스왑Cask Swap이라 부르기도 하고, 캐스크 교환 프로그램cask-exchange programme이라고도 한다. 서로 다른 향을 지닌 위스키 원액을 교환하고, 또 고유의 기후 등을 활용해서 풍미를 생성하는 데 숙성의 역할을 탐구하기도 한다. 이를 바탕으로 블렌디드 위스키를 만들기도 한다.

이때 위스키 원액은 교환하지만 블렌딩할 때 어떤 위스키를, 얼마의 비율로 섞는지에 대한 정보는 서로 교환하지 않는다고 한다. 때로는 교환한 원액을 자사 숙성고에서 숙성한 후 캐스크 위스키로 출시하기도 한다. 그래서 증류소 숙성고를 둘러보다 보면, 종종 다른 증류소의 캐스크를 발견할 때가 있다. 더 글렌리벳 증류소의 3번 숙성고에 잠들어 있던 맥캘란 캐스크가 바로 그러한 예이다.

Tomintoul

토민타울 증류소

마스터 디스틸러 로버트 플레밍과 함께 걷다

이웃 증류소로 픽업 온 마스터 디스틸러

1884년에 상표권 분쟁 이후 '글렌리벳'이라는 이름을 쓸 수 있는 증류소는 현재 스코틀랜드에 딱 두 곳이 있다. 글렌리벳 에스테이트에 위치한 더 글렌리벳 증류소와 토민타울Tomintoul 증류소다. 그래서 토민타울의 위스키 라벨을 보면 원산지인 '글렌리벳'을 표기한 것을 쉽게 찾을 수 있다. 두 증류소는 차로 약 10분 거리일 만큼 가깝기 때문에 더 글렌리벳을 오전에, 토민타울을 오후에 둘러보는 일정을 세웠다. 특히 오늘은 토민타울 증류소의 마스터 디스틸러인 로버트 플레밍Robert Flemming과 오후 2시에 인터뷰 미팅을 잡았기 때문에 상당히 설렜다.

티슬듀Thistle Dhu B&B의 주인이 앞서 더 글렌리벳 증류소까지 바래다주면서 내게 물었다.

"토민타울 증류소까지 가는 오후 교통편은 섭외했어요?"

"아직 안 했어요. 중간에 한 시간 정도 여유가 있으니까 택시를 불러서 가면 충분할 것 같아요."

"십 분 거리니까 가까운 건 맞는데, 지금은 아이들의 가을 방학 기간이어서 택시 잡기가 쉽지 않을 거예요."

"가을 방학이요? 그게 택시와 관계가 있나요?"

"글렌리벳은 작은 동네예요. 가을 방학이나 학교 행사라도 있으면 지역 택시들이 몽땅 동원돼 아이들을 픽업해주고 있어요."

"그럼 미리 예약해야겠네요. 좋은 정보 감사해요."

글렌리벳에서는 우버와 글래스고 캡Glasgow Cab은 통하지 않았다. 스페이사이드를 중심으로 운영하고 있는 크라이겔라키 자동차Craigellachie Cars와 에이스 택시 모레이Ace Taxis Moray에 전화를 걸었다. 모두 오후에는 차편이 여의치 않다는 답변을 주었다. 하는 수 없이 토민타울 증류소에 전화해 픽업이 가능한지 물었다.

"어디로 몇 시까지 픽업을 가면 될까요?"

"로버트 플레밍과 2시에 미팅 약속을 했어요. 죄송한데 바로 그 전에 글렌리벳 증류소 투어 일정이 있어서 오후 1시 이후부터 이동할 수 있을 것 같아요."

"네, 그럼 1시 45분에 글렌리벳 증류소 주차장에서 만나요!"

전화를 받은 직원은 토민타울 증류소는 가까우니 걱정하지 말라고 친절하게 덧붙였다. 1시경에 글렌리벳 투어를 마치고 30분 전부터 주차장에서 기다리기 시작했다. 약속한 1시 45분이 되었는데, 주차장에는 아무도 나타나지 않았다. 토민타울 증류소에 다시 전화를 걸어보려 해도 휴대폰이 잘 터지지 않았다. 다시 글렌리벳 증류소의 방문자 센터로 들어가서 물어보았다.

"혹시 전화 한 통 할 수 있을까요?"

글렌리벳 증류소의 도움으로 토민타울 증류소로 전화를 걸었다. 아까 그 담당자가 다시 전화를 받았다. 뭔가 커뮤니케이션에 문제가 있었던 것 같은데, 지금 로버트 플레밍이 출발할 거니까 걱정하지 말라고 했다.

"언니, 아무래도 내 영어 실력이 부족한가 봐."

"왜? 전화 통화가 잘 안 됐어?"

"아니, 담당자가 중간에 실수가 있었다면서 지금 출발하니 기다려 달래요. 그런데 로버트 플레밍이 데리러 온대요. 그분이 인터뷰하기로 한 마스터 디스틸러거든요. 로버트 플레밍과 미팅 약속이 있다는 말을 전달한 건데, 그분이 나를 픽업하러 온다네? 아무래도 제가 잘못 알아들은 거 같아요."

"아, 그래? 우선 여기로 온다고 했으니 좀 기다려보자."

십여 분이 지나고 누군가 남색 레인지로버를 운전하며 나타났다. 로버트 플레밍이었다. 마스터 디스틸러가 직접 픽업해주다니, 이럴 수가! 잘못 알아들은 건 아니었나 보다.

"보연, 맞지요?"

"네, 안녕하세요! 여기까지 픽업 와주셔서 감사해요."

"근데 제가 여기 글렌리벳 증류소 출신이거든요. 잠깐 위에 올라가서 인사하고 올게요."

"네, 천천히 일 보고 오세요!"

마스터 디스틸러가 자기가 일하는 증류소도 아니고 다른 증류소에서 기다리는 손님을 직접 픽업하러 오다니…… 믿어지지 않았다. 볼일을 마치고 돌아온 로버트 플레밍과 함께 우리는 토민타울 증류소로 이동했다. 사실 서울에서 알아본 스코틀랜드 투어 프로그램 중에는 고급 자동차 투어도 있었다. 투어 가이드가 레인지로버를 운전해 하일랜드를 함께 누비고 여러 증류소를 방문하는 프로그램이었다. 하지만 내 예산에 비해 너무 고가라서 바로 포기할 수밖에 없었다. 그런데 지금 나는 마스터 디스틸러도 만나고 꿈의 레인지로버

투어까지 하게 됐다. 조수석에 앉아 증류소까지 가는 그 짧은 시간 동안 심장이 두방망이질을 해댔다.

"저기 토민타울 숙성고 뒤로 하얀색 집 보이나요? 거기가 제 집이에요."

"저 언덕 위에 있는 집 말이죠? 증류소 근처에 살고 계시네요."

"여기에서 50미터 떨어진 곳에서 아버지가 태어났어요. 이어서 제가 이 동네에서 태어나고 자랐죠."

"지역 토박이시군요. 여기 토민타울 증류소에서 근무하는 것은 참 의미 있는 일처럼 보여요."

"맞아요. 제가 운이 좋았죠. 이 동네에서 일을 구할 수 있었으니까요."

"그런데 토민타울 말고도 글랜카담 증류소도 관장하시잖아요. 두 증류소의 거리가 상당히 멀던데 어떻게 관리하세요?"

"보통 차로 운전해서 다녀요. 일주일에 절반은 토민타울, 절반은 글랜카담에서 근무하거든요. 그리고 오전과 오후 시간을 나누어서 증류소별 업무에 집중해 팀과 원격으로 미팅을 하기도 하고요."

스코틀랜드에 도착해서 그간 내가 한 일들을 이야기하면서 증류소까지 어색하지 않게 대화를 이어갔다. 뒷자리에 보경 언니를 태우고 가는 길이 아빠 차에 친구를 태우고 가는 여행 같았다. 순식간에 토민타울 증류소에 도착했다.

로버트 플레밍이 먼저 증류소의 문을 열고 들어갔다. 그는 연보라색 체크무늬로 꾸며진 응접실로 우리를 데려갔다. 보통 인터뷰도 진행하고 테이스팅도 진행하는 공간이라고 했다. 나중에 알게 된 사

1 더 글렌리벳 증류소 앞에서 만난 로버트 플레밍.

2 로버트 플레밍에게 보여준『하루의 끝, 위스키』.

실인데, 연보라색은 봄부터 늦여름까지 스코틀랜드에 만개하는 헤더 꽃의 컬러로 토민타울 증류소를 상징하는 색이기도 했다. 증류소 곳곳에는 이유 없이 존재하는 것이라곤 하나도 없었다. 여러 상징과 의미가 모여 브랜드는 완성된다.

“인터뷰를 먼저 진행하고 증류소 투어를 할까요? 아니면 그 반대가 좋은가요?”

“마스터가 편한 쪽으로 저희가 맞출게요.”

“그러면 여기서 차 한 잔 마시면서 잠시 숨을 고르고, 증류소를 먼저 돌아봅시다.”

다른 직원이 차와 커피를 내왔다. 찻잔 사이에는 머그잔도 있었는데, 손자들 사진과 ‘할아버지 최고Best Grandfather’라고 적힌 귀여운 컵이 보였다. 보통 마스터 디스틸러는 업무로 바쁘기 때문에 인터뷰만 마스터가 진행하고, 증류소 투어는 투어 매니저가 담당한다. 그런데 로버트 플레밍이 직접 투어를 진행해주겠다고 나섰다. 그래서 인터뷰까지 무려 5시간이 넘는 시간 동안 그와 함께하며 토민타울의 매력에 푹 빠져들게 되었다.

“제가 2019년에 출간한 책인데요, 여기서 토민타울의 올드 위스키를 테이스팅한 이야기를 소개했어요.”

“오, 토민타울 퍼퓸 보틀이네요! 저기 찬장에 전시되어 있네요.”

나의 책 『하루의 끝, 위스키』의 글렌리벳 챕터를 펼쳐서 글렌리벳과 함께 토민타울을 공부했던 이야기를 소개했다. 내가 그린 토민타울의 퍼퓸 보틀도 보여드렸다. 마스터는 나를 대견하게 바라보았다. 책과 함께 시가도 선물했다. 토민타울의 시가 몰트와 잘 어울릴 것 같아서 준비한 다비도프 시가 코리아 에디션이었다.

"한국에서도 요즘 위스키를 생산한다고 들었어요. 혹시 쓰리소사이어티스 가봤어요?"

"네, 그럼요! 혹시 앤드루 샌드와 아는 사이인가요?"

"네, 절친이에요. 저희가 알고 지낸 지는 40년쯤 되었나 그래요."

한국 최초의 싱글몰트 증류소인 쓰리소사이어티스의 마스터 디스틸러 앤드루 샌드Andrew Shand와 로버트 플레밍이 절친이라니, 그저 놀라울 따름이었다. 그들은 어릴 때부터 동네에서 함께 자랐다. 일할 나이가 되었을 때는 글렌리벳 증류소에서 같이 근무하게 되면서 더욱 가까워졌다고 한다. 특히 앤드루의 아버지가 당시 글렌리벳의 최고 관리자인 디스틸러리 매니저였기 때문에 본인의 상사이기도 했다는 이야기까지 들려주었다. What a small world!

로버트 플레밍의 밀착 프라이빗 클래스

"그럼, 안전복을 착용하고 증류소를 돌아보면서 조금 더 깊이 살펴볼까요?"

형광색 안전복을 입고 증류소 생산 시설에 발을 딛는 기분은 뭔가 색달랐다. 토민타울 증류소는 스페이사이드에서는 비교적 젊은 증류소로 1965년에 시작됐다. 하지만 최근에 최첨단 자동화 시스템을 갖춘 다른 젊은 증류소들과는 다르게 특이하게도 전부 수동으로 운영해 위스키를 만든다.

몰트를 분쇄하는 밀링 룸에서 투어가 시작됐다. 증류소가 설립된 해에 설치한 포르테우스 제분기를 여전히 사용하고 있었다. 마스터는 제분기의 설계도를 꺼내 보여주면서, 몰트가 두 세트의 롤러에서 어떤 프로세스로 분쇄되어 그리스트가 되는지 자세히 설명해주었다. 함께 몰트를 씹어보기도 했다. 고소한 맛 뒤에 올라오는 달콤함이란! 그리고 분쇄된 그리스트를 직접 만져보게 해주었다. 토민타울 역시 허스크husk(껍질) 20%에, 그리츠grits(거칠게 갈린 몰트) 70%, 플라워flour(곱게 갈린 가루) 10%로 대부분의 증류소와 같은 비율로 그리스트(분쇄된 몰트)를 구성해 사용해오고 있다고 했다.

"그런데 플라워와 그리츠만 사용하면 안 되는 거예요?"

"허스크는 곡물의 껍질인데, 이것이 필터 작용을 하기 때문에 꼭 필요해요."

플라워가 너무 많으면, 고운 입자가 물과 만나 죽처럼 되어 매시턴에 끼어서 배수 과정에 영향을 미친다. 또 허스크가 너무 많아서 입자가 거칠면, 물이 너무 빨리 배수되기 때문에 당이 충분히 추출되지 않는다. 맥아즙의 일관성을 유지하는 것이 중요하기 때문에 일관된 배수가 필요하다.

"셔틀 박스shuttle box를 한번 흔들어볼래요?"

마치 반찬을 가득 넣은 사각 도시락 통을 흔들듯 일 분간 세차게 셔틀 박스를 흔들었다. 그리고 뚜껑을 열었더니, 박스 안은 3단으로 구성되어 있었다. 맨 위부터 허스크, 그리츠, 플라워가 순차적으로 분류되어 담겨 있었다. 셔틀 박스는 분쇄기의 성능을 체크하는 용도

1 포르테우스 제분기.

2 포르테우스 제분기 설계도.

3 그리스트 셔틀 박스.

의 간편 장치로, 처음에 그리스트를 담았던 전체 무게에서 각층에 소분된 것의 무게를 나누어 계산을 해보는 것이다. 이후에 필요에 따라 더 미세하거나 더 거친 입자를 생성하도록 롤러를 조정한다.

마스터는 이 셔틀 박스로 테스트 기록을 남기고 있는 공책을 펼쳤다.

"보리 품종이 바뀔 때마다 실험 결과를 남기는 거예요?"

"매번 발주한 새로운 몰트가 들어올 때마다 이 작업을 해요."

현재 토민타울 증류소는 크리스프 몰트 회사에서 몰트를 공급받아 사용하고 있으며, 로리엇 품종의 보리를 사용하고 있다. 그리스트는 이후에 뜨거운 물과 만나 당으로 변화한다. 이처럼 전분이 뜨거운 물을 만나 당sugar이 되는 과정을 당화mashing라고 한다. 식혜를 만들 때 엿기름(맥아 가루)을 따뜻한 물에 담가두면 달콤한 음료가 되는 것과 같은 이치다. 마스터와 함께 당화실로 이동했다.

토민타울 증류소는 1973년에 교체한 세미 라우터Semi Lauter 당화조를 사용하고 있다. 1회 작업 시 12톤의 그리스트를 투입한다. 그리고 그리스트에 65도의 뜨거운 물을 급수하기 시작한다. 두 번째 작업에는 75도로 온도를 더 높여서 당을 더 많이 뽑을 수 있도록 한다. 그리고 마지막 작업에서는 물의 온도를 85도까지 올린다. 마지막 작업에서 나온 것은 이후 공정을 위한 발효조로 이동하지 않고, 다시 1차 급수 시점에 합쳐서 사용하게 된다. 이렇게 3차 급수를 포함해 총 당화 시간은 8.45시간이라고 한다.

"여러분은 아주 운이 좋아요. 지금 재미있는 구경을 시켜줄게요.

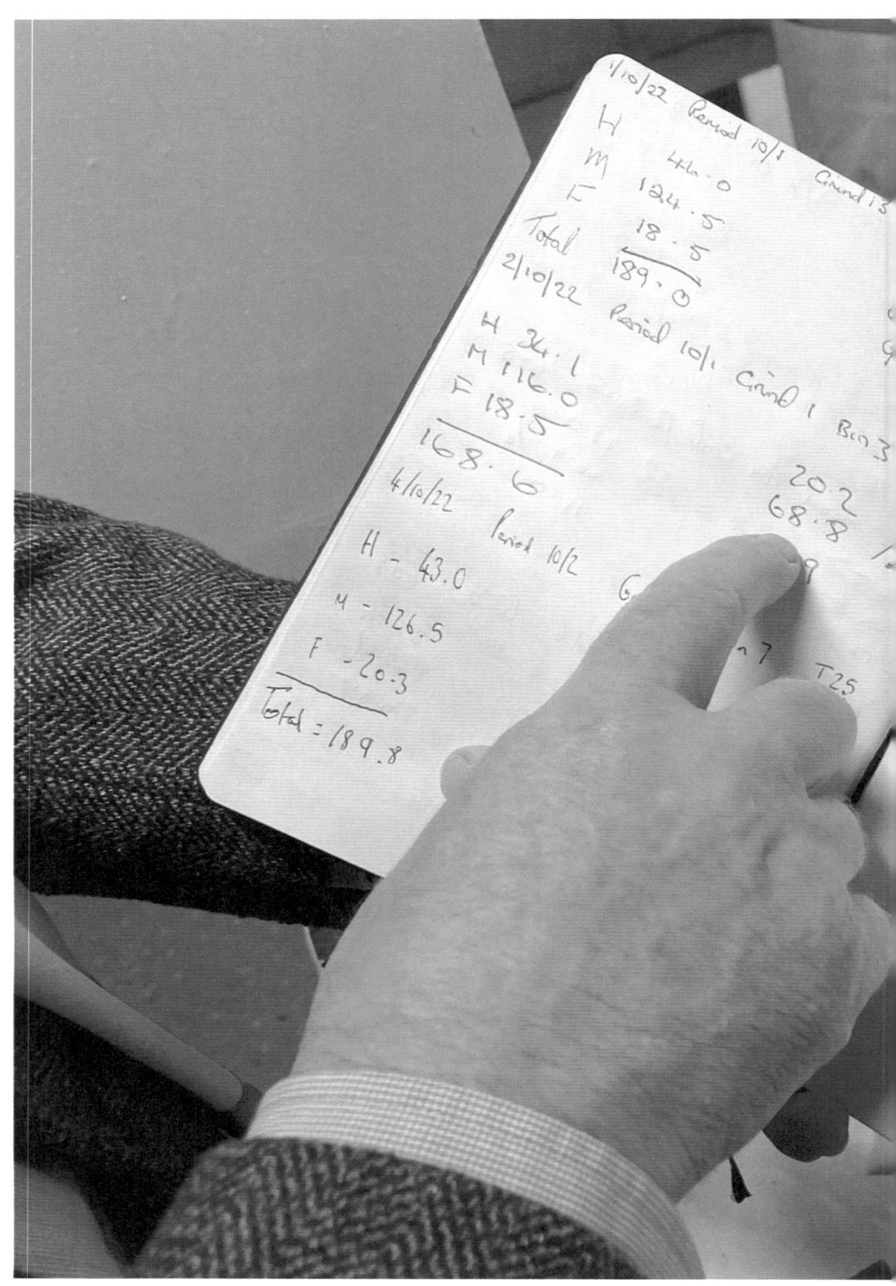

몰트 샘플 및 제분 샘플 수기 노트.

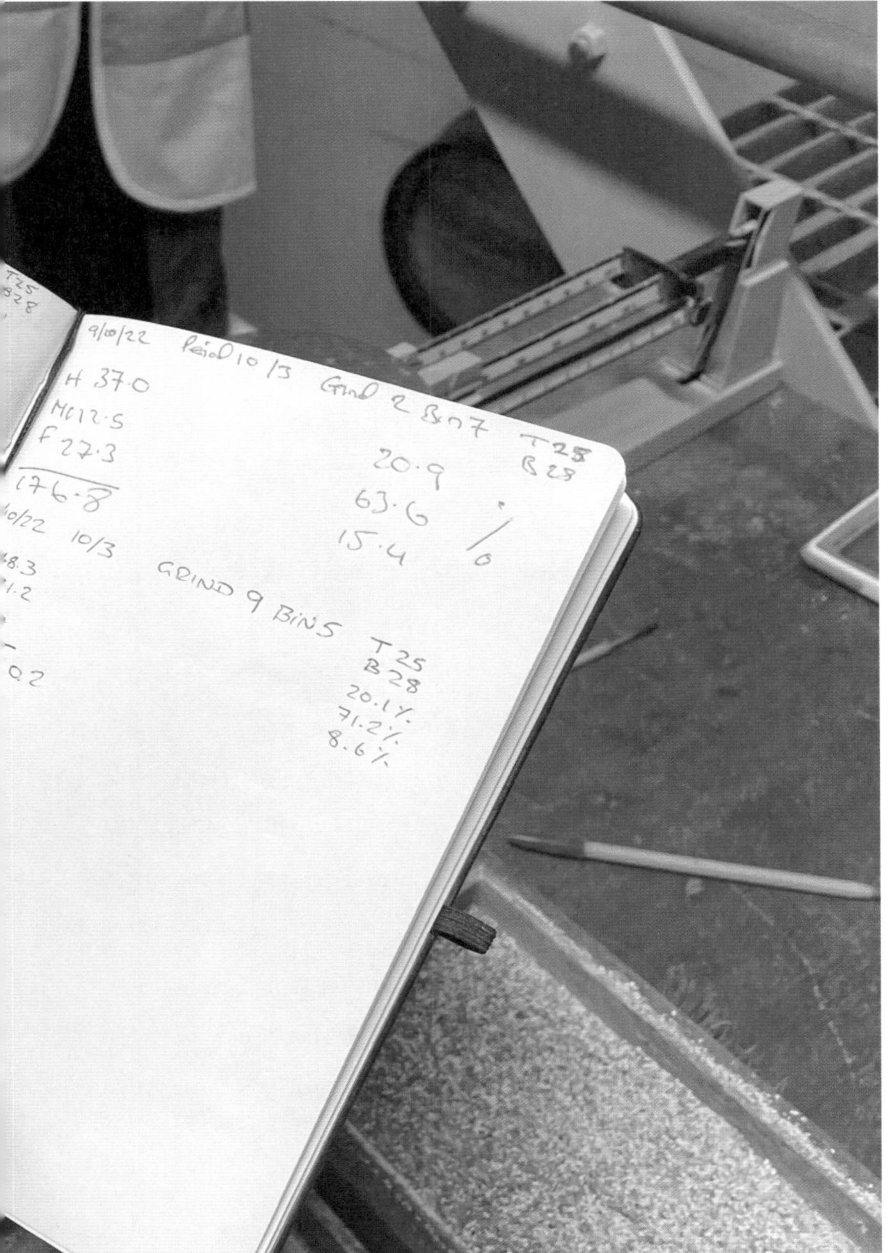
9/10/22
H 37.0
F 27.3
176.8
T 28
B 28
20.9
63.6
15.4
10/3
GRIND 9 BINS
T 25
B 28
20.1%
71.2%
8.6%

일 분 뒤면 3차 급수하는 타임이에요."

"와, 당화조에 급수하는 장면은 처음 봐요!"

그는 먼저 당화조의 뚜껑을 열어 급수되는 물을 볼 수 있도록 했다. 우측 위에 연결된 파이프로 그리스트가 나올 예정이라고 손짓으로 알려주었다. 3분 정도 물이 차오르는 것을 보고 있는데, 그리스트가 섞여 나오면서 급수되는 물이 점점 진흙탕처럼 탁해지기 시작했다.

"이후에 저기 보이는 물탱크로 당화액의 온도를 20도까지 낮춰 줍니다. 그래야 효모가 활동할 수 있어서 발효가 잘 될 수 있거든요. 같이 발효실로 가봅시다."

발효실에는 6조의 스테인리스 발효조가 보였다. 첫 번째 발효조는 비어 있었다.

"저희 발효조는 6만 리터 정도 됩니다. 디스틸러 이스트를 넣고, 54시간에서 길게는 60시간 동안 발효하고 있어요."

맥아즙(당화액)이 효모와 만나 발효 과정(알코올과 이산화탄소로 분해되는 과정)을 거치면서 도수가 약 8도인 알코올이 생성된다. 마스터는 여러 발효조 중 하나의 뚜껑을 열어 보여주었다. 엄청나게 많은 거품(이산화탄소)으로 가득 차 있었다.

"이 정도면 발효가 시작된 지 18시간쯤 된 거예요."

얼굴을 너무 가까이 갖다 대면 냄새가 코를 찌르기 때문에 조심해야 한다. 마스터가 또 다른 발효조의 뚜껑을 열어 보여주었다. 아까와는 다르게 발효조 안이 잠잠했다.

1 토민타울 증류소의 당화조.

2 당화조 3차 급수 시작.

3 당화조 3차 급수 변화.

토민타울 증류소의 발효조와 각기 다른 발효조 내부.

"여기는 27시간에서 30시간 정도 지난 걸로 보이네요."

거품만 보아도 발효 시간을 알 수 있다니! 마스터 디스틸러란 참으로 대단하다.

"그런데 발효실 옆에 있는 저 나무는 뭐예요?"

벽 쪽에 나무 한 그루가 우두커니 서 있었다.

"저 나무는 1990년에 집사람이 선물해준 나무예요. 사무실에서 키우기엔 키가 너무 커져서 이쪽으로 옮겼어요. 제가 떠나도 이 나무는 증류소에서 함께 자라겠죠?"

마스터와 함께 우리는 증류실로 이동했다. 아주 커다란 맥밀란의 증류기 두 쌍이 보였다. 워시 스틸Wash Still은 15,000리터, 스피릿 스틸Sprit Still이 11,500리터의 규모다. 스피릿 스틸은 볼ball형 증류기였는데, 증류된 위스키 원액이 환류하면서 구리와 접촉면이 늘어나게 되어 토민타울 특유의 섬세한 위스키를 완성하게 된다. 또 증류기의 높이가 7.16미터로 키가 큰 편이라는 점 역시 부드러운 원액을 만드는 비결이다. 대부분 이 지역의 증류소들은 물류비 등을 고려해 동일 지역인 스페이사이드에 위치한 포사이스 사 제품의 증류기로 구성한다. 이와 달리 로랜드인 에든버러에 위치한 맥밀란 사의 증류기와 스페이사이드의 포사이스 사의 콘덴서(응축기)를 함께 사용하고 있다는 점도 흥미로웠다. 더 나은 환풍 환경을 위해 증류실의 큰 창문을 최근에 왼쪽 벽에서 오른쪽 벽으로 바꾸었다는 이야기도 덧붙였다.

그렇게 68.5도로 증류된 원액인 뉴메이크 스피릿은 동일한 알코올 도수로 오크통에서 숙성하게 된다. 이는 일반적으로 63.5도로 통

토민타울 증류소의 증류기와 스피릿 세이버.

입하는 것과는 다르다. 토민타울은 네 가지 스타일의 숙성고를 가지고 있다. 마스터는 여러 가지 숙성고를 보여주겠다고 우리를 데려갔다. 첫 번째 숙성고는 스피릿 리시버 숙성고Spirit Receiver Warehouse였다. 이곳은 증류한 원액을 보관해 두었다가 이후 통입 과정을 거치는 공간이었다.

"여기 있는 오크통은 정말 어린 스피릿이에요. 3년 숙성된 위스키죠."

마스터는 오크통의 마개를 열고 위스키를 떠주었다.

"한번 향기를 맡아보세요. 알코올 도수는 약 64도예요."

"오, 확실히 어린 스피릿 특유의 향이 있어요. 살짝 비릿하고 건초향 같은. 가벼운 열대과일, 리치의 달콤한 향도 벌써 올라오네요."

"스피릿이 차링charring●한 오크통에서 숙성되면서 향기 성분인 에스테르가 형성되는데, 이 과정에서 부드럽고 달콤한 과실의 다양한 향기가 만들어지는 거예요."

나란히 놓여 있는 오크통 아래에는 스테인리스로 된 필터링 공간이 보였다. 그 위에는 검은 조각들이 흩뿌려져 있었다.

"여기 숯이 있네요?"

"오크통 차링의 흔적이에요. 여기에서 필터링도 하고 있어요."

이번에는 내게 오크통의 마개bung를 열어볼 수 있는 기회를 주었다. 오크통 마개를 여는 도구Barrel Bung Puller를 사용해서 힘껏 두들기고 이후에 강하게 힘을 주어 당겨야 했는데, 생각보다 뚜껑이 쉽게 빠지지 않았다. 한 번 더 해보라고 했지만, 힘을 잘못 주는 바람에 마

● '탄화'로 번역되는데, 보통 새 오크통의 내부를 태우는 과정을 말한다. 나무의 당분을 캐러멜화하는 과정으로 최종적으로 위스키에서 달콤한 바닐라 향이 나게 한다.

개가 부러져버렸다. 마스터는 괜찮다며 직접 열어주었다.

“컬러를 집중해서 보도록 해요. 3년에서 5년 정도 숙성된 원액이에요.”

“숙성 기간이 더 긴데도 아까보다 컬러가 더 어둡지는 않네요?”

“맞아요. 모든 오크통은 컨디션이 다르기 때문에 오래 숙성되었다고 해서 꼭 더 어두운 것은 아니에요. 그리고 이 오크통은 보니까 재사용 캐스크네요.”

마스터가 건네준 위스키에서는 바닐라와 가벼운 치즈 향이 느껴졌다.

아까 오픈했던 캐스크를 다시 망치로 두들겨서 닫고 우리는 다음 숙성고로 이동했다. 고개를 들어도 제일 위 칸이 보이지 않을 정도로 높고 큰 숙성고에 압도되었다.

“여기는 랙형 숙성고Racked Warehouse예요. 반면에 전통적인 스타일의 숙성고를 더니지라고 하지요.”

“와, 어마어마한 규모네요!”

“여기에는 다양한 위스키 원액이 잠들어 있어요. ‘위스키 원액 교환’이라는 말을 들어봤어요?”

“네. 조금 더 설명해주세요.”

“토민타울의 위스키는 가벼운 스타일인데, 다른 증류소의 원액이 무거운 스타일이라고 가정해볼게요. 블렌디드 위스키는 다양한 맛과 향을 담아 완성되기 때문에 개별 증류소의 위스키 원액을 교환하기도 해요. 또 때로는 다른 증류소의 원액을 자사 숙성고에서

토민타울 증류소의 숙성고와 필터링 흔적.

숙성한 이후에 블렌딩 없이 싱글 캐스크로 출시하기도 하고요."

숙성고 안으로 걸어가는 마스터를 따라 함께 들어갔다.

"한번 같이 찾아볼까요?"

"오, 여기 벤네비스Ben Nevis가 있어요!"

1990년대에 숙성한 토민타울 캐스크 사이사이를 찬찬히 살펴보니, 여러 증류소의 오크통들이 보이기 시작했다. 그중에는 디아지오의 증류소인 인치고어Inchgower 캐스크도 보였다. 스코틀랜드의 위스키 오크통 교환 프로그램의 흔적이었다.

"아래에 있는 인치고어는 덤프트 혹스헤드 캐스크Dumped Hogshead Cask예요. 위에 있는 것은 트래디셔널 캐스크Traditional Cask고요."

"눈으로 봤을 때는 비슷해 보이는데요?"

"여기 캐스크 리드 쪽에 보면 홈이 있잖아요. 그 깊이가 달라요. 만져보세요."

마스터는 다양한 교보재를 보여주고, 직접 만져보도록 하면서 내가 이해할 수 있도록 설명을 이어 나갔다.

"1977년의 토민타울 캐스크가 여기 있어요. 엔젤스 셰어가 어마어마하죠."

"여보세요! 여보세요!"

나는 캐스크를 두들겨보고, 또 귀를 대고 소리쳤다. 마스터는 신이 난 나를 보더니 이런 질문을 던졌다.

"그러면 이 캐스크는 원액이 얼마나 남아 있을 것 같아요?"

"음, 오크통에서 위스키를 빼내봐야 알 것 같은데요?"

"미리 알 수 있는 방법이 있어요!"

"엑스레이 같은 것을 통과하거나 하는 거예요?"

마스터는 인자한 미소를 띠더니 위아래로 번갈아 가며 오크통의 리드를 두들겼다.

"어때요? 위쪽과 지금 이 부분의 소리가 다르지요?"

"네, 정말 다르네요! 여긴가 봐요."

"이렇게 액체가 들어 있는 부분이 조금 더 둔탁한 소리가 나는데, 그 부분을 두들기면서 찾는 거예요. 그럼 오크통에 담긴 채로도 대략 남아 있는 위스키의 양을 파악할 수 있지요."

그렇게 우리는 1977년에 통입한 위스키가 현재 절반 정도 남아 있는 것을 알게 되었다. 이 위스키는 2027년에 병입 예정이라고 한다. 토민타울 50년 숙성 원액이 탄생하는 것이다. 그때는 위스키가 더 줄어 있을 것이다.

조금 더 걸으면서 셰리 오크통도 발견했다. 마스터는 예전의 셰리 오크통과 현재의 셰리 오크통이 어떻게 다른지도 이어서 설명했다.

"이제는 더 이상 오래된 셰리 와인 오크통을 구할 수가 없거든요. 그래서 요즘에는 스페인에서 셰리 와인으로 시즈닝한 오크통을 받고 있어요. 2년 반가량 셰리 와인을 담았던 오크통을 받고 있는데, 어떤 때는 3년 이상 담았던 오크통을 받기도 하고요."

"최근에 셰리 오크통을 사용하는 증류소들은 대부분 비슷한 상황인가 봐요."

"그렇죠. 우리는 올로로소 셰리 캐스크를 사용하는데, 여기에 새

1 토민타울 랙형 숙성고에 있는 발린달록 증류소 1977년 위스키.

2 랙형 숙성고를 설명해주는 마스터.

3 엔젤스 셰어를 확인하는 법.

로운 스피릿을 담기도 하고, 이미 숙성한 위스키 원액을 옮겨서 추가 숙성을 하기도 해요. 그것을 캐스크 피니시라고 하지요."

유러피언 오크는 나무가 덜 빽빽less dense하고, 아메리칸 오크는 조금 더 타이트tight하기 때문에 위스키를 숙성할 때도 다른 영향을 준다. 유러피언 오크처럼 나뭇결이 덜 빽빽하면 숙성할 때 원액이 더 자유롭게 침투되어 나무의 영향을 더 많이 받게 된다. 보통 삼나무 향기, 타닌, 다양한 스파이스들이 유러피언 오크통에서 숙성한 위스키의 특징이 된다.

"랙형 숙성고를 보았으니까, 이제 팔레트Palletised형 숙성고도 보러 갑시다."

그러면서 글랜카담 증류소에서는 더니지 숙성고의 진수를 볼 수 있다고 덧붙였다.

팔레트형 숙성고로 가는 길에 스페인에서 막 도착한 오크통들이 숙성고 밖에 쌓여 있는 것을 발견했다.

"OLO라고 적혀 있는 이 오크통이 막 스페인에서 온 셰리 오크통이에요. 한번 향기를 맡아볼래요?"

"오, 정말 셰리 와인 향기가 아직 가득하네요!"

마스터는 자상하게 오크통의 뚜껑을 열어주고는 위스키를 담기 전 셰리 오크통의 향기를 감상할 수 있도록 해주었다. 이 오크통들은 위스키를 통입하기 전에 먼저 적합한지 검사하고 이후에 토민타울 증류소와 글랜카담 증류소로 나뉘어 이동하게 된다고 했다. 와인 향기를 맡고 나니, 문득 마스터의 취향이 궁금해졌다.

1 토민타울 증류소의 숙성고 앞에 쌓여 있는 올로로소 셰리 와인 캐스크.

2 올로로소 셰리 와인 캐스크 시향.

3 토민타울 증류소의 팔레트형 숙성고.

"그런데 어떤 와인을 좋아하세요?"

"저의 최애 와인은 화이트 와인인 쇼비뇽 블랑이에요. 아, 아니다. 답변을 바꿀게요. 게부르츠트라미너Gewurzttraminer가 가장 좋아요. 흰 치즈의 향기와 달콤하고 부드러운 과일의 풍미가 일품이지요. 스파이시한 인도 음식과도 잘 어울리고요."

조금 더 증류소를 걸어 올라가니, 예상한 대로 화이트 와인을 담았던 오크통들이 나란히 세워져 있는 팔레트가 나왔다. 프랑스에서 온 와인 캐스크라고 했다. 화이트 와인 캐스크와 함께 뒷줄에는 루비색으로 얼룩진 레드 와인 캐스크가 세워져 있었다.

마스터는 바로 옆 5-1번 숙성고의 문을 열었다. 좀 전에 보았던 숙성고와는 또 다른 분위기가 감돌았다. 무엇보다 달콤하고 향긋한 위스키 향이 가득했다. 랙형 숙성고에는 오크통이 모두 누워 있었는데, 팔레트형 숙성고에는 오크통이 모두 세워져 있었다. 7층으로 구성돼 있는데, 층마다 나무로 된 팔레트 위에 가로세로 3개씩 9개의 오크통이 세워져 있었다.

"여기에는 1만 개의 캐스크가 있어요."

"모두 버번 캐스크이고, 8년 이하로 숙성된 위스키예요. 블렌디드 위스키의 원액으로 사용될 예정이지요."

스페이사이드 쿠퍼리지Speyside Cooperage에서 공급받은 버번 배럴이었다. 이 많은 버번 캐스크 중에는 퍼스트 필First-Fill과 세컨드 필Second-Fill 배럴이 섞여 있었다. 이 중에서 하나를 골라 싱글몰트 위스키를 만들게 되면, '생산 동선'이 꼬여 번거롭기 때문에 블렌디드 위스키 원액과 싱글몰트 위스키 원액을 분리해서 숙성 저장하고 있다고 했다. 아까 우리가 방문했던 랙형 숙성고에는 싱글몰트 위스키가 될 캐스크들을 보관한다고 했다.

"버번 캐스크와 와인 캐스크를 따로 분리해서 숙성하는 이유가 뭔가요?"

"오크통이 여름에는 팽창하고 겨울에는 수축하게 되는데, 적어도 이 경험을 두 번은 겪어야 위스키가 오크통에서 제대로 숙성된다고 생각해요. 제 경험으로는요. 그래서 와인 캐스크에서 숙성할 때는 최소 2년 이상 추가 숙성을 하고 있어요."

토민타울 증류소는 더니지, 랙형, 팔레트형 숙성고에 현재 약 13만 개의 캐스크를 숙성 보관하고 있다. 마스터와 장시간 토민타울 증류소를 둘러보면서, 그간 궁금했던 것들을 모두 쏟아냈다. 일대일 과외로 마스터 클래스를 듣는 기분이었다. 이후에 테이스팅 룸으로 돌아와서 진행한 인터뷰는 내용이 한결 가벼워졌다.

INTERVIEW

토민타울 마스터 디스틸러, 로버트 플레밍

Q 위스키를 만들 때 어디에서 영감을 받으세요?

A 제 아버지는 글렌리벳 증류소에서 근무하셨어요. 할아버지와 증조할아버지 모두요. 그래서 아주 어릴 때부터 함께 증류소에 가곤 했어요. 어려서부터 위스키 산업과 친숙했죠. 그래서 특별히 어떤 곳에서 영감을 받는다기보다 살아오는 동안 내내 위스키가 인생과

가족 그 자체였어요. 제가 어렸을 때는 플로어 몰팅을 하던 시기였어요. 그 몰트 더미 위에서 친구들과 자주 뒹굴면서 놀았죠.

대학을 졸업한 뒤에는 공무원으로 일을 시작했어요. 그런데 2년 정도 일하다 보니 생각보다 재미가 없더라고요. 그래서 증류소에서 근무해야겠다고 생각했죠. 당시의 디스틸러리 매니저에게 물어보니 마침 자리가 있다고 하더군요. 그렇게 밑바닥부터 시작했죠. 오크통을 분해하고 재조립하는 쿠퍼리지부터 하나씩 배워 나갔어요.

1974년 6월에 시바스 브라더스에서 정규직으로 근무를 시작하게 됐어요. 시바스가 당시 소유하고 있던 증류소들에서 다양한 경험을 쌓게 되었죠. 벤리악, 스트라스아일라, 글렌키스, 롱몬, 글렌리벳에서 근무했어요. 벤리악 증류소에서 가장 먼저 근무했죠. 일 년간 훈련받은 시간이 가장 뜻깊은 시간이었어요.

Q 디스틸러가 되기 위해 갖추어야 할 자질은 무엇인가요?

A ‘열정’과 ‘헌신’이 가장 중요하다고 생각해요. 물론 화학, 공학, 생화학 같은 분야의 전문 지식이 필요할 때도 있지만 필수적인 것은 아니에요. 그리고 비즈니스적인 통찰력도 도움이 됩니다.

Q 본인만의 푸드 페어링 팁이 있나요?

A 치킨과 생선은 토민타울 14년, 16년 위스키와 잘 어울릴 거예요. 토민타울 시가 몰트는 고기와 물론 잘 어울리죠 . 셰리나 포트 캐스크 숙성 위스키는 커피와도 잘 어울리고요. 무엇을 먹느냐에 따라

완전히 다를 것 같아요. 저는 치킨이나 스테이크와 함께 위스키를 맛보는 걸 좋아해요.

Q 쉴 때는 보통 뭘 하세요?

A 책을 보거나 위스키를 마시죠. 가끔 골프를 치기도 하고요. 최근에는 손주들과 보내는 시간이 너무 소중해요. 그런데 보통은 여기 증류소의 일이 저에게는 직업이자 삶이자 취미예요. 여행을 자주 다니기도 해요. 물론 대부분 출장으로 움직이는 것이지만요. 종종 현지에서 골프를 치기도 하고요. 4월부터 10월까지가 골프 시즌이에요. 지금은 이미 골프 치기에는 좋지 않아요. 다음에 오면 같이 한 게임 칩시다.

Q 토민타울 증류소의 블렌디드 위스키와 싱글몰트 위스키 원액의 비중은 어느 정도인가요?

A 싱글몰트가 10퍼센트 정도이고, 90퍼센트가 블렌디드 위스키를 만드는 데 사용됩니다. 업계에서 좋은 블렌디드 원액으로 알려져 있어서, B2B 비즈니스 규모가 상당히 큽니다. 물론 우리는 싱글몰트를 잘 만들기 때문에 이 부분을 일반 고객에게 특별히 강조할 필요는 없지만요.

Q 앞으로의 계획은 무엇인가요?

A 제 약력을 간단히 소개할게요. 1990년에 토민타울 디스틸러리

의 4대 매니저가 되었고, 이후 앵거스 던디 디스틸러스가 토민타울을 인수한 뒤 2003년에 디렉터로 취임했죠. 지난 2020년에는 토민타울 증류소에서 30년 근무한 기념 위스키가 출시되기도 했어요.

이제 저는 공식적으로 은퇴할 나이가 지났어요. 예순일곱 살이거든요. 그런데도 계속 쓰임을 받고 있죠. 감사한 일이에요. 앞으로 남은 제 커리어의 마무리도 여기에서 최선을 다하려고 해요. 오늘 만드는 위스키는 아마도 제가 그 최종 결과물을 맛보기는 어려울 거예요. 저희 할아버지, 아버지가 그랬듯이 저도 다음 세대를 위한 작업을 하고 있지요.

Q　이제 마지막 질문이에요. 한국에서는 최근 몰트 팬들이 늘어나고 있는데, 한국의 팬들에게 한마디 해주시겠어요?

A　드디어 토민타울을 한국에 소개하게 되어서 무척 기쁩니다. 저는 마스터 디스틸러이자 위스키 업계에서 오래 근무한 경험으로, 토민타울 16년을 가장 좋아합니다. 부드럽고, 달콤하고, 향긋합니다. 좋은 위스키를 경험하려는 분들에게 강력하게 추천하고 싶어요. 부드럽게 마시기에 좋습니다. 스카치 싱글몰트의 즐거운 경험이 되리라 믿습니다.

✦

그는 인터뷰를 마무리하면서 토민타울 16년은 봄부터 여름까지 스페이사이드를 보라색으로 물들이는 헤더 꽃을 떠올리게 만드는

토민타울 16년을 비롯한 여러 가지 위스키 보틀.

보틀이라고 덧붙였다. 증류소를 떠나기 전에 마스터가 가장 좋아하는 토민타울 16년과 당시 한국에는 출시되지 않은 시가 몰트를 구매했다. 그는 위스키 미니어처 세트를 선물로 주면서 직접 서명도 해주었다. 그의 사인은 멋졌다. 비결을 물으니, 이 역시 많은 연습에서 나온 것이라고 수줍게 털어놓았다.

TIP8

다양한 형태의 숙성고

토민타울 증류소는 다양한 숙성고를 가지고 있는 만큼 숙성고에 대해 좀 더 설명이 필요할 듯하다. 우선 흙과 벽돌로 지은 전통 방식의 숙성 창고인 더니지는 위스키 배럴을 3개 정도 쌓을 수 있는 높이로 공기 순환이 잘 되게 설계되었다. 토민타울 증류소의 경우 더니지와 랙형, 팔레트형 숙성고가 있다. 랙형의 경우는 강철 선반을 활용해 보통 8줄에서 12줄의 배럴을 가로로 올려 사용한다. 또 팔레트형 숙성고의 경우 나무로 된 팔레트 위에 오크통을 세로로 세워서 가득 올리고, 팔레트 단위로 탑처럼 쌓는다. 그래서 숙성고 내부 공간을 가장 효율적으로 사용할 수 있다. 지게차를 비롯해 중장비 사용이 용이하고, 더 많은 오크통을 적재해 숙성할 수 있기 때문에 최근 증류소들은 랙형 또는 팔레트형 숙성 창고를 더 많이 확장하고 있다.

한편 더니지의 경우는 습기가 더 많이 스며들 수 있는 흙바닥에서 오크통이 숙성되기 때문에 비교적 높은 습도에서 천천히 숙성된다. 글렌파클라스 증류소의 패밀리 캐스크처럼 대개는 고숙성 또는 한정판 위스키를 생산할 때 더니지 숙성고를 주로 사용한다.

餘談1

토민타울 위스키 그랜드 론칭 행사

호주로 와이너리 투어를 다녀온 후 스코틀랜드 증류소 탐방 일정을 고민하던 시기였다. 가자무역에서 연락이 왔다. 올가을에 토민타울과 글랜카담 위스키 론칭을 앞두고 있으니 11월의 론칭 행사에서 사회를 맡아 달라고 했다. 이 연락을 받고 스코틀랜드로 떠날 마음을 굳히게 되었다.

"마침 제가 스코틀랜드를 방문할 계획이 있는데, 토민타울 증류소의 마스터 디스틸러 로버트 플레밍과의 인터뷰를 어레인지해줄 수 있을까요?"

"오, 스코틀랜드에 있는 저희 토민타울 증류소를 직접 방문하신다니 너무 감사하죠."

가자무역에서는 론칭 행사를 앞두고, 스코틀랜드를 방문하겠다는 내 열정을 높이 샀다. 그리고 마스터 디스틸러를 만날 수 있도록 미팅을 잡아주었다.

드디어 2022년 11월 30일 포시즌스 호텔에서 그랜드 오픈 행사가 열렸다. 마침 그날은 세인트 앤드루 데이St. Andrew's Day였다. 론칭 일정에 맞춰 최고 사업책임자Chief Commercial Officer인 퍼거스 하틀리Fergus Hartley가 직접 스코틀랜드에서 날아왔다. 퍼거스가 토민타울 증류소와 글랜카담 증류소를 소개하고 위스키 테이스팅을 설명하면, 나는 이어서 테이스팅에 대한 이야기를 통역해서 전달한다. 그러고 나서 나의 토민타울 증류소 방문기를 소개하는 순서로 진행하기로 했다.

행사 전날, 가자무역 팀과 퍼거스를 만나 미팅을 하고 이른 시간부터 리허설을 진행했다. 비행기 연착으로 하루 늦게 도착한 퍼거스는 미팅 내내 피곤한 기색이었다. 그런데도 무엇 하나 그냥 넘어가는 법이 없이 꼼꼼하게 행사장의 세부 사항과 스크립트를 챙겼다. 담당자들이 추가적으로 세팅하는 동안 나는 퍼거스와 이야기를 나누었다.

“지난 10월에 토민타울 증류소 투어와 미팅에 도움을 주신 덕분에 스코틀랜드에서 많은 것을 공부할 수 있었어요. 한국은 첫 방문인가요?”

“이번이 두 번째예요. 십수 년 전에 서울을 방문한 적이 있어요. 당시에는 보모어 증류소(현재 빔 산토리 소유)에서 근무했거든요. 아시아 방문 일정에 따라 서울에서 미팅을 했죠.”

“오, 그즈음이면 선보주류와 함께 진행했겠는데요?”

“선보를 알아요? 반갑네요! 요즘 선보주류는 무엇을 하나요?”

“한국에는 빔 산토리 코리아가 이제 사업을 전개하고 있어서, 선보는 위스키 사업을 정리했다고 들었어요.”

“갑자기 예전 서울의 기억이 몰려오네요.”

퍼거스는 반가워하면서 바카디Barcardi, 산토리 등 글로벌 주류 기업의 세일즈 마케팅 디렉터로 활동한 경력이나 2019년부터 토민타울을 소유하고 있는 앵거스 던디 디스틸러스에 합류하게 된 자신의 커리어를 압축해서 소개했다.

그리고 행사 당일, 우리는 오후에 일찍 만나 스크립트 리딩을 하고,

행사장으로 옮겨 리허설을 진행했다. 잠시 휴식을 취한 뒤 행사 시작 십 분 전에 모이기로 했다.

“우리 같이 파이팅 한 번 하죠! 팀 앵거스 디스틸러스라고 외치는 거예요!”

“팀 앵거스 디스틸러스!”

나와 퍼거스 그리고 당시 브랜드를 담당한 부문장님까지 셋이 손을 모으고 파이팅을 외쳤다.

“우린 이미 준비가 모두 되었고, 아무 걱정할 필요가 없어요.”

퍼거스는 타고난 리더였다. 그의 격려는 내게 용기를 주었다. 포시즌스 호텔을 가득 채운 기자들과 인플루언서들 사이에서 정신이 없었는데, 그제야 오신 분들이 보이기 시작했다.

“토민타울은 글렌리벳 에스테이트에서 생산하기 때문에 토민타울 글렌리벳이라고 생산지 표기를 하고 있어요. 토민타울은 이 지역에서 가장 고도가 높은 마을의 이름으로, 발란트루안 계곡에서 용수를 끌어와 1964년부터 고품질의 위스키를 생산하기 시작했습니다.”

퍼거스는 능숙하게 토민타울 증류소를 소개해 나갔다. 드디어 손님들이 가장 기다리는 위스키 테이스팅 시간이 왔다.

“마스터 디스틸러인 로버트 플레밍이 가장 좋아하는 위스키가 바로 지금 여러분이 테이스팅하는 토민타울 16년입니다.”

나는 로버트 플레밍과 함께했던 테이스팅 시간을 떠올리면서 위스키를 소개했다. 밸런스와 완성도가 훌륭해서 개인적으로도 무척 좋아하는 위스키인데, 이번에 국내에 소개돼 몰트 애호가로서 정말 기쁘다

RAND LAUNCH
MALT SCOTCH WHISKY
TOMINTOUL

TOMINTOUL
16

GLENCADAM
TOMINTOUL

는 말도 덧붙였다.

"이번에는 형제 증류소인 글랜카담을 소개할게요. 글랜카담 15년은 백퍼센트 버번 위스키를 담았던 오크통에서 숙성한 풀바디 위스키입니다."

46도의 논 칠 필터링non chill filtering(비냉각여과) 위스키로, 잔에 위스키를 붓고 두세 방울 물을 넣어서 잔을 세차게 흔들면 헤이즈haze 현상(위스키가 뿌옇게 보이는 혼탁 현상)이 일어나는 것을 소개했다. 글라스에 코를 갖다 대는 순간, 이탈리아 레스토랑에서 후식으로 빠지지 않고 등장하는 판나코타의 크리미하고 달콤한 풍미가 느껴졌다.

퍼거스와 함께 모회사인 앵거스 디스틸러스부터 토민타울과 글랜카담 두 증류소 소개까지 주요 순서를 무사히 마쳤다. 이후 포시즌스 호텔의 셰프가 등장해 푸드 페어링에 대한 소개를 이어 나갔다. 모든 순서를 마치고 자리에 앉아 한숨 돌리려고 하는데 퍼거스가 다가왔다.

"같이 테이블을 돌며 인사하면 좋겠는데, 괜찮아요?"

"(웃음) 같이 가시죠. 제가 아는 분들을 소개해드릴게요."

퍼거스는 긴 비행과 수면 부족으로 피로한 상태였는데도 대중 앞에서는 프로답게 엄청난 호스피털리티를 보여주었다. 마지막 테이블까지 모두 방문해서 한 분 한 분에게 인사를 건네고 스몰토크를 하면서 함께 건배하며 최선을 다했다. 행사를 진행하는 마음가짐을 최고의 선배에게 배운 느낌이었다.

고마워요, 퍼거스.

Aberlour

아벨라워 증류소

Speyside

스몰 배치로 부티크 위스키를 만들다

사랑스러운 동네 아벨라워

스페이사이드에 머무는 동안에는 역사가 깃든 바와 B&B 숙소로 유명한 매시턴에서 나흘의 시간을 보냈다. 여기서 아벨라워 증류소까지는 걸어서 겨우 5분 거리였다. 아벨라워 증류소를 본격적으로 방문하는 일정 외에도 여기저기를 오가면서 또는 산책하면서 증류소 앞을 계속 지나다녔다. 산책로도 아름답지만 편의 시설과 카페도 제법 있어서, 스페이사이드에서 살게 된다면 아벨라워 지역에서 지내고 싶다는 생각마저 들었다.

보통 증류소의 이름은 지역의 이름을 따서 붙이고, 지명은 게일어로 그 지역의 자연과 특징을 잘 담아서 표현한다. 아벨라워Aberlour는 '재잘거리는 개천의 입구'라는 뜻을 담고 있다. 실제로 아벨라워는 이름처럼 귀여운 동네였다. 스페이 강이 흐르는 이곳에서 증류소 앞을 산책하다가 만난 개울은 우리로 치면 '졸졸' 흐르는 소리를 냈다. 개천이 흐르는 소리가 지역민들에게 오래전부터 새들이 재잘거리는 것처럼 느껴졌다는 점이 참 사랑스러웠다.

아쉽게도 아벨라워 증류소는 방문한 당시엔 공사 중이어서 생산 시설을 둘러볼 수 있는 투어는 중단된 상황이었다. 그래도 방문자 센터에 있는 응접실에서 테이스팅 세션만큼은 계속 열고 있었다. 숙소에서 가까운 증류소인 만큼 부담 없이 걸어서 위스키를 맛보러 갔다.

싱글 캐스크 체험

아벨라워 증류소의 테이스팅 세션에서는 다정한 일행을 만났다.

위스키에 대한 열정이 대단한 미국에서 온 커플이었다. 이들은 스페이사이드로 위스키 투어를 왔는데, 전날 다녀온 달위니Dalwhinnie 증류소가 정말 좋았다며 테이스팅했던 위스키에 대해 열정적으로 이야기를 풀어놓았다. 특히 그곳의 초콜릿 페어링 코스를 꼭 경험해보아야 한다며 강조했다. 스코틀랜드의 여러 증류소에서 만난 위스키 애호가들과는 마치 오랜 친구처럼 '위스키'를 주제로 끊임없이 대화를 나누게 된다. 얼마나 반가운지!

내가 신청한 테이스팅 세션의 이름은 '싱글 캐스크 체험The Single Cask Experience'이었다. 보통 블렌딩은 블렌디드 위스키에 한정된다고 생각하기 쉽지만, 일반적으로 싱글몰트 위스키를 만들 때도 블렌딩을 한다. 같은 시기에 증류된 위스키는 모두 일정한 맛을 유지할 것 같지만, 위스키를 숙성하는 오크통 나무의 성질이라든지 오크통을 보관하는 숙성고의 위치도 위스키의 맛에 영향을 끼친다. 결국 숙성이란 긴 세월을 자연에서 견뎌야 하는 일이기 때문에 각각의 오크통에서 숙성된 위스키의 맛은 제각각 다를 수밖에 없다.

그런데 만약 아벨라워 18년이라는 상품을 출시하면서 매번 맛이 다르다면, 소비자들에게 이 제품의 맛과 특징을 정확히 설명할 수 없게 된다. 그래서 수백 개의 오크통에서 숙성한 위스키 원액들을 빼내어 블렌딩을 하고 안정화시키는 맛의 '표준화' 작업을 거친다. 이를 매링marrying이라고 부른다. 이렇게 한 번 위스키를 생산하는 단위를 배치batch라고 한다. 그래서 우리가 맛보는 대부분의 싱글몰트 위스키는 이렇게 블렌딩이 된 상태라고 볼 수 있다. 그리고 특별히

아벨라워 증류소의 테이스팅 세션과 그곳에서 만난 미국인 커플.

잘 숙성되어 품질이 뛰어난 캐스크의 위스키는 매링 없이 병입하기도 하는데, 이를 싱글 캐스크라고 한다.

이 테이스팅 프로그램에서는 아벨라워 10년, 18년, 그리고 싱글 캐스크 에디션 2종을 테이스팅했다. 싱글 캐스크는 두 가지 모두 셰리 와인을 담았던 오크통이었는데, 하나는 페드로 히메네즈, 다른 하나는 올로로소 셰리 캐스크였다. 아벨라워 증류소는 셰리 캐스크 숙성을 잘하는 것으로 정평이 나 있기에, 여기에서 만난 싱글 캐스크는 특히 더 의미가 있었다.

그 가운데 아벨라워에서 가장 인기가 높은 아부나흐A'bunadh는 숙성 후 병입 시에 물을 섞지 않은 캐스크 스트렝스Cask Strength 위스키이다. 대다수의 싱글 캐스크 위스키는 캐스크 스트렝스 제품으로 출시하기 때문에 아부나흐의 원형과도 같은 아벨라워의 싱글 캐스크를 맛본다는 것은 매우 흥분되는 일이었다.

올로로소 셰리 캐스크에서 숙성한 아벨라워 싱글 캐스크 위스키는 한 모금 맛보니 추운 겨울에 아쌈 티를 마시면서, 건과일과 향신료를 듬뿍 넣고 만든 슈톨렌 한 조각을 베어 문 듯한 기분이 들었다. 프루스트에게 마들렌 한 조각이 있다면 내게는 아벨라워 한 잔이 있다는 든든함이랄까.

싱글 캐스크 위스키 테이스팅을 마치자 갑자기 비가 쏟아졌다. 우산이 없어서 나는 잠시 증류소에서 비가 그치기를 기다리기로 했다. 마침 오후에는 특별한 일정도 없어서 마음이 편했다. 비를 피하고 있는 나를 발견한 미국인 커플이 자신들이 이용하는 차편으로 나를 바래다주겠다고 했다. 이런 넉넉한 마음이라니!

고마운 마음에 인사만 전하고, 나는 증류소에서 시간을 좀 더 보내기로 했다. 종이를 한 장 빌려 디스틸러리 매니저 그레임 크뤽섕크 Graeme Cruickshank에게 편지를 썼다. 그리고 『하루의 끝, 위스키』 책에 있는 아벨라워 챕터에 그 편지를 끼워서 시가와 함께 전달해 달라고 요청했다.

그리고 며칠 뒤 그에게서 따뜻한 회신이 왔다.

선물 잘 받았어요. 멋진 시가는 아벨라워 아부나흐와 즐길 예정입니다.

추신: 제 친구 앤드루의 위스키 맛보았어요? KI-ONE(기원).

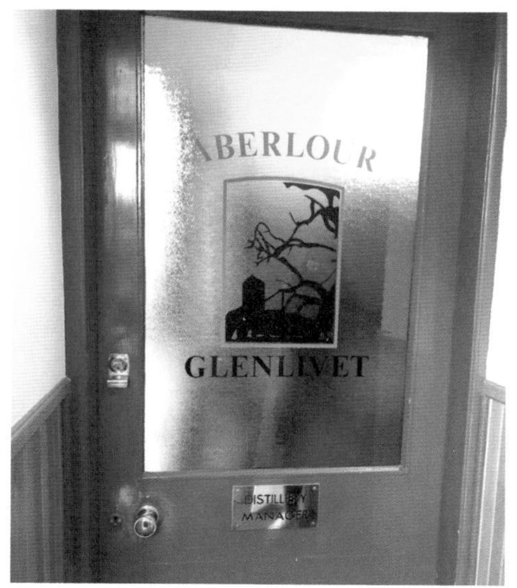

고풍스러운 아벨라워 증류소의 방문자 센터 입구와 디스틸러리 매니저 룸.

Bowmore

보모어 증류소

현존하는 가장 오래된 숙성고의 위엄

아일라에서 처음 면허를 취득한 증류소

"지금 ○○공항인데 면세점에서는 무슨 위스키를 사야 해?"

가장 곤란한 질문 중 하나다. 이제 안면을 트고 가까워진 사이인데 안부 겸 이런 문의가 종종 올 때면 대답에 신중해진다. 예산과 취향, 또는 구매 목적도 모른 채 대뜸 위스키를 추천해야 하니 말이다. 물론 친한 친구의 경우는 조금 다르다. 그의 지갑 사정과 취향, 기존의 컬렉션도 익히 알고 있으니까. 위스키에 이제 막 입문해서 테이스팅의 즐거움에 눈뜬 분들께는 스모키한 위스키도 좋아하는지 되묻는다. 그리고 처음 스모키한 위스키를 시도하는 분들께 가장 많이 추천하는 것이 바로 보모어다.

약 25ppm의 여린 훈연 향에 밸런스가 좋은 편이라(아드벡과 라가불린이 40ppm 이상인 것에 비하면 상대적으로 부드러운 편이다), 초심자에게도 애호가에게도 호평 받는 위스키이다. 보모어는 1779년에 증류소가 세워지고, 이후 아일라에서 '처음'으로 합법적인 면허를 획득한 증류소이다. 아일라 지역의 위스키로 시작하기에는 이만한 것이 없다.

아일라 위스키 투어를 할 때도 보모어 증류소를 시작점으로 잡으면 좋다. 보모어는 아일라 섬의 행정 수도 역할을 하는 곳으로 공항에서도 가깝고, 주변에 마을이 형성되어 있어서 걸어 다니기에도 좋다. 근처에 괜찮은 B&B가 있는데, 정작 나는 라스트 미닛에 숙소를 찾게 되어 그곳에서 묵을 순 없었다. 보모어 근처가 숙소라면 섬의 중심이기 때문에 섬 끝에 있는 증류소를 가는 교통도 좋은 편이다.

그걸 몰랐기 때문에 숙소로 정한 포트샬롯에서 매번 크게 돌아 증류소를 다니느라 비싼 교통비를 지불해야 했다.

몰트 반에서 시작된 증류소 투어

포트샬롯 숙소에서 아침에 운전기사 짐을 만났다.

"아침 식사는 잘 했어요? 보모어 증류소까지는 갈 길이 머니까 조금 속도를 낼게요."

한참을 달리던 짐은 핸들에서 손가락 세 개를 살짝 들어서 맞은편 차에 인사를 했다.

"아는 사이예요?"

"아, 이건 아일라 인사Islay Wave예요. 운전하는 분의 손짓만 보면 이쪽 사람인지 아닌지 바로 알 수 있어요."

"오, 인사를 알아채지 못한 저 운전자분은 관광객인가 봐요."

짐과 나는 그렇게 보모어 증류소로 가는 길에 마주치는 차량이 아일라 출신인지 아닌지를 세어가면서 심심하지 않게 달렸다. 증류소에 가까워질수록 공사 현장이 많이 보였다. 해안가를 따라 지어진 예전 집들을 구경하다 보니 어느덧 증류소에 도착했다.

보모어 증류소에서는 보리의 싹을 틔우고 건조하는 플로어 몰팅 작업을 하는 3층으로 된 몰트 반Malt Barn에서부터 투어가 시작되었다. 현재 스코틀랜드에서는 여덟 군데의 증류소가 플로어 몰팅을 이어오고 있다. 아일라에서는 라프로익, 킬호만, 보모어 증류소에서 전통적인 방식으로 플로어 몰팅을 한다.

보모어 증류소는 위스키 생산량이 많은 곳이기 때문에 백퍼센트까지는 아니고, 약 50퍼센트에 한해 플로어 몰팅으로 진행하고 있다. 그럼에도 불구하고 백퍼센트 플로어 몰팅하는 것으로 유명한 스프링뱅크 증류소보다 더 많은 양의 플로어 몰팅이 여기 보모어 증류소에서 진행되고 있다. 보모어 증류소에서는 플로어 몰팅만으로는 모든 양을 소화하기 어려워서 나머지는 몰트 회사 심슨스Simpsons에서 구매해서 사용한다. 재미있는 것은 대부분의 스모키한 아일라 위스키들은 가까운 포트 엘런 몰팅스Port Ellen Maltings의 몰트를 사용하는데, 보모어 증류소는 다른 곳의 몰트를 사용한다는 점이다. 심슨스의 피티드 몰트가 부드러운 편이라서 보모어의 특징을 살리기 위해 이곳의 몰트를 사용한다고 한다.

몰팅을 하기 위해서는 먼저 보리를 라간 호수Loch Laggan에서 공급하는 담수로 27시간 동안 담근다. 그러고 나서 불린 보리를 몰트 반의 돌바닥에 펼친다. 24시간이 지나면 보리를 뒤집어주는데, 자연열기로 공기를 통하게 해서 발아율을 일정하게 유지한다. 그렇게 약 일주일 동안 몰트맨은 큰 나무 삽으로 4시간마다 보리를 뒤집는 작업을 진행한다. 보리 한 알을 손으로 집어서 보니, 끝에 수염처럼 두세 가닥의 싹이 자라 있었다. 투어를 함께 하는 일행과 삼지창으로 생긴 나무 삽을 가지고 소처럼 보리를 뒤집는 작업을 돌아가면서 해보았다. 이 작업 이후에 보리에 작은 싹green malt이 트면, 가마로 옮겨 건조시킨다.

바닥에 그린 몰트를 펼쳐놓고 아래에서 불을 지피는데 이때 사용

보모어 증류소의 플로어 몰팅.

하는 이탄에서 스모크 풍미가 나온다. 보모어 증류소의 경우는 처음에 18시간 동안 건조한 후에 다음 42시간 동안은 몰트를 낮은 온도에서 부드럽게 건조시키면서 천천히 60도까지 올린다. 증류소에 높이 솟아 있는 지붕을 '탑'이라는 뜻의 파고다pagoda라고 부르는데, 건조 과정에서 발생하는 연기가 이 지붕으로 빠져나간다.

이 뜨끈뜨끈한 보리를 건조하는 방으로 이동해서 바닥에 있는 보리를 한 움큼 쥐어보았다. 투어 매니저는 우리에게 그 속에 누워보라고 했다. 런던에서 왔다는 한 남자는 마치 눈밭에 누워 천사처럼 날갯짓하듯 보리 더미에서 팔을 크게 움직였다. 소심한 나는 그 옆에 슬쩍 앉아서 해수욕장에서 모래성 가져가기 게임을 하듯 보리를 손으로 휘저어보았다. 보리 더미에서 나와 이동하려는데 발바닥이 까끌까끌해서 신발을 벗어보니 운동화에 보리가 가득했다. 한참 동안 보리를 털고 나서 신발을 다시 신었다.

가마로 이동해서는 직접 이탄을 넣어보기도 했다. 모두가 가마를 흥미롭게 살펴보는 가운데 내 시야에는 뮤리턴 콘트롤 사Muirton Control & Automation Ltd.의 화면이 보였다. 현재 이탄이 들어간 가마가 몇 도인지, 어떤 흐름으로 공정이 진행되는지 한눈에 볼 수 있는 모니터였다. 뮤리턴 사는 전기 설비를 설계하고, 프로세스 및 인터페이스를 구축하는 일을 하는 곳이다. 이 회사에서 구축한 프로세스를 화면으로 살펴보면 훨씬 쉽게 현재 공정을 이해할 수 있다. 이후 여러 증류소에서 뮤리턴의 모니터를 제법 볼 수 있었다.

건조된 보리는 이후 분쇄 작업을 거치게 되는데, 보모어에서는

뮤리턴 사의 계기판과 포르테우스 제분기.

보모어 증류소의 당화조와 발효조.

1960년대부터 사용한 태닝된 나무와 빨간색 칠이 된 포르테우스 몰트 밀Porteus Malt Mill을 여전히 사용하고 있었다. 분쇄된 몰트는 매시하우스로 이동해 당화 과정을 거치는데 이때 사용되는 몰트는 자체 생산한 몰트 2.5톤과 심슨스의 몰트 2.5톤을 섞어서 사용한다는 점이 재미있다.

1980년대부터 사용된 매시턴에서 맥아즙을 만들고, 이후에 오리건 파인나무로 만든 발효조에서 발효 과정을 거친다. 주 5일 가동하던 과거에는 이틀(48시간) 동안 발효했지만, 최근에는 주 7일 가동하게 되면서 발효 시간이 62시간으로 늘어났다.

이번 스코틀랜드 방문에서는 많은 증류소들의 발효 시간이 늘어난 게 눈에 띄었는데, 보모어도 예외는 아니었다. 발효 과정을 거치면서 8도 정도의 워시(발효액)가 생성된다. 이것을 디스틸러스 비어Distiller's Beer라고 부르기도 한다. 한편 맥아즙은 발효를 위해 발효조에서 보관하는데, 최근에는 관리가 편한 스테인리스 발효조를 사용하는 곳이 많다. 보모어 증류소는 전통적인 방식을 고수하며 여전히 나무 발효조를 사용하고 있다. 이 4만 리터 규모의 나무 발효조는 현재 총 6개가 있는데, 각 발효조에는 선대 소유자의 이름이 붙어 있었다. 심슨, 무터를 거쳐 마지막 모리슨까지 익숙한 이름들이 보였다. 그 이름들을 보니 과거의 헤리티지를 계속 이어가겠다는 보모어 증류소의 의지가 느껴졌다.

발효 과정이 마무리되면 스틸 하우스Still House에서 증류가 진행된다. 보모어에는 3만 리터 용량의 1차 증류기와 1만 4천 리터 용량의

1	
2	3
	4

1 보모어 1차 증류기.

2·3 2차 증류기.

4 증류실 창문.

2차 증류기가 두 쌍씩 총 4대가 있다. 모두 양파형onion-shaped으로 라인암이 위쪽으로 향해 있다. 라인암이 위로 향하면, 증류된 기체의 무거운 성분들이 아래로 떨어지기 때문에 비교적 가벼운 성분들만 넘어가게 된다. 보모어 특유의 섬세한 맛과 향을 라인암의 형태를 통해서도 다시 한 번 떠올려볼 수 있었다.

1차 증류 시에는 알코올 도수가 22도이고, 이후 2차 증류를 거쳐 69도로 마무리된다. 증류가 진행될 때는 온도가 매우 높이 올라가기 때문에 열을 식히기 위해 증류실에는 보통 큰 창문이 설치돼 있다. 특히 아일라의 증류소들은 증류실 창문에서 바닷바람을 느낄 수 있기 때문에 투어 중에 그 앞에서 잠시 땀을 식히기 좋다.

증류를 마친 원액은 드디어 숙성고로 이동하게 된다. 우리는 여러 숙성고 중에서 보모어의 자랑인 1번 숙성고로 이동했다. 세계에서 가장 오래된 스카치 숙성 창고로 약 250년이 넘는 석조 숙성고이다. 특히 1번 숙성고는 해수면 아래에 있어서 한쪽 벽면이 바다에 맞닿아 있다. 그래서 바다 향을 머금은 숙성고와 캐스크에 대한 이야기가 자주 언급된다. 이 숙성고에서 영감을 받아 만들어진 위스키 중에는 보모어 볼트Vault 에디션도 있다.

엘리자베스 2세의 위스키

보모어 증류소에서는 보통 여러 형태의 투어를 운영하는데, 생산 과정 전체를 살펴볼 수 있는 일반 투어, 숙성고 테이스팅 투어, 프라이빗 투어 등이 있다. 기회가 되면 보모어에서는 꼭 1번 숙성고 투어

보모어 증류소의 1번 숙성고에 잠들어 있는 오크통과 엘리자베스 2세의 오크통.

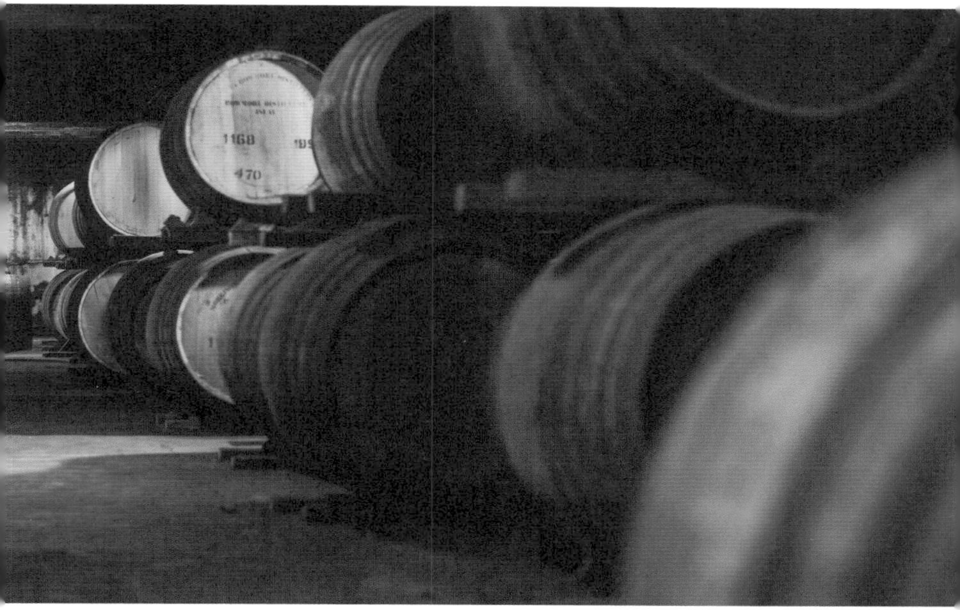

BOWMORE ISLAY MALT
E
1996

를 경험해보라고 추천하고 싶다. 보모어의 세월을 온몸으로 느낄 수 있다. 무거운 철문을 열고, 쿰쿰하고 어두운 숙성고에 들어가면 마치 오래된 교회의 기도실에 들어온 것처럼 경건한 느낌을 받게 된다.

인솔자의 이야기를 들으며 어두운 숙성고 안으로 한 발씩 내딛었다. 입구에는 엘리자베스 2세의 오크통이 보였다. 엘리자베스 2세는 1980년에 보모어 증류소를 방문했는데 이때가 그녀의 첫 위스키 증류소 방문이었다고 한다. 이를 기념하기 위해 여왕의 위스키를 통입했고, 지금까지 오랜 시간 숙성하고 있다. 2002년 엘리자베스 여왕 즉위 50주년에 이 위스키 648병을 버킹엄 궁으로 보냈다고 한다. 대부분은 연회에서 소비되거나 귀빈에게 선물한 것으로 알려져 있는데, 그중 일부는 자선 단체에 기증해 기금을 마련하는 데에도 도움을 주었다고 한다. 여왕의 또 다른 캐스크가 여기 1번 숙성고에 여전히 잠들어 있었다. 엘리자베스 여왕은 내가 이 증류소를 방문하기 몇 주 전에 소천했다. 왕실의 문양이 그려진 오크통을 손으로 가리키며 질문을 던졌다.

"그럼, 여왕의 위스키는 이제 어떻게 되는 거죠?"

"아직 어떻게 행정 처리될지 모르겠어요. 아마도 왕실 소유가 될 것 같은데, 당장은 왕실이 너무 정신없을 듯해서 이 사안에 대해 이야기를 나누진 않았어요."

우리는 조금 더 숙성고를 거닐며 구석구석 묻어 있는 세월의 흔적을 살폈다. 일본을 대표하는 미즈나라(물참나무) 캐스크에서 숙성 중인 위스키도 보였다. 2014년에 빔 산토리가 모리슨 보모어 증류소를 인수했는데, 이후 2015년에 보모어 미즈나라 캐스크가 출시되면서 전 세계 몰트 팬들의 이목을 끌었다. 보모어 증류소의 미즈나라 캐스크 출시는 스카치 위스키계에 던지는 산토리의 출사표처럼 보였다.

또 숙성고의 가장 깊숙한 곳에는 일본의 야마자키山崎 증류소의 오크통도 있었다. 야마자키 위스키에서 20년간 숙성된 원액을 보모어 증류소에서 추가로 숙성시키는 프로젝트라고 했다. 일본 최초의 위스키 증류소에서 생산한 원액이 스코틀랜드의 가장 오래된 숙성고에서 추가 숙성되는 일은 상당히 실험적이어서 호기심을 마구 자극했다. 과연 야마자키 위스키는 어떤 맛으로 변하게 될까? 이 강력한 컬래버레이션은 시장에서 얼마의 가치로 거래될까? 무라카미 하루키는 좋은 술은 여행하지 않는다고 말했는데, 요즘에는 이 말도 예외인가 싶다. 실제로 여러 증류소를 소유하고 있는 일본의 마르스Mars 위스키 중에는 신슈信州 증류소에서 증류한 원액을 옮겨 와 츠누키Tsunuki, 津貫 증류소에서 숙성한 사례가 있다.

투어를 마치고 드디어 한쪽에 자리를 잡고, 오크통에서 발린치로 위스키 원액을 바로 뽑아서 테이스팅을 시작했다. 스코틀랜드에서 가장 오래된 숙성고에서 갓 뽑아낸 위스키를 맛보는 기분이란 정말 각별했다. 서로 다른 네 가지 캐스크에서 숙성된 보모어를 테이스팅하고, 가장 마음에 드는 한 가지를 골라 100ml 보틀에 담아 갈 수 있는 프로그램이다. 기내에 가지고 탑승하기에 딱 알맞은 용량이다. 보모어 15년 다키스트Darkest를 평소에 좋아했던 터라 이번에도 셰리 캐스크 위스키로 골랐다. 혼자 병입하는 내가 너무 즐거워 보였는지, 홍콩에서 온 커플이 기념사진을 찍어주겠다며 나섰다.

예정된 투어를 마친 뒤에 보모어 증류소의 바로 이동했다. 투어 매니저는 다양한 한정판 보모어 보틀을 가져와서 우리에게 따라주었다. 보모어 25년 트릴로지를 포함해 엄청난 위스키들이 순차적으로 나오는, 관대한 무료 시음이 펼쳐졌다. 결국 점심도 못 먹고 다음 증류소로 향해야 했다.

1 보모어 증류소의 숙성고에서 진행된 테이스팅.

2 핸드필 위스키 키트.

3 증류소 바에서 진행된 테이스팅.

Part 3

문화를 창조하는 힘, 경험 마케팅과 팬덤 문화

Lagavulin

라가불린 증류소

아일라 재즈 페스티벌 한정판 위스키

위스키 팬들을 들뜨게 하는 아일라 재즈 페스티벌의 열기

한국에 자라섬 재즈 페스티벌이 있다면, 스코틀랜드에는 아일라 재즈 페스티벌이 있다. 이번 아일라 일정을 까다롭게 만든 곳이 바로 이 라가불린Lagavulin 증류소다. 매년 10월 첫째 주에는 아일라 재즈 페스티벌이 열리기 때문에 수많은 인파가 한꺼번에 이곳으로 몰린다. 그 바람에 주말에 아일라 섬으로 가는 비행기편과 배편이 모두 솔드아웃 되어 한 장의 표도 구할 수가 없었다. 바로 이 행사의 메인 스폰서가 라가불린이다.

아일라 재즈 페스티벌은 그들만의 뮤지션 선정 기준이 있다. 영국의 재즈 아티스트를 우선적으로 소개할 것, 더 나아가 유럽의 뮤지션을 소개할 것! 빌보드 차트를 선점한 아티스트를 초대하는 것도 좋지만, 로컬 뮤지션들이 설 수 있는 무대를 마련하는 것이 이 행사의 진정한 취지였다. 이 점은 스코틀랜드의 증류소들이 추진하고 있는 지역 친화적인 일자리 정책의 방향성과도 맞닿아 있다. 외부인의 영입보다는 최대한 지역 주민들의 일자리를 창출하는 것에 주안점을 둔 것이다. 그래서 보통 스코틀랜드의 증류소에는 그 지역에서 태어나고 자란 이들이 많다.

아일라 재즈 페스티벌은 재즈 팬이 아니더라도 위스키 팬들을 들뜨게 만든다. 바로 재즈 페스티벌 한정판 위스키를 이때 출시하기 때문이다. 증류소 곳곳에서 그리고 시청을 비롯한 다양한 공간에서 주말 내내 아름다운 음악이 흘러나왔을 테지만, 정작 나는 자리가 없어서 월요일에야 이 섬에 들어왔다.

내가 처음 아일라 재즈 페스티벌 한정판 라가불린 위스키를 만난 건 2019년 1월 복정동 바인하우스에서였다.(현재 이 바는 청담동으로 이전했다.) 이곳은 나의 참새 방앗간 같은 곳이었는데, 간혹 손님들이 모두 돌아가고 나면 바텐더가 신청곡을 틀어주었다. 그날은 쳇 베이커의 음악을 들으면서 좋아하는 재즈 뮤지션에 대해 이야기를 나누었던 것 같다. 위스키 한 잔을 앞에 두고, 향기를 듣고 있는 내게 바텐더가 특별한 위스키 한 잔을 권했다.

"보연 씨, 재즈에 어울리는 위스키 한 잔 드릴게요. 아일라 재즈 페스티벌 보틀인데, 좋아하시는 라가불린이에요."

내 취향을 잘 아는 김병건 바텐더는 라가불린 한 병을 꺼내 잔에 따라주었다. 위스키 라벨에는 춤추듯이 흘러가는 피아노 건반이 그려져 있었다. 그 옆에는 작은 글씨로 '아일라 재즈 페스티벌 2018'이라고 적혀 있었다. 한 모금 맛보니 나무로 지은 헛간에서 음악을 듣는 것 같았다. 건초 향부터 삼나무, 훈연 향까지 바닐라와 바나나의 달콤한 향과 버무려졌다. 무심한 듯 달콤한 쳇 베이커의 목소리가 바람이 새어 들어오는 목조 건물에서 듣는 실황 연주처럼 느껴졌다.

맥아서 할아버지와 함께한 숙성고 체험

드디어 라가불린 방문자 센터에 도착했다. 이곳은 1962년까지 존재했던 몰트 밀Malt Mill이라는 증류소의 건물이었는데, 현재는 라가불린의 방문자 센터로 사용되고 있다. 방문자 센터 앞에는 트럼펫이 그려진 포스터가 걸려 있었다. 전날까지 진행된 아일라 재즈 페스티

1 라가불린 증류소의 방문자 센터 입구.

2 아일라 재즈 페스티벌 위스키.

3 숙성고 투어에서 제공한 생수와 잔.

벌 포스터를 아직 떼지 않은 모양이었다. 방문자 센터 직원에게 물어보았다.

“이번 재즈 페스티벌은 어땠어요?”

“물론 좋았죠. 어제 끝나서 직원들이 조금 피로한 상태예요.”

“투어를 마치고 와도 재즈 페스티벌 기념 보틀 위스키를 구매할 수 있을까요?”

“그럼요, 가능하죠. 마음 편히 다녀와요. 투어는 바로 뒤에 응접실에서 대기하고 있어요.”

좁은 통로를 지나니 흰 벽에 파스텔 톤 그린의 창문이 보였다. 왼편으로 세월이 느껴지는 단정한 응접실이 있었다. 체크무늬 소파에 앉아서 투어 일행이 오길 기다리며 사람들을 살펴보았다. 응접실에는 나이가 지긋한 할아버지부터 내 또래의 젊은 부부까지 다양했다. 동양에서 온 젊은 여자는 나뿐이었는데, 어른들은 내게 위스키 팬이냐고 묻고는 기특하다는 표정으로 미소를 지었다.

이번 라가불린 증류소에서는 여러 투어 프로그램 중에 숙성고 체험Warehouse experince 프로그램을 예약했다. 우리는 안전복을 착용한 직원의 안내에 따라 위스키를 생산하는 여러 프로세스가 진행되는 건물을 통과했다. 그리고 계단을 내려가 바다에 가까운 1번 숙성고에 도착했다. 쿰쿰한 냄새와 향긋한 위스키 향기가 복잡 미묘하게 엉켜 있었다. 이곳 라가불린 증류소에서 52년간 근무한 이언 맥아서Iain McArthur가 기다리고 있었다. 그를 중심으로 둥그렇게 세팅된 의자에는 테이스팅 글라스와 캔에 담긴 물이 무심히 올려져 있었다.

맥아서는 숙성고에 있는 다양한 사이즈의 오크통을 가리키며 차례차례 소개했다.

"뒤에서부터 아메리칸 배럴American barrel은 200리터, 혹스헤드hogshead는 250리터, 셰리 벗sherry butt은 500~550리터, 그리고 여기에 있는 펀천puncheon도 500~550리터예요."

"사흘 전에 발매한 2022년 재즈 페스티벌 보틀을 테이스팅할 거예요. 아메리칸 브랜디 캐스크에서 숙성한 위스키죠."

맥아서 할아버지는 궁금했던 2022년 재즈 페스티벌 보틀을 들고 와서 우리에게 따라주었다. 아무렇지 않게 푸어러pourer를 꽂은 한정판 위스키 보틀의 시크함이란! 보통 술병에 꽂는 푸어러는 바텐더가 칵테일을 만들 때 술을 흘리지 않고 정확하게 따를 수 있게 하는 편의라든가 레스토랑에서 빠르게 서브하기 위한 용도로 사용된다. 귀한 위스키를 서브할 때는 지거에 위스키를 옮겨 담고 잔에 따라주는 것이 일반적이다. 그런데 라가불린의 숙성고에서는 재즈 페스티벌 한정판 보틀조차 다 똑같은 위스키 보틀 중 하나일 뿐이었다.

라가불린의 2022년 재즈 페스티벌 위스키는 아메리칸 리필 캐스크에서 14년간 숙성한 뒤, 브랜디로 시즈닝한 혹스헤드에서 추가 숙성해 완성한 위스키다. 3천 병 한정으로 생산된 위스키로 케이스에는 건반을 연주하는 손과 보컬이 노래하는 입, 심벌즈, 세워진 오크통들이 퍼커션을 연상할 수 있게 그려져 있었다.

"레몬 제스트가 엄청 신선하게 느껴지는데요?"

"초콜릿과 잔잔한 스모크가 잘 어우러지네요."

라가불린 증류소의 맥아서 할아버지가 진행한 숙성고 체험 프로그램.

처음 만났지만 공통의 관심사로 모인 우리들은 테이스팅 노트를 공유하는 데에도 진심이다. 맥아서는 관심이 있다면 방문자 센터에서 구입할 수 있다며 가격을 공개했다.

"(웃으면서) 생각보다 비싼데요?"

"(아일라 재즈 페스티벌) 이름 값 하는 거죠."

다 함께 크게 웃었다. 소탈하면서도 위트 있는 그의 진행은 정말 유쾌했다. 맥아서는 오크통에 한쪽 팔을 괴고 기댄 채 편안하게 우리의 질문을 받았다.

"요즘 미국에는 저숙성 위스키가 판을 치고 있어요. 위스키를 구하기가 점점 어려워지고 있지요. 이런 세태를 어떻게 생각하세요?"

"저는 저숙성 위스키를 싫어해요."

맥아서는 단호하게 대답했다.

"1988년에 당시의 마스터 디스틸러가 라가불린 16년 출시를 결정했지요. 지금까지도 사랑받는 위스키예요. 엔트리 위스키로 16년 숙성된 위스키는 파격이었죠."

일반적으로 10년, 12년 숙성된 위스키가 엔트리급 위스키로 증류소에서 소개되는데, 라가불린은 16년 숙성 위스키가 기본 라인업이다.(최근에는 원액 부족으로 숙성 연수가 미표기된 위스키도 시장에 나오고 있다.) 같은 아일라 지역의 엔트리급 위스키와 함께 테이스팅해 보면 숙성 연수에서 오는 특유의 우아한 맛과 다채로운 향이 도드라지는 걸 제대로 느낄 수 있다. 라가불린 16년은 영화 〈미스 슬로운〉에서 주인공이 마시는 위스키로, 은희경 작가의 『중국식 룰렛』에서는 주인공의 아내가 마시는 위스키로 등장한다. 그 특유의 향기로운 훈연향을 떠올리면 작품에 몰입하기가 쉬워진다.

물론 최근에는 라가불린에서도 8년 숙성 위스키를 선보이기도 했다. 증류소 설립 2백 주년을 기념해서 출시한 위스키인데, 1886년에 앨프리드 바너드Alfred Barnard가 극찬했던 라가불린 8년을 2016년에 재출시한 것이다. 앨프리드 바너드는 1885년부터 1887년 사이에 영국과 아일랜드의 위스키 증류소 162곳을 방문하고, 5백 페이지가 넘는『영국의 위스키 증류소The Whisky Distilleries of the United Kingdom』라는 책을 출간했다. 약 130년 전에도 나와 같은 일을 하는 사람이 있었던 것이다.

"누가 해볼래요?"

맥아서가 발린치를 높이 들며 물었다. 위스키 팬이라면, 숙성고에서 발린치로 직접 위스키를 뽑아보는 로망을 갖고 있을 텐데, 참가자들은 내게 먼저 해보라며 서로 양보했다. 여러 도시에서 온 몰트 팬들의 마음이 따뜻했다. 투어에 혼자 참가한 나를 부담스럽지 않게 은근히 챙겨주었다. 혼자서 아일라에 왔지만 새로운 친구들 덕분에 전혀 외롭지 않았다.

발린치는 큰 구리로 된 스포이드라고 생각하면 되는데, 발린치 손잡이 부분의 구멍을 손의 압력으로 눌러서 액체를 빨아들이고 이후에 구멍에서 손을 떼면서 빨려 들어온 액체를 병으로 옮기는 것이다.

"발린치 끝에 입을 대고 강하게 빨아들여요."

라가불린 증류소의 발효조와 증류기.

뚜껑이 열린 오크통에 몸을 가져가는 순간, 위스키 향이 얼굴을 간지럽혔다. 크게 숨을 들이마시고 위스키를 힘껏 빨아올렸다. 그리고 발린치에 담긴 위스키를 플라스틱 저그에 부었다. 콸콸 흘러넘칠 줄 알았던 위스키는 졸졸 나왔다.

"힘껏 한 번 더 해봐요."

맥아서는 우리 투어 인원이 넉넉하게 테이스팅할 수 있을 만큼 더 위스키를 빼내야 한다고 알려주었다. 그렇게 빼낸 위스키 원액을 나누어 마시고 투어는 마무리되었다. 이언 맥아서 할아버지는 2023년 11월 14일을 마지막으로 라가불린 증류소에서 은퇴했다. 12월 8일 후임자에게 캐스크 발린치를 전달할 예정이라고 한다. 50년 이상 이곳에서 근무한 라가불린의 전설과도 같은 그를 만날 수 있었던 것은 정말이지 행운이었다.

아일라 바다의 매력

방문자 센터에서 판매하는 위스키를 사기 위해 발길을 옮겼다. 마음이 급한 나를 누군가 불러 세웠다. 고개를 돌리니, 아까 숙성고 투어를 함께 했던 네덜란드에서 온 청년이었다. 아버지를 모시고 온 청년이었는데, 숙성고 오크통 앞에서 두 사람의 사진을 찍어줬었다.

"숙성고에서 테이스팅하는 라가불린 너무 좋았죠? 여기 숙성고 아래로 내려가면 바로 바다가 펼쳐져요. 저희는 미리 내려가서 봤는데, 그 경관을 감상하고 테이스팅하니까 더 좋았어요. 아버지께서 조금 기다려주시겠다며 아래의 동선을 꼭 소개해드리라고 하셨어요."

친절한 부자의 마음 덕분에 햇살에 반짝이는 은빛 고요한 아일라의 바다를 눈에 담을 수 있었다. 파란 잔디에 벤치와 테이블도 군데군데 보였다. 나무로 만든 작은 정박장 끝까지 걸어간 뒤 뒤돌아서서 하얀 라가불린 증류소를 바라보았다. 예전에 테이스팅했던 독립 병입자 산시바[Sansibar]의 라가불린 그림이 떠올랐다. 라가불린 증류소 앞바다를 충분히 감상하고, 숍으로 돌아오니 운전기사 짐이 나를 기다리고 있었다.

"투어는 즐거웠어요?"

"네! 위스키도 좋았지만 아일라 바다의 매력에 푹 빠졌어요!"

짐에게는 조금만 더 기다려 달라고 부탁했다. 짐은 천천히 둘러보라며, 이후에는 아일라의 바다를 보러 가자고 제안했다. 들뜬 마음으로 증류소 숍에서 모자, 티셔츠, 가방, 캔들, 그리고 재즈 페스티벌 보틀까지 잔뜩 구매하고 나왔다.

라가불린 증류소 앞바다의 정박장에서 본 전경.

TIP9

캐스크의 타입과 사이즈

위스크를 담는 오크통을 캐스크라고 부른다. 캐스크는 다양한 타입에 따라 사이즈가 다르다. 가장 많이 사용되는 타입은 배럴barrel로 아메리칸 스탠더드 배럴American Standard Barrel의 약칭이다. 이외에 혹스헤드와 펀천, 벗, 포트 파이프 등이 있다.

1/4을 뜻하는 쿼터 캐스크Quarter Cask는 500리터인 벗의 1/4을 의미한다. 작은 캐스크에서 숙성하면, 적은 용량밖에 숙성할 수 없지만 액체가 오크통에 닿는 표면적이 넓어지기 때문에 짧은 시간에 효과적으로 숙성 효과를 기대할 수 있다. 한편 미국에서 쿼터 캐스크라고 말할 때는 배럴 200리터를 기준으로 하기 때문에 50리터를 뜻하기도 한다.

스카치 위스키는 오크통의 사이즈를 제한하기 때문에 700리터 이하의 오크통에서 숙성한 위스키만 인정한다. 때때로 맥주를 숙성하거나, 여러 오크통에서 꺼낸 위스키를 안정화시키기 위한 매링 작업을 위해 툰Tun이 사용되기도 한다. 이때 툰의 사이즈는 1,000~2,000리터로 다양한데, 여기에서 숙성된 기간은 위스키의 숙성 기간에 포함시키지 않는다.

위스키가 숙성된 캐스크의 타입만으로도 어떤 오크통을 사용했는지, 또 이전에 어떤 술을 담았는지 짐작할 수 있다.

Cask Type	Approximate Volume(litres)	Common Wood Type	Typical Predecessor Liquid
Blood Tub	40	Variable	Beer
Quarter Cask	125	Variable	Variable
ASB (Barrel)	200	American Oak	Bourbon Whisky
Barrique	225	American & French Oak	Wine
Hogshead	250	American Oak	Bourbon Whisky
Cognac Cask	350	French Oak	Cognac
Puncheon	500	American & Spanish Oak	Rum & Sherry
Butt	500	American & Spanish Oak	Sherry
Port Pipe	550	American & European Oak	Port Fortified Wine
Madeira Drum	650	French Oak	Madeira Fortified Wine
Gorda	700	American Oak	Variable
Tun	1,000~2,000	American Oak	Beer

Glenfiddich

글렌피딕 증류소

현대미술 작가들에게 인기 있는 아티스트 레지던시

쿠퍼리지가 있는 증류소

글렌피딕 증류소를 방문한 날은 드램 마라톤Dramathon 대회가 열린 날이었다. 드램 마라톤은 스페이사이드의 여러 증류소를 통과하는 코스로 구성돼 있었는데, 피니시 라인이 글렌피딕 증류소였다. 보통 증류소는 투어를 예약한 사람에게만 개방된다. 그런데 이날은 마라톤이 열리는 날이어서 예약하지 않은 일반 대중에게도 개방되었다. 증류소 입구에서부터 운동복을 입은 사람들이 눈에 많이 띄었다.

사람들 사이로 글렌피딕 증류소 입구에서 펄럭이는 깃발이 보였다. 스코틀랜드 국기와 윌리엄 그랜트 가문의 문장이 그려진 깃발이었다. 저 멀리 증류소의 상징과도 같은 뾰족한 파고다 지붕도 보였다. 글렌피딕 증류소에서는 두 개의 파고다 건물이 있는데, 좌측 건물이 예전의 몰팅 공간이고, 우측은 새로 생긴 증류실이다.

입구를 따라서 조금 더 들어가니 드램 마라톤 대회의 피니시 라인이 나왔다. 왼쪽에는 글렌피딕의 130년 된 더니지 숙성고인 1번 숙성고가 보였다. 오른쪽에는 뾰족한 파고다 지붕의 건물이 눈에 들어왔는데, 예전에 플로어 몰팅을 하면서 보리를 건조하고 환기를 하기 위해 설치한 흔적을 살펴볼 수 있었다. 다른 증류소의 파고다보다 글렌피딕의 파고다는 유난히 더 반짝거렸다. 자세히 보니 구리로 만들어져 있었다. 파고다 위에는 풍향계가 있는데 글렌피딕을 상징하는 사슴이 장식되어 있었다. 글렌피딕의 피딕Fiddich은 게일어로 사슴이라는 뜻이다. 현재 본연의 기능으로 사용되지 않는 파고다에도 장식적인 디테일을 더한 것을 보니 글렌피딕 증류소의 '브랜딩'에 대한 의지가 느껴졌다. 현재 이 공간은 방문객 리셉션과 레스토랑으로 사용되고 있다. 1887년 윌리엄 그랜트가 아홉 명의 자녀들 그리고 석공 한 명과 함께 75만 개의 돌을 쌓아 올려 글렌피딕 증류소를 세웠던 바로 그 자리였다.

글렌피딕 증류소의 가장 큰 특징 중 하나는 쿠퍼리지가 증류소 안에 있다는 것이다. 쿠퍼리지는 오크통을 다루는 일을 의미하는데, 이 작업을 하는 사람을 쿠퍼Cooper라고 부른다. 앞서 언급했듯이 2014년에 글렌피딕의 쿠퍼 이언 맥도널드가 내한해 오크통을 조립하고 분리하는 시연을 보여준 적이 있다. 그는 50년이 넘는 세월 동안 오크통을 관장하는 일을 해오고 있다. 오크통이 증류소에 도착하면 물이 새는지 검사하고 해체한 후 재조립한다.

윌리엄그랜트앤선즈의 쿠퍼리지 작업량은 오크통의 크기와 작업 난이도에 따라 상이하다. 한 명의 쿠퍼가 하루에 약 20~25개의 오크통을 다루는데, 총 8명의 쿠퍼가 있으니 하루에 최대 2백 개의 오크통이 재조립되는 것이다. 증류된 위스키 원액을 오크통에 담기 전에 우선 오크통 내부를 불에 그슬리는 토스트 작업을 거친다. 그럼으로써 오크통에 다시 숨결을 불어넣어 위스키의 맛과 향을 완성한다.

우리끼리 증류소 투어

드램 마라톤을 좀 더 구경하다가 사전에 예약해둔 증류소 투어에

1 글렌피딕 증류소의 몰트반 파고다.

2 몰트반(현 방문자 센터).

3 1번 숙성고.

4 드램 마라톤 피니시 라인.

5 드램 마라톤 시상대.

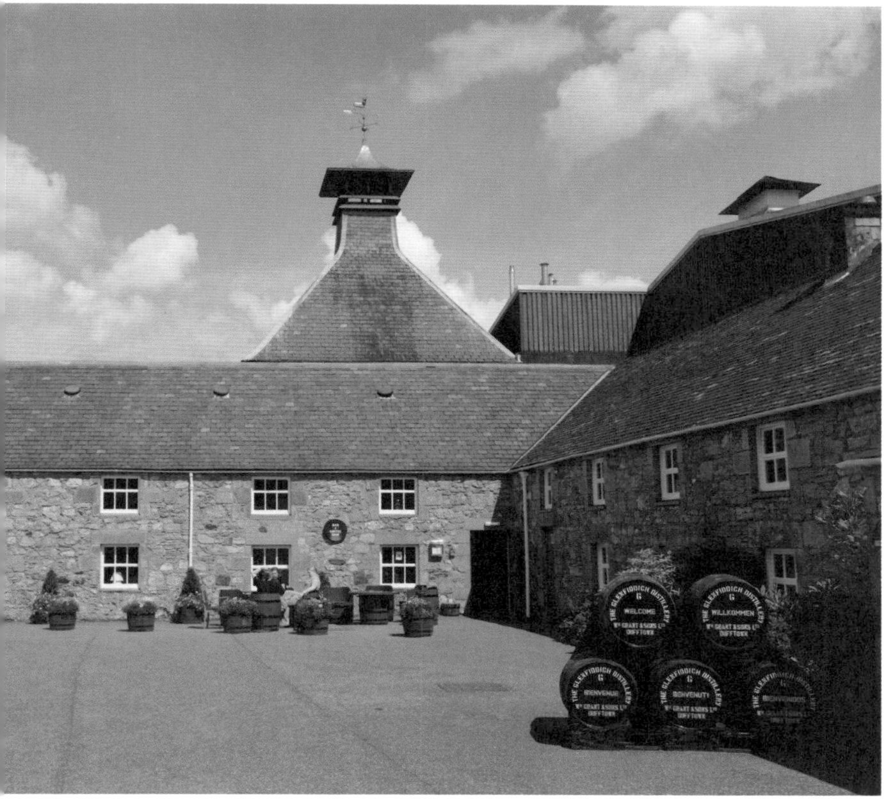
THE GLENFIDDICH DISTILLERY
WELCOME
WILLKOMMEN
BIENVENUE
BIENVENIDOS
DUFFTOWN

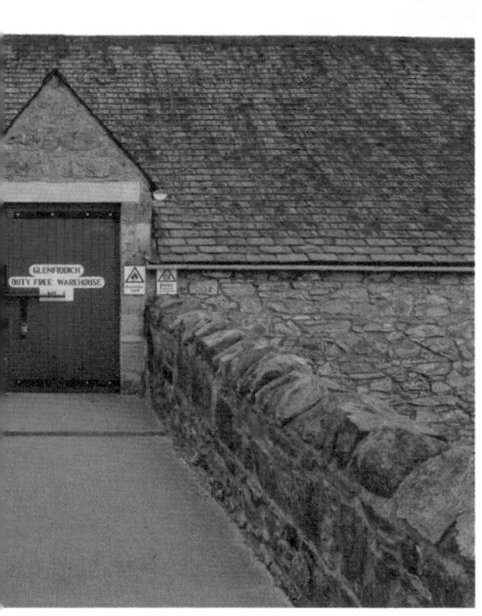

GLENFIDDICH
DUTY FREE WAREHOUSE

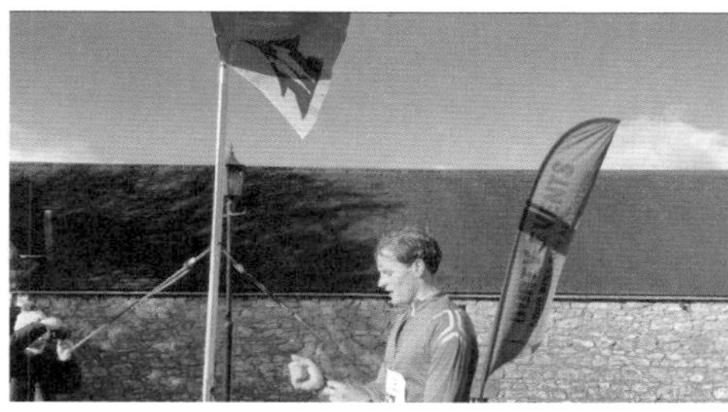

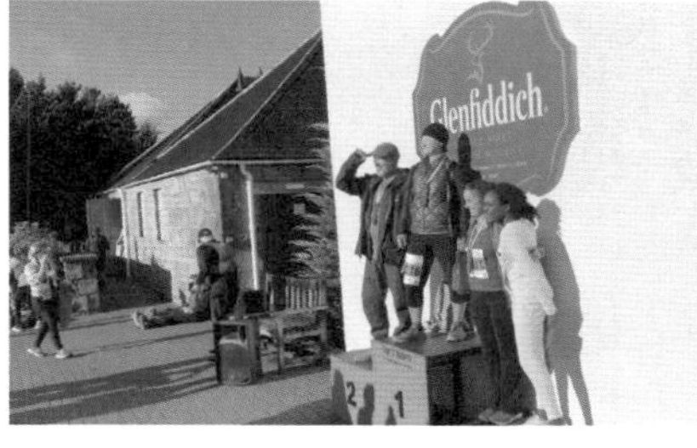

Glenfiddich

참가하기 위해 발길을 옮겼다. 오후 2시. 방문자 센터 앞에는 여러 사람들이 모여 있었다.

"혹시 투어에 왔나요?"

"네, 두 명이에요."

"아, 오늘은 대회 준비로 투어 진행을 못 하는데 안내가 안 됐나 봐요."

센터 직원은 미안한 기색도 없이 투어 취소를 통보했다. 무척 당황스러웠지만 별다른 방법이 없었다. 투어는 취소됐지만 그렇다고 그냥 돌아갈 수는 없었다. 나와 보경 언니는 우리가 할 수 있는 선에서 최대한 이 증류소를 탐험해보기로 했다.

먼저 글렌피딕 증류소의 핸드필 프로그램을 신청했다. 다행히 증류소 기프트 숍은 운영하고 있어서 이 프로그램에 참여할 수 있었다. 글렌피딕의 핸드필 프로그램에서는 스페인 오크로 된 우드 케이스에 위스키를 담아 갈 수 있다. 최대한 내 취향에 맞춰 예쁜 나뭇결의 박스를 고르는 작업이 매력적이었다. 위스키를 병입하고 라벨링을 마치면 내가 고른 나무 박스에 위스키를 포장해서 담아준다. 아침부터 쏟아진 비 때문에 아드벡 증류소에서 구매한 우비를 입고 글렌피딕 증류소에 왔는데, 글렌피딕 위스키 원액을 담는 내내 다른 사람들의 눈총을 받아야 했다. 마치 보스턴 레드삭스 모자를 쓰고 뉴욕 양키스 경기장에 온 기분이었다.

보경 언니가 한 병을 더 담는 동안, 몰트 마스터에게 편지를 쓰기 시작했다.

"이번엔 뵙지 못했지만 언젠가 기회가 오겠지요?"

직원에게 편지와 함께 내 책을 마스터에게 전달해 달라고 부탁했다. 그러는 사이 취소된 투어에 대해 서운했던 마음이 조금 풀렸다. 숍에서 나와 증류소를 좀 더 걸어보기로 했다.

"언니, 여기가 예전 증류실이에요."

여러 책과 구글맵, 웹 사이트를 통해 글렌피딕 증류소를 숱하게 보았던 터라 우리끼리 자발적으로 하는 투어도 제법 할 만했다.

"이쪽에 숙성고를 계속 확장하는 공사를 하고 있나 봐요."

"새로운 증류 시설을 오픈했다는 기사를 봤는데, 그게 저긴가 봐요. 창문으로 살짝 들여다볼까요?"

새로운 스틸 하우스(증류실)를 기웃거리는데 때마침 눈이 마주친 디스틸러가 환하게 웃으며 문을 열어주었다.

"길을 잃어버렸어요?"

"(우물쭈물하면서) 고맙습니다."

열심히 기웃거린 덕분에 가장 최근에 지어진 증류실의 문이 열렸다. 글렌피딕 제3증류실(현재는 제2증류실이 됨)에 들어오다니! 이곳은 일반인에게는 아직 공개되지 않는 증류실이었다.

글렌피딕의 증류실은 다른 곳과 구별되는 뚜렷한 특징이 있다. 일반적으로는 워시 스틸과 스피릿 스틸이 한 쌍으로 매칭되는데, 여기는 워시 스틸 1개에 스피릿 스틸 2개가 매칭되어 증류기 3개가 한 세트를 이룬다. 새로운 증류실의 스피릿 스틸은 모양은 서로 다르지만, 자세히 살펴보면 모두 5,900리터로 용량이 동일했다. 증류기를

글렌피딕 뉴 스틸 하우스.

글렌피딕의 뉴스틸 하우스
내부와 글렌피딕 증류 장인
조지 개릭.

배치한 모양이라든가 증류기 배관을 따라가 보니 여러 경우의 위스키를 생산할 수 있도록 한 것이 눈에 띄었다. 맥캘란 증류소처럼 다양한 실험을 통해 앞으로의 생산 방향을 모색하는 흥미로운 지점들이 보였다.

"같이 사진 찍어도 될까요?"

"그럼요, 여기에 서면 증류기가 잘 보일 거예요."

나중에 사진 속의 명찰을 보고 알게 된 사실인데, 조금 전 문을 열어준 디스틸러는 글렌피딕의 증류 장인으로 잘 알려진 조지 개릭George Garrick이었다. 짧지만 강렬했던 증류실 체험과 덤으로 만난 증류 장인까지, 정말 완벽한 행운이었다.

증류실에서 나오니 건물 앞에는 예쁜 연못이 있었다. 이 연못은 보기에 좋다는 것 외에도 숨겨진 기능이 있다. 증류실에서 증류를 마치면 증류기의 열기를 식히기 위해 다량의 물이 사용되는데, 이 증류기 냉각수를 증류소 내에 있는 이 연못에 일시적으로 방류한다. 외부 자연으로 바로 방류하면 생태계에 영향을 줄 수 있기 때문에 번거롭더라도 온도를 낮춘 후에 외부로 방류해 증류소 인근의 환경을 보호하려는 노력을 기울이는 것이다.

글렌피딕 아티스트 레지던시 미술 전시

연못을 지나 주차장으로 나왔다. 주차장 뒤에는 통창으로 된 단정한 건물이 보였다. 바로 글렌피딕 갤러리였다. 마침 2022년 글렌피딕 아티스트 레지전시 전시가 열리고 있었다. 입구에 걸린 포스터에는 이번 주말까지 전시가 열린다고 적혀 있었다. 오늘이 전시가 끝나기 하루 전이었다. 또 이런 행운이! 살짝 흥분한 상태로 갤러리 안으로 들어갔다.

글렌피딕 아티스트 레지던시는 매년 전 세계 각국에서 대표적인 아티스트 한 명을 뽑아 글렌피딕 증류소에서 3개월간 지내며 작품 활동을 하도록 지원해주는 프로그램이다. 작품 제작비는 물론이고 증류소에서 숙식까지 책임지기 때문에 작가들에게 인기가 높다. 우리나라에서는 매년 『월간미술』에서 한국 대표 작가를 선발하고 있다. 이 프로그램의 경쟁률이 매우 높기 때문에 여기에 소개된 작가들의 작품만 살펴봐도 한국에서 활동하는 동시대의 좋은 작가들을 만날 수 있는 계기가 된다.

이전에 글렌피딕 아티스트 레지던시 프로그램에 참여했던 배종헌 작가와 최세진 작가의 작품을 인상 깊게 봤는데, 글렌피딕 증류소에서 완성한 작업물은 이전과는 확연히 달라 보였다. 확실히 스코틀랜드의 자연은 작가들에게도 좋은 영감을 불어넣어주는 듯했다. 2022년에는 우리나라 대표로 엄유정 작가가 선발되어 떠난다는 기사를 접하고 궁금해하던 차였다.

엄유정 작가는 최신 미술계 소식을 전해주는 안동선 씨의 기사로 처음 알게 되었다. 곧 다정하면서도 쓸쓸한 여러 색채의 감정이 엿보이는 작업에 푹 빠져들었다. 갤러리의 문을 열고 들어가니 메인 자리에 엄유정 작가의 작품이 한눈에 보여서 더 반갑고 자랑스러웠다. 이번 작품은 기존에 선보였던 '식물들' 시리즈의 확장 버전쯤 될까?

엄유정 작가의 작품들이 전시되어 있는 글렌피딕 아티스트 레지던시 전시회.

그림 속에는 글렌피딕이 있는 더프타운Dufftown과 키스Keith, 모레이Moray 숲속의 다양한 나무들의 모습이 담겼는데, 그림 앞에 가만히 서서 살펴보다 보니 혼자 이 숲을 산책하는 기분이 들었다.

스코틀랜드를 다녀온 뒤 서울의 한 갤러리에서 엄유정 작가를 만났다. 당시에 선보인 가장 큰 작품은 글렌피딕 증류소에 기증했다고 한다. 그녀는 아마도 본인을 제외하고, 내가 그 그림을 실물로 본 유일한 한국인일 거라고 했다. 엄유정 작가는《Three Shapes》라는 제목으로 개인전을 열었는데 수풀, 바위, 눈이라는 소재로 작품 활동을 이어가고 있었다. 스코틀랜드에서 본 숲을 변형하고 형태의 특성과 부피감을 살려 구성했는데, 당시 증류소에서 보았던 작품을 키워서 작업했다고 한다.

갤러리를 나오면서 나중에 기회가 되면 스코틀랜드에서 그린 엄유정 작가의 그림을 한 점 소장하고 싶다는 생각이 들었다.

TIP10

쿠퍼리지를 아웃소싱하는 증류소들

최근에 생산 효율화를 위해 플로어 몰팅 대신 몰트 회사로부터 몰트를 구입하는 것처럼, 쿠퍼리지 또한 외부에 두고 인력과 자원 효율화를 꾀하고 있다. 쿠퍼리지 중 가장 유명한 곳이 글렌피딕 증류소에서 차로 5분 정도 떨어진 스페이사이드 쿠퍼리지Speyside Cooperage 회사다.

글렌피딕 증류소와 크라이겔라키 증류소 사이에서는 폐타이어 더미에서 펼쳐지는 영화 속 결투 장면처럼 오크통들이 잔뜩 쌓여 산을 이루고 있는 광경을 목격할 수 있다. 전 세계 각지에서 온 오크통을 이처럼 외부에서 보관하다가 지게차로 운반해 작업장으로 이동시켜 쿠퍼리지 작업을 진행한다. 스페이사이드 쿠퍼리지는 하루에 약 3백여 개의 오크통을 생산하는데, 이 정도 규모의 쿠퍼리지 회사는 스코틀랜드에 열 개가 있다. 이곳의 오크통 더미에서 미국의 헤븐힐 증류소의 버번 배럴도 발견하고, 스페인의 올로로소 셰리 캐스크도 찾아냈다. 술이 거의 들어 있지 않은 빈 통을 만져보며, 이 통에서 맛있게 숙성될 원액을 떠올려보는 상상만으로도 행복했다.

Macallan

맥캘란 증류소

주말에 열리는 퍼블릭 오픈

소중한 사람들과 함께한 맥캘란의 브런치 타임

"우리 맥캘란에 가서 브런치 먹을래?"

현재 맥캘란 홈페이지의 증류소 예약 페이지를 보면 이미 다음해인 2024년까지 모든 예약이 마감되었다고 나온다. 그 정도로 현재 스페이사이드에서 가장 인기 있는 투어다. 어떻게 하면 맥캘란을 둘러볼 수 있는지 궁리하던 차에, 이세용 맥캘란 앰버서더가 주말에는 맥캘란 증류소가 퍼블릭 오픈을 한다고 귀띔해주었다. 그래서 주말에는 맥캘란의 멋진 새 증류소를 산책해야겠다고 마음먹었다. 게다가 운 좋게도 맥캘란 레스토랑이 펜데믹 이후 다시 오픈했다는 공지를 발견하고는 예약 일정을 살펴보았다. 오전 시간에 간단한 베이커리와 함께 브런치 메뉴를 진행하는 모양이었다. 오전 10시 30분 레스토랑 예약을 마치고, 친구들에게 브런치 일정을 통보했다.

오늘 맥캘란 브런치는 보경 언니와 노르웨이에 살고 있는 소꿉친구 시선이 함께할 예정이다. 시선과 나는 일곱 살에 만났다. 우리는 같은 아파트에 거주했는데, 초등학교 1학년 때 같은 반에 배정되면서 자연스럽게 절친이 되었다. 우리가 5학년이 되던 해에 시선의 가족이 미국으로 이민을 간다는 소식을 듣고는 눈물을 찔끔 흘리며 이별했다.

영영 보기 어려울 것 같았지만, 의외로 성인이 되면서 대학 동창보다 더 자주 얼굴을 보게 되었다. 대학교 시절에는 4학년이 되기 전에 한 학기를 휴학하고 뉴욕에 있는 큰집에서 지낸 적이 있는데, 그 무렵에 시선은 졸업을 앞두고 있었다. 타이밍이 딱 맞아떨어져서 그녀의 특별한 졸업식에 함께할 수 있었다. 또 사회 초년생으로 정신없이 시간을 보낼 때는 시선이 서울에서 MBA를 하게 되면서 다시 가까워졌다. 당시에는 강남에 있는 작업실에서 위스키 스터디를 진행하고 있었는데 그곳에도 자주 놀러 왔다. 이후 그녀는 친정인 보스턴을 방문할 때면 버번 위스키를 사 왔고, 북유럽의 신생 증류소에서 만든 위스키도 눈여겨봤다가 사두곤 했다. 그리고 어쩌다 만나게 되면 내게 선물로 몽땅 안겨주는 마음씨 따뜻한 친구다.

몸은 멀리 떨어져 있지만 인스타그램으로 매일 소식을 나누고, 종종 일정을 맞춰 여러 도시에서 만난다. 이번에 내가 스코틀랜드를 방문한다는 소식을 전하자, 그녀는 스페이사이드 일정에 며칠 합류할 수 있다고 알려왔다. 베르겐에서 애버딘까지 가는 항공권이 우리가 도쿄를 가는 것만큼 착한 가격이라고 했다. 그녀는 주말을 끼고 스페이사이드에 왔다.

우리는 아침에 숙소 앞에서 만나 예약해둔 택시를 타고 맥캘란 증류소에 도착했다. 주차장에서 증류소 입구를 향해 걸어가는 길이 반짝반짝 빛났다. 스코틀랜드의 산을 형상화해서 만든 증류소 외관은 경주의 왕릉을 닮았다. 2018년에 완공한 맥캘란의 새로운 증류소 건물은 파리의 퐁피두센터와 여의도의 파크원 빌딩을 설계한 건축가 리처드 로저스가 설립한 로저스 스턱 하버 파트너스Rogers Stirk Habour + Partners의 작품이다. 잔디에 덮여 언덕처럼 보이는 구불구불한 증류소의 지붕은 무려 207미터에 달한다. 가까이에서 보면 지붕에 나무 조각을 이어 붙인 것을 확인할 수 있는데 2천7백 개의 나무 조각을 붙여서 완성했다고 한다. 증류소의 건물은 멀리서 보아도 가까이서 보아도 숨 막히게 아름다웠다.

1층 입구에 들어서자 규모와 고급스러움에 압도되었다. 대부분의 증류소가 시골스러운 정겨움을 느끼게 하는 것과는 달리 최고급 리조트를 연상케 하는 디자인과 서비스가 색달랐다. 멋지게 차려입은 직원이 다가와 환영 인사를 건넸다. 예약 시간이 십 분 정도 남아서 1층 숍을 둘러보고 레스토랑으로 이동하기로 했다.

숍은 단지 위스키를 파는 곳이라기보다 위스키 박물관을 방불케 하는 스케일을 보여주었다. 뉴스로만 접했던, 소더비 경매에서 75만 6천4백 파운드(한화로 약 12억 원)에 낙찰된 레드 컬렉션 6병 세트도 보였다. 과거에 출시된 크리스털 디켄터 라리크를 비롯해 다양한 한정판 시리즈부터 007 탄생 60주년을 기념해 갓 출시한 위스키까지 라인업이 화려했다. 판매하는 굿즈도 차원이 달랐다. 세로로 길게 만들어 증류소의 능선을 은세공으로 새긴 힙 플라스크는 정말이지 환상적이었다.

흥분한 마음을 가라앉히고 레스토랑으로 갔다. 우리는 에그 베네딕트, 팬케이크, 당근 케이크, 레몬 케이크까지 넉넉하게 주문했다. 음료는 라테로 했다. 아름다운 공간의 매력에 푹 빠진 시선은 셀피를 천 장 정도는 찍은 것 같다. 오랜만에 친구와 만났으니 커리어에 대한 고민부터 연애, 시댁 이야기까지 다양한 주제로 한참 동안 수다를 떨었다. 우리도 이제 나이가 들었는지, 길고 긴 대화 끝에 도달한 결론은 역시 '건강'이 최고라는 것이었다. 잠시 한숨 돌리느라 라테를 한 모금 마셨다. 어머? 스코틀랜드에 와서 맛본 라테 중 가장 맛있는 게 아닌가! 우리 모두가 영국에서 맛있는 커피에 대한 갈증이 여기에서 해소되었다고 입을 모았다. 맥캘란 증류소를 라테 맛집으로 인정합니다!

맥켈란의 독보적인 스토리텔링

충분히 브런치 타임을 즐기고, 2층으로 자리를 옮겨 식후주를 즐기기로 했다. 2층에는 맥캘란 바가 있는데, 아름다운 경치를 감상할 수 있는 것은 물론이고 맥캘란 한정판을 잔으로 주문할 수 있다는 장점이 있다. 1930년대부터 최근까지 생산한 840여 종의 위스키가 준비되어 있었다.

나는 이 중에서 그간 궁금했던 맥캘란 런던 싱글 캐스크Macallan London Single Cask를 잔으로 주문했다. 'Macallan Distil Your World' 라는 이름을 가진 이 시리즈는, 총 네 개의 도시를 맥캘란에 담아 표현한 한정판 위스키다. 특히 런던은 스페인의 셀라 데 칸 로카Celler de Can Roca의 소유주인 로카 형제와 협업해 완성했다. 이미 이전의 맥캘란 에디션 시리즈도 로카 형제와 협업해서 큰 인기를 끈 적이 있었다. 이번 맥캘란 런던은 로카 형제가 런던을 여행한 후 영감을 받은 것을 향미로 옮겨 맥캘란의 위스키 메이커인 스티븐 브렘너Steven Bremner와 함께 완성한 위스키다. 총 465병이 생산되었는데, 일반 대중에게는 판매하지 않고 특별히 선별된 일부 호텔, 바, 레스토랑에서만 만날 수 있는 초 한정판 위스키다. 한 병에 약 1,999파운드로

맥캘란 증류소의 바와 레스토랑.

브런치와 런던 싱글 캐스크 위스키를 맛보았다.

한화로 3천만 원이 넘는 귀한 몸이기도 하다. 물론 잔술의 가격도 너무 비쌌지만 이런 위스키를 만날 기회를 놓칠 수는 없었다.

맥캘란의 셰리 캐스크를 가장 잘 느낄 수 있는 보틀이기 때문에 더욱 기대가 됐다. 2008년에 증류해 2020년에 병입한 위스키로 한 개의 셰리 펀천 캐스크에서 추출한 62.8도의 위스키다. 고작 12년 숙성된 싱글 캐스크 위스키를 이렇게 대단하게 소개하는 것도 맥캘란만이 할 수 있는 일이다. 맥캘란 증류소는 타고난 이야기꾼이다. 셰리 캐스크의 매력에 나를 빠뜨린 것도 맥캘란이었다.

셰리 명가인 맥캘란은 스페인 헤레스에서 오크통을 공수해 사용한다. 아메리칸 오크와 유러피언 오크를 각각 스페인 남부로 가져와 장인들이 심혈을 기울여 오크통을 제조하고, 셰리 와인 양조장으로 보내 약 18개월 동안 셰리 와인을 담았다가 빼낸 뒤 이것을 다시 스코틀랜드로 가져온다. 셰리 와인의 풍미를 입은 오크통이 위스키 숙성에 사용되는 형태다. 이것을 셰리 시즌드 캐스크Sherry-Seasoned Cask라고 부른다. 특히 한정판 위스키를 생산할 때는 좋은 오크통을 고르는 데 집중한다고 알려져 있다. 맥캘란에서는 그들의 위스키 풍미가 최대 80퍼센트까지 오크통에서 결정된다고 말한다.

나는 한정판 셰리 캐스크인 맥캘란 런던을 천천히 맛보면서 맥캘란 증류소를 온몸으로 느끼고 싶었다. 위스키 잔을 코에 가져다 대고, 전면의 통창으로 보이는 아름다운 성을 감상하는 것만으로도 이 증류소에 오길 잘했다는 생각이 들었다. 그러다가 일행들에게 방해되지 않도록 슬쩍 일어나 좌측 유리문 뒤에 있는 새로운 증류

맥캘란 증류소의 새로운 증류 시설.

시설을 구경하러 갔다. 맥캘란의 새 증류 시설은 특이하게도 당화, 발효, 증류까지 '한 공간'에서 진행된다. 가장 왼쪽의 안쪽에는 17톤 규모의 당화조가 있다. 대형 증류소 시설은 보통 10톤을 규모로 설명하는데, 이곳에만 17톤 규모의 당화조가 있으니 얼마나 규모가 큰지 가늠할 수 있었다. 그리고 이어서 발효조와 증류기가 보였다. 일반적으로 증류소들은 증류기가 일렬로 배치되어 있는데, 원을 그리듯 둥글게 배치된 증류기의 모습이 상당히 아름다웠다. 마치 오케스트라가 객석을 향해 앉아 있는 것 같았다.

맥캘란 증류소에서는 증류기를 하나씩 살펴보는 재미가 있다. 총 36개의 증류기가 있는데, 3개 구역으로 나뉘어 한 구역당 12대의 증류기가 있다. 그중 1차 증류기가 4대, 2차 증류기가 8대다. 보통은 1:1로 짝지어 만드는 것과는 다른 모습이다. 2차 증류기가 작기 때문에 1:2로 짝지어진 것이다. 이 점은 글렌피딕 증류소(4,500리터)와 상당히 비슷하다. 맥캘란의 작은 1차 증류기는 3,900리터 규모로 목도 짧고 라인암도 아래로 향해 있다. 그 덕분에 무거운 기체가 증류기를 쉽게 통과해서 스피릿으로 응축된다. 이로써 맥캘란 위스키의 특징 중 하나인 묵직하고 오일리한 풍미가 형성되는 듯했다. 새로운 증류소에서 많은 것들이 바뀌었지만, 그들만의 맛과 향을 만들어 내는 맥캘란 특유의 엄청 작은 사이즈의 증류기 모습만큼은 그대로였다.

다시 자리로 돌아와 위스키를 마저 맛보고, 4백 미터쯤 떨어진 예전의 증류 시설을 함께 둘러보기로 했다. 좀 더 안쪽으로 들어가는 입구에는 세월의 흔적이 느껴지는, 맥캘란 증류소라고 씌어 있는 커다란 간판이 보였다. 조금 더 옆으로 들어가니, 키가 크고 웅장한 증류기와 검은 곰팡이로 세월이 느껴지는 숙성고가 계속 이어졌다.

우리는 7번 숙성고에서 발걸음을 멈추었다. 'Warehouse 7'이라고 쓰인 간판 옆의 철문에 크게 007이라고 적혀 있었다. 007 시리즈 60주년을 맞이해 맥캘란과 MGM이 협업한 콘텐츠였다. 007 시리즈 시네마 디스플레이와 기존의 007 영화에 소개됐던 맥캘란의 이야기를 전시하는 공간이었다.

2012년에 개봉된 007의 23번째 시리즈인 〈007 스카이폴〉에서는 맥캘란 1962년이 등장한다. 윌리엄 텔의 사과처럼 여인의 머리 위에 맥캘란 1962년을 두고 총을 겨누는 장면인데, 50년간 숙성된 이 귀한 위스키를 쏟아버리는 장면이 워낙 인상적이어서 지금까지도 위스키 애호가들 사이에서 자주 회자된다. 007 시리즈도 1962년에 시작되었기 때문에 여기서는 이를 기념하기 위해 제임스 본드가 가장 좋아했던 맥캘란 파인 앤드 레어Fine & Rare 1962를 상징적으로 소개하고 있었다. 위스키에 표기되는 네 자리 숫자는 위스키를 증류한 해를 나타내므로, 맥캘란 1962는 1962년에 증류한 위스키라는 의미다.

영화 속 007은 맥캘란을 참 좋아한다. 늦은 밤 M의 집에 불쑥 방문해서 맥캘란을 따라 마신다든가, 은둔 생활을 하던 섬의 바에서도 맥캘란으로 고독의 시간을 보낸다. 007 캐릭터는 가장 영국스럽고 세련된 이미지로 설계되었다. 좋아하는 음식으로 자기소개가 가

맥캘란 증류소의 예전 증류 시설.

맥캘란 증류소 7번 숙성고와 007 시리즈 전시 공간.

능한 이 시대에 어찌 보면 007이 사랑하는 맥캘란은 곧 007을 표현하는 방식이라고 할 수 있다. 음식에 대한 지식과 개성 있는 식습관이 곧 나를 표현하는 시대라는 것을 영화는 고스란히 보여준다.

그 이후 2019년 소더비 자선 경매에서는 맥캘란 파인 앤드 레어 1962 위스키가 경매 품목에 올랐는데, 제임스 본드 역을 맡은 다니엘 크레이그의 사인이 더해져서 홍보 효과를 단단히 거두었다. 심지어 맥캘란을 소유하고 있는 에드링턴 그룹은 이 수익금을 어려움에 처한 현직 영국 정보통신본부(GCHQ)를 위해 지원하기로 했다. 이쯤 되면 위스키계에서 독보적인 이 스토리텔러를 이길 자는 없을 듯하다.

거기에 내가 방문한 2022년은 007 시리즈 탄생 60주년이므로, 새롭게 해석한 맥캘란의 007 이야기까지 더해졌다. 맥캘란 증류소는 증류소라기보다 영화 세트장처럼 느껴져서 마치 유니버셜 스튜디오에 온 것같이 즐거웠다.

맥캘란 증류소를 방문하고 나서 몇 주 뒤에 런던의 해러즈Harrods 백화점을 우연히 지나게 되었다. 백화점의 쇼윈도와 플래그십 스토어를 맥캘란 007 시리즈로 채운 모습이 눈길을 끌었다. 쇼윈도 앞에서 7번 숙성고의 시간을 떠올리며 한참을 서성거렸다.

해러즈 백화점의 맥캘란 007 컬래버레이션 디스플레이.

Ardbeg
아드벡 증류소
Islay
ARDBE

증류소 투어의 새로운 지평을 열다

바닷바람을 맞으며 시작된 증류소 투어

아드벡의 증류소 투어는 차가운 바닷바람을 맞으며 시작되었다. 많은 증류소들이 내부의 바 또는 역사관에서 시작하는데, 아드벡은 시작부터 색달랐다. 방문자 센터에서 아드벡 19년이 든 위스키잔을 픽업해서, 증류소 건물을 통과해 함께 바다로 나갔다. 다행히 비가 그친 뒤였지만 하늘은 여전히 구름이 잔뜩 낀 회색빛이었고 파도를 머금은 바람 소리가 상당히 컸다. 마치 야외 설치 작품처럼 세워진 오크통 위에는 빗방울이 고여 있었는데, 바람이 불 때마다 표면이 찰랑거렸다.

바다를 뒤로한 채 증류소 건물을 정면에서 바라보며 이야기의 막이 올랐다. 1815년에 존 맥두걸John Macdougall로부터 아드벡 증류소는 시작되었다. 1977년에는 하이람 워커Hiram Walker에게, 1987년에는 앨리어드 라이온스Allied Lyons에게 증류소가 인수되었다. 그리고 드디어 1997년 모엣 헤네시를 소유하고 있는 글렌모렌지 회사The Glenmorangie Company가 아드벡 증류소의 주인이 된다. 거센 파도와 바람 소리 때문에 투어 매니저의 말이 영화 BGM의 노래 가사처럼 잘 들리지 않았지만, 아드벡의 분위기를 만끽하기에는 충분했다. 바다에서 돌아온 뒤 우리는 매시 하우스를 지나 밀링 룸으로 이동했다. 몰트를 조금 맛보고 몰트가 분쇄되는 과정을 살펴보았다.

증류소 투어를 하다 보면 처음에는 모든 것이 새롭다. 그런데 한두 군데 방문하다 보면 기본적인 제조 프로세스의 주요 골자는 비슷하기 때문에 조금 지루한 감이 없잖아 있다. 이때 증류소의 파이프

흐름을 찾아보거나 현장의 기계가 어느 회사에서 만든 것인지 살펴보다 보면 또 다른 재미를 찾을 수 있다. 혹은 작업자들이 쓴 메모를 읽어보면서 매일의 생산 과정을 상상해보는 것도 즐겁다. 마침 기계 소음으로 매니저의 설명이 잘 들리지 않는 데다 이미 여러 증류소를 방문한 뒤라 슬슬 몸이 근질거리기에 다른 곳으로 눈을 돌렸다.

오래된 나무에 카키색 페인트칠을 한 몰트 제분기에는 로버트 바비 회사의 제품이라고 적혀 있다. 스코틀랜드의 증류소 투어를 하다 보면, 제분기는 로버트 바비와 포르테우스로 크게 나뉘는 것을 확인할 수 있다. 재미있는 점은 두 회사의 제분기가 증류소를 독식하고 있음에도 불구하고 현재 이 회사들이 문을 닫았다는 것이다. 워낙 고장이 없고 튼튼하다 보니 일반적으로 70년 이상은 거뜬히 사용한다고 한다. 아드벡의 경우는 1921년에 이 제분기를 구매했다고 한다. 당시에는 3백 파운드에 구매했는데, 만약 지금 이 장비를 구매한다면 (현재의 물가 상승률을 고려해야겠지만) 약 6만 파운드(한화로 약 9천7백만 원) 정도가 될 것으로 예상한다고 한다. 새로운 증류소 시설을 갖출 때도 헤리티지의 가치를 고려해 로버트 바비 또는 포르테우스의 제분기를 중고로 들이는 경우가 꽤 많다고 한다.

끔찍한 상상이지만 증류소에 불이 나면 보통 위스키가 잠들어 있는 숙성고를 먼저 걱정하게 된다. 하지만 위스키 증류소의 시설은 사실 모든 곳이 위험에 처한다. 알코올이 있는 발효실과 증류실도 피할 수 없다. 그러나 폭발이 발생할 수 있는 가장 위험한 곳으로는 제

아드벡 증류소와 선착장.

분실을 손꼽는다. 제분기 안에 롤러가 쉴 새 없이 돌아가면서 그리스트에서 먼지와 마찰열이 발생하는데, 이 마찰열에 의해 공중에서 날리는 그리스트와 먼지가 타버리는 것이다. 특히 그리스트의 먼지는 지나치게 곱기 때문에 표면적이 매우 넓고 그만큼 공기와의 접촉면도 넓어서 빠른 속도로 산소를 흡수해 한 번 미세한 발화가 일어나면 주변의 먼지까지 한꺼번에 태우면서 큰 폭발이 발생한다. 이것을 분진 폭발dust explosion이라고 한다. 중세 유럽에서 밀가루를 만드는 풍차를 통째로 날려 먹었다는 일화가 바로 이 분진 폭발의 사례다. 1878년 스페이사이드에 위치한 스트라스아일라Strathisla 증류소에서도 분진 폭발로 큰 화재가 있었다.

모든 증류소는 제분소의 화재 위험을 줄이기 위해 관리 감독을 강화하고, 알코올과 철저히 분리하기 위해 노력을 기울인다. 그래서 대부분의 증류소에서는 제분실에서 먹거나 마시는 일은 상상조차 할 수 없는데, 아드벡 증류소는 과감하게 제조 공정 곳곳에서 위스키 테이스팅을 할 수 있도록 설계했다. 이 점이 아드벡만의 낭만이라는 생각이 들었다. 시각적인 자극 때문인지, 제분기 앞에서 위스키를 맛보면 곡물의 고소함이 몇 배로 느껴진다.

발효조 앞에서 마시는 위스키 한 잔의 맛

이어서 매시 하우스로 이동했다. 제분기에서 넘어온 곡물은 이곳에서 물과 함께 당화 과정이 진행된다. 매시 하우스에서도 유독 장비의 이름이 눈에 띄었다.

NORTHERN FABRICATORS LIMITED
Elgin Tel
01343 546139
Manufactured and Installed
1999
SEMI-LAUTER MASH–TUN
Ref No ABD 8220

NEWMILL IRONWORKS OF ELGIN 1961

위와 아래의 장비가 같은 회사의 제품이 아닌 것은 1999년 중간에 최신 장비로 업그레이드했기 때문으로 추정된다. 당화는 분쇄된 곡물을 온수와 혼합해, 전분을 발효 가능한 당으로 만드는 과정이다. 이때 맥아의 효소인 α-아밀라아제 및 β-아밀라아제가 곡물의 전분을 당으로 분해해 맥아즙wort을 생성한다. 이 과정은 바닥이 이중으로 된 단열 양조 용기인 매시턴에서 진행된다.

전통적인 스타일의 매시턴은 중앙에 회전하는 팔이 있고, 매시턴 바닥에 곡물을 휘젓는 갈퀴가 있어서 당을 추출하고 물을 더 쉽게 배출할 수 있도록 설계되어 있다. 전통적인 스타일의 매시턴을 알고 싶다면, 앞서 다뤘던 브룩라디 증류소에서 보았던 빅토리아 시대의 매시턴을 참고하면 좋다.

1970년대부터는 매시턴 내부를 꽉 채운 긴 회전 팔에 수직으로 긴 갈퀴가 장착된 세미 라우터Semi-Lauter 매시턴으로 교체되기 시작했다. 당화 과정의 속도를 높일 수 있도록 강력한 셰이커의 팔로 진화한 것이다. 더 경제적인 데다 맑은 당화액(맥아즙)을 만들 수 있기 때문에 아드벡 증류소를 포함해 현재 많은 증류소에서 세미 라우터 매시턴을 사용하고 있다. 또 풀 라우터Full-Lauter 매시턴이라는 것도 있다. 대체로 세미 라우터 매시턴과 비슷한 원리인데, 칼날이 회전할 뿐만 아니라 위아래로도 움직이면서 더 잘 저어줄 수 있도록 설계돼 있다.

조금 옆으로 고개를 돌려보니 버튼이 보였다. M은 매시의 약자로 보이고, 번호순으로 공정이 이어지는 것으로 이해할 수 있다.

M3003 GRIST CONVEYOR
M3005 MASHING MACHINE

또 벽면의 게시판에는 체크 리스트가 굵은 글씨로 붙어 있었다.

1. 콘덴서 펌프를 멈출 때는 안쪽과 바깥쪽 밸브의 스위치를 끌 것.
2. 댐 워터 필터는 한 주에 한 번은 깨끗이 청소할 것.
3. 한 주에 한 번은 워터 파이프를 강한 수압으로 청소할 것.
4. 매번 매시턴을 청소할 때는 하단 매시 배수 필터까지 깨끗이 청소할 것.
5. 에일 필터는 2주에 한 번 청소할 것.
6. 듀티 펌프는 3주간 펌프를 가동하며 여분을 1주 단위로 준비할 것.

이어서 7번 워시백Washback(발효조)이 있는 발효실로 이동했다. 아드벡의 발효조는 여전히 오리건 파인트리로 만든, 전통적인 목조 발

아드벡 증류소의 발효실.

효조를 사용하고 있다. 당화 과정이 끝난 당화액(스코틀랜드에서는 이를 워트wort라고 한다)은 이 발효조로 옮긴 뒤 효모를 넣고 발효시킨다. 효모가 당분을 먹어치우면서 알코올과 이산화탄소를 토해내는 과정이 발효다. 발효를 마친 발효액을 워시wash라고 하는데, 워시는 보통 알코올 도수가 약 7~8도다. 워시를 크루드 맥주crude beer 혹은 맥아 맥주라고 부르기도 한다.

우리는 여러 발효조의 뚜껑을 열어 깊고 어두운 발효조 내부를 손전등으로 비추면서 발효 시간에 따라 달라지는 워시의 상태를 확인했다. 어떤 발효조는 보글보글 하얗게 거품이 올라왔고, 어떤 발효조는 잠잠했다. 발효조 안에서 신선한 알코올 향기를 맡고 있자니 점점 술이 고파졌다. 연신 구수한 냄새가 올라오는 발효조 앞에서 예외 없이 아드벡 위스키를 한 잔 맛보고, 곧 증류실로 이동했다.

가장 강력한 팬덤을 가진 위스키 증류소

증류실은 특히 열기 때문에 엄청 뜨거운데 갓 증류된 뉴메이크 특유의 향기 또한 엄청나다. 증류실 2층에서 테이스팅할 위스키를 받아서 함께 1층으로 내려갔다. 포사이스 사의 증류기를 살펴보고 설명을 듣기에는 증류실이 너무 더웠다. 그 열기 속에서 위스키를 맛보는 일은 아무리 위스키를 사랑한다고 해도 쉽지 않았다. 이때 1층의 거대한 창문이 마법처럼 열렸다. 이 창문은 증류를 마치고 난 뜨거운 증류기를 식히기 위한 용도로 사용된다. 벽 하나가 뻥 뚫린 듯 시원하게 불어닥치는 아일라의 바닷바람을 온몸으로 맞으며 위스

아드벡 증류소의 증류실에서 진행된 테이스팅.

아드벡 증류소의 증류실.

키를 맛보니 운동 후에 마시는 차가운 위스키 하이볼과는 또 다른 시원함이 느껴졌다. 이 시간의 온도와 바람의 촉감까지 아직도 생생하게 떠오른다.

예전에 스코틀랜드에서는 일반인을 대상으로 하는 증류소 투어 프로그램이 없었다. 생산 시설에 소비자들이 방문하는 일은 증류소로서는 여간 번거로운 일이 아니었을 것이다. 그러나 재키 톰슨Jackie Thomson은 아드벡 증류소가 경쟁력을 갖기 위해서는 팬들과 더 많이 소통할 필요가 있다고 주장했다. 그래서 1998년 아드벡 증류소 방문자 센터를 오픈하고, 다양한 감각으로 아드벡 증류소를 체험할 수 있는 증류소 투어 프로그램을 기획했다. 아드벡 커미티라는 일종의 팬클럽을 만들어 팬들과 함께하는 이벤트도 지속적으로 운영했다. 그 결과 지금 아드벡은 가장 강력한 팬덤을 지닌 증류소로 성장했다. 재키 톰슨이 있었기에 현재의 아드벡이 있는 것이다. 그녀는 현역으로 아드벡 증류소 방문자 센터의 매니저이자 아드벡 커미티Ardbeg Committee의 의장을 맡고 있다.

이제 증류소의 하이라이트인 3번 숙성고로 이동했다. 우리는 모두 쿰쿰한 숙성고에서 갓 뽑아낸 아드벡 원액을 맛보았다. 22년간 세컨드 필 버번 배럴에서 숙성한 위스키 원액과 10년간 만자닐라 셰리 벗에서 숙성한 위스키, 11년간 세컨드 필 올로로소 셰리 벗에서 숙성한 위스키 등 총 세 종류의 위스키를 맛볼 수 있었다. 초콜릿과 연어 카나페의 푸드 페어링으로 함께 즐겼다. 아드벡 증류소의 오크통 중에서 버번 캐스크는 미국에서, 여타의 캐스크는 스페이사이드

1 아드벡 증류소의 숙성고.

2 숙성고에서 진행된 테이스팅.

쿠퍼리지에서 공수한다. 버번 캐스크의 경우는 2회까지 사용한다고 한다.

그렇게 투어를 마치고, 증류소 숍으로 왔다. 투어를 진행한 매니저가 입고 있던 우비가 투어 중에도 내내 눈에 띄었는데, 마침 숍에서 딱 보이기에 바로 장만했다. 나중에 알고 보니 이 우비는 여러 행사에서 재키 톰슨이 자주 입는 우비였다. 스코틀랜드에도 비가 자주 내리기 때문에 이후 증류소 투어에서도 매우 유용했다. 입어보니 정말 편하고 튼튼하고 무엇보다 예뻤다. 뉴욕에서 패션 비즈니스를 전공한 보경 언니는 내가 입은 우비를 스윽 보더니 "이거 레인즈RAINS네"라고 했다. 예쁜 데다가 기능성도 좋은 우비 브랜드로 유명하다고 했다.

스코틀랜드 증류소 투어를 마치고 런던으로 돌아간 날, 굳이 레인즈 매장을 방문해 엄마 선물로 우비를 하나 더 구매했다. 엄마는 비가 오는 날마다 이 우비를 입고 동네 산책 겸 운동을 하는데 만나는 사람마다 어디서 우비를 샀냐는 질문을 받는다며, 지금까지도 선물에 대한 칭찬을 받고 있다.

술맛 나는 아드벡 증류소 투어는
〈여행의 끝, 위스키〉 유튜브 채널에서 감상할 수 있다.

餘談 2

팬들과의 뜨거운 소통, 아드벡 데이 이야기

내게는 좋은 위스키 지음知音이 있다. 비슷한 시기에 위스키의 매력에 빠진 또래의 친구들이다. 그들과 자유로이 위스키에 대한 경험을 나누는 일은 언제나 즐겁다. 대단한 목적이나 목표 없이 '순수한 마음'으로 술을 대하는 이 마음. 대영과 재문은 바로 그런 친구들이다. 이들과 교류한 지도 어느덧 십 년이 되어간다. 그사이 친구들은 결혼을 했고, 이제는 부부 동반으로 함께 만난다. 나는 단짝 준영과 함께.

이미 아일라를 여러 차례 다녀온 재문이 들려주는 아드벡 증류소 이야기는 언제 들어도 흥미진진했다. 2019년 봄 아드벡 데이를 맞이해 우리도 함께 기념하면 어떻겠냐고 재문이 이야기를 꺼냈다. 아드벡 데이는 아일라 페스티벌을 기념하면서 2012년에 시작됐다. 아일라 페스티벌의 정점을 장식하며 6월 첫 주 토요일에 열린다. 아드벡 데이는 아드벡을 사랑하는 아드벡 커미티 회원들이 함께 모여 위스키를 즐기는 행사다. 매년 아드벡에서는 아드벡 데이를 맞이해 한정판 위스키를 출시하기 때문에 팬들은 설레는 마음으로 이때를 기다린다.

2019년에 우리는 함께 아드벡 데이를 준비해보기로 했다. 추진력이 강한 재문은 연희동 집 근처의 카페를 대관했다. 위스키 칼럼을 쓰는 대영은 '위스키러브'라는 페이스북 커뮤니티를 운영하는데 이곳에서 아드벡을 좋아하는 사람들을 모았다. 나의 역할은 아드벡 데이 백일장 운영과 공간 연출이었다. 브랜드의 특별한 비용 지원 없이 자발적으로 시작한 행사라서 예산은 빠듯했다. 최대한 비용을 절약하기 위해 A4 용지에 아드벡 데이 포스터를 출력하고 벽면에 가득 붙였다. 그리고 각자 소장하고 있던 아드벡 위스키 컬렉션을 진열했다. 제법 행사장 태가 났다.

테이스팅할 아드벡 코어 레인지와 더불어 아드벡 데이 한정판 보틀을 오픈했다. 특별히 커미티 회원을 위한 스페셜 보틀까지 준비했다. 재문이 아드벡에서 공수해 온 피트를 야외에서 태워 글라스에 연기를 담아 시향하는 이벤트로 오감이 자극되었다. 한 시간에 세 가지 종류의 위스키를 마시면서 총 3시간 동안 아홉 종류의 아드벡 위스키를 테이스팅하는 것이 주요 순서였다. 그사이 테이스팅 노트도 나누고, 작은 아드벡 백일장도 진행했다. 준비해 간 원고지에 아드벡 삼행시를 짓고, 스케치북에 그림도 그렸다.

아~
드루간다
벡날 마셔도 최고!

아, 정말
드럼(2019년 아드벡 데이 한정판 보틀)은
벡 점!

2019년 연희동에서 진행한 아드벡 데이.

수상작들에 남은 위스키 보틀을 경품으로 제공했다. 아드벡 브랜드를 한국에 수입하는 모엣 헤네시 코리아에서 아드벡 위스키와 우산 등 경품을 지원해준 덕분에 즐겁고 풍성하게 백일장 행사를 치를 수 있었다. 그날 2차로 함께했던 친구들과는 여전히 연락하고 지낸다.

이후 팬데믹이 시작되어 대규모로 모이기가 어려워졌다. 2020년 아드벡 데이에는 나의 두 번째 작업실 상상헌에서 아드벡 블랙Ardbeg BlaaaaacK Committee Release을 맛보며 친구들과 소규모로 모여 기념했다. 그

1 2020년 상상헌에서 맞이한 아드벡 데이.

2 2022년 보연정에서 진행한 아드벡 데이.

리고 엔데믹이 시작된 2022년에는 세 번째 작업실인 보연정에서 아드벡 데이를 맞이했다.

그리고 올해 2023년 모엣 헤네시 코리아에서 한 통의 전화가 걸려왔다.

"이번에는 아드벡 데이를 한국에서 공식적으로 진행하려고 합니다."

"반가운 소식이네요! 무엇을 도와드리면 될까요?"

아드벡 브랜드를 담당하는 현리 매니저와 보연정 작업실에서 만나, 한국의 아드벡 팬들에 대한 이야기를 나누며 행사의 진행 방향을 논의했다. 마침 보연정이 있는 남영동에 위치한 유용욱바베큐연구소에서 아드벡 푸드 페어링으로 바비큐를 준비해줄 예정이라고 했다. 미슐랭 3스타 레스토랑보다 예약이 힘든 곳이라서 나 역시 무척 기대됐다. 아드벡 증류소 내부에 있는 바에서 일 년 동안 바텐더로 근무한 오수민 씨에게 증류소 이야기도 듣기로 했다.

2023년 아드벡 데이는 6월 첫째 주 토요일인 6월 3일에 아드벡 증류소에서 진행되었다. 이어서 미국에서는 6월 10일, 한국에서는 6월 17일 토요일에 성수동에서 개최되었다. 한국에서 드디어 공식적으로 아드벡 데이가 열리니, 감회가 새로웠다. 이날 진행을 맡게 되어 2023년 아드벡 데이 한정 위스키인 아드벡 헤비 베이퍼스Ardbeg Heavy Vapours를 포함해 네 종류의 위스키 테이스팅과 함께 증류소 방문기를 소개했다.

성수동의 아드벡 데이 행사장은 코믹북 스타일의 디스플레이가 인상적이었다. 아드벡은 2022년에 런칭한 플래닛 아드벡Planet Ardbeg 만화

2023년 성수동에서 개최된 아드벡 데이 행사.

책에 이어 계속해서 만화 시리즈를 소개하고 있다. 2023년에는 아드벡 헤비 베이퍼스 리미티드 에디션에서 영감을 받아 새로운 시리즈가 공개됐다. 영국을 기반으로 활동하는 만화가이자 일러스트레이터인 딜라지 만Dilraj Mann이 플래닛 아드벡 시리즈의 최신 버전을 완성했다. 보틀의 일러스트 또한 플래닛 아드벡의 이번 시리즈를 그린 딜라지 만이 그렸다. 그는 인디 만화계에서 떠오르는 샛별로 맥킨지 등 다양한 회사에서 프리랜서 일러스트레이터로 활동하고 있다. 2022년 플래닛 아드벡 만화는 론 윔벌리Ron Wimberly가 그렸는데 그가 적극적으로 추천한 작가라고 한다. 참고로 플래닛 아드벡 만화책은 아드벡 웹 사이트에서 내용을 볼 수 있고 실제 책은 증류소에서 구매할 수 있다.

이번 에피소드는 에이전트 46이 행성을 넘나들며 신비스러운 정화기purifier를 찾아 아드벡의 시그니처인 균형감을 되찾는 임무를 그려내

아드벡 우비를 입고 행사를 진행하는 모습.

고 있다. 에이전트 46의 캐릭터는 아드벡 방문자 센터의 매니저이자 커머티 의장인 재키 톰슨을 모델로 했다. 이날 나는 재키 톰슨이 늘 입는 아드벡 우비를 입고 아드벡 데이의 사회를 보았다.

2023년의 아드벡 데이 위스키인 헤비 베이퍼스는 위스키를 담은 잔을 빛에 비추면 수색이 밝은 지푸라기 색 정도로 보인다. 잔을 스월링하고 향기를 맡으면 강렬한 스모키함과 당도에 압도된다. 동시에 농가의 독특한 향취가 느껴지는데, 빌 럼스덴Bill Lumsden 박사는 '농가의 향취farmyard scent'라고 표현했다. 한 모금 맛보면 길들여지지 않은 듯한 아드벡의 탁한 석탄재와 카다멈, 페퍼민트, 분쇄한 커피 가루가 아지랑이처럼 올라온다. 기존의 아드벡에서 주로 발견되는 과일과 꽃향이 가려져 있다. 숨을 깊이 들이마셨다가 내뱉어보면 여운이 엄청 강렬해서 마취된 듯 얼얼한 기분이 든다.

2023년 아드벡 데이 행사.

아드벡의 디렉터 빌 럼스덴 박사는 이렇게 말했다.

> 정화기를 사용하지 않은 것은 아드벡으로서는 전례 없는 일입니다. 이렇게 독특한 방식으로 증류하면 기존에 우리가 사랑하는 아드벡과 어떻게 풍미가 달라지는지 확인하는 실험을 늘 해보고 싶었습니다.

스코틀랜드에서는 보통 2회 증류를 진행한다. 아드벡 증류소에서는 2차 증류 시 증류기 넥neck을 타고 올라간 기체가 정화기를 거쳐 라인암을 통과해 냉각기로 향한다. 이때 정화기가 환류를 촉진시키는 역할을 한다. 부연하자면, 기화된 증류액이 구리로 된 증류기에 부딪히면서 황 같은 악취를 제거하고, 동시에 무거운 성분은 가라앉고 가벼운 성분은 기화되어 다시 올라가 냉각기를 통과해 액화되는 것이다.

일반적인 아드벡 증류소의 피트 위스키는 강렬한 스모키함 뒤에 과실과 꽃향이 느껴지는 게 특징이다. 바로 이 정화기 덕분에 아드벡 특유의 밸런스가 완성되는 것이다. 그러면 정화기 없이 증류한 이 위스키는 어떻게 해석하면 좋을까?

아드벡 헤비 베이퍼스는 숙성 연수 미표기 제품으로, 클래식 아드벡 캐스크인 버번 캐스크에서 숙성되었다. 정화기 없이 증류한 아드벡의 첫 위스키다. 이 실험적인 위스키의 대척점에 있는 것이 바로 '아드벡 10년'이다. 버번 캐스크에서 10년간 숙성된 '아드벡 10년'을 헤비 베이퍼스와 비교해서 맛보면, 정화기가 아드벡 특유의 밸런스를 얼마나 잘 보여주는지를 이해할 수 있다. 아드벡은 강렬한 스모키함 뒤에 아몬드, 몰트, 배의 시원한 향미가 매력적이다. 크리미한 카푸치노 맛도 아드벡의 우아하고 멋스러운 특징이다. 여기에서 강렬한 피트와 꽃향기, 과실감 사이에서 균형 잡힌 향기를 이끌어내는 정화기의 역할을 알아차릴 수 있게 된다.

또한 '아드벡 위비스티'를 맛보면, 오크통 숙성 기간에 따른 효과를 이해하는 데 도움이 된다. 위비스티Weebeastie는 '위스키는 작은 괴물'이라는 뜻이다. 습지가 많은 스코틀랜드의 하일랜드와 웨스트 코스트 습지에서 극성을 부리는 미지Midge(깔따구) 떼의 매운 맛을 빗댄 네이밍이다. 스코틀랜드의 라세이 증류소에서 근무하고 있는 디스틸러 이세기 씨의 말에 따르면, 요즘 같은 날은 날씨는 너무 좋은데 미지가 너무 많아서 골머리를 앓는다고 한다. 이 작은 녀석이 모기처럼 무는데 엄청 따끔하고 가렵다는 것이다. 아드벡에서는 5년 동안 짧게 숙성된 위비스티를 이 미지에 비유했다. 아마도 짧은 숙성 연수로 인해 대담한 스모키함을 느낄 수 있기에 매콤한 작은 녀석이라는 의미로 붙인 이름이었을 것이다. 피티드 몰트 위스키의 페놀 수치는 숙성 기간이 길어질수록 반감되는 경향이 있는데, 그러한 점을 느끼기에 좋은 교보재가 오늘의 위스키, 헤비 베이퍼스다. 아드벡 10년, 아드벡 위비스티, 그리고 헤비 베이퍼스 순으로 맛보면 짧은 숙성 기간이 주는 강렬한 피트감을 느낄 수 있다.

2023년 아드벡 데이에는 헤비 베이퍼스의 푸드 페어링으로 유용욱 소장님의 바비큐를 드디어 맛볼 수 있었다. 스모키한 위스키와 달콤한 육향의 조합은 언제나 매력적이다. 비프 립과 풀드포크 햄버거가 아드

헤비 베이퍼스의 푸드 페어링으로 제공된 유용욱 소장님의 바비큐.

벡과 멋지게 어울렸다. 하지만 이 메뉴는 쉽게 맛볼 수 없기에 대체제로 버거킹의 더블치즈 와퍼를 추천해본다.

이어서 오수민 씨가 스코틀랜드 전통 의상인 킬트를 입고, 아드벡 증류소에서 보낸 360일을 소개했다. 아일라 섬은 위스키 러버들이 일생에 꼭 한 번 방문해야 하는 곳이 아니라 살아봐야 하는 곳이라는 말이 인상에 깊이 남았다. 내년에는 또 어떤 아드벡 데이가 펼쳐질지 벌써부터 기대된다.

아드벡 공식 웹 사이트 가입을 통해 아드벡 커미티 회원이 되면 가장 먼저 아드벡의 소식을 받을 수 있다. 아드벡은 커미티 회원들에 한해 한정판 위스키를 우선 구매할 수 있도록 안내하기 때문에 미리 준비해두면 요긴하다. 팬들과 꾸준히 뉴스레터로 소통하면서 커뮤니티를 공고히 하는 것이 아드벡의 인기 비결 중 하나다.

Laphroaig

라프로익 증류소

뜨거운 커피와 스모키한 위스키의 찰떡궁합

나의 첫 몰트 위스키

라프로익은 나의 첫 몰트 위스키다. 라프로익 위스키 특유의 짙은 페놀 냄새는 병원을 떠올리게 한다. 누군가에겐 병원은 아플 때 가는 끔찍한 공간일 수 있지만 내게는 어린 시절의 놀이터 같은 공간이었다. 라프로익은 당시 모란에서 개업한 아빠의 첫 병원을 떠올리게 한다. 초등학교에 입학하기 전이었는데, 종종 엄마 손을 잡고 병원에 놀러 갔었다.

내과와 소아과 진료를 함께 보던 아빠의 병원에는 아이들을 위한 시소와 미끄럼틀, 동화책이 있었다. 미끄럼틀을 수십 번 타고 나서 간호사 언니들에게 달려가면 야쿠르트에 빨대를 꽂아주었다. 당시 엄마는 건강식 위주로 챙겨주었기에 집에서는 간식을 얻어먹을 수 없었다. 어린 내가 좋아하는 공간은 간식을 맘껏 먹을 수 있는 아빠의 병원이었다. 라프로익의 향을 맡으면, 그때의 병원을 떠올리게 해 마음을 진정시키는 효과가 있다. 어찌 보면 그 작은 경험들이 모여 오늘의 이곳 아일라 섬까지 이끌리게 된 것은 아닐까.

라프로익의 강력한 페놀 향의 근원

라프로익 증류소 투어는 역사관에서 시작되었다. 17세기부터 19세기 중반까지 캠벨Campbell 가문이 아일라 섬의 주인이었다. 캠벨 가문의 소작농이던 존스턴 형제는 1815년부터 위스키를 만들기 시작했다. 이후 1908년에 창업자인 도널드 존스턴Donald Johnston의 증손자인 이언 헌터Ian Hunter가 디스틸러리 매니저가 되었다. 그런데 당시 라프로익의 수원지인 킬브라이드Kilbride 샘물의 물길을 피터 매키Peter Mackie●가 끊어버리는 사건이 발생한다. 위스키 유통의 이권을 두고 벌어진 싸움이었다. 이를 두고 소송이 벌어졌는데, 이후 승소한 라프로익은 증류소 주변의 수원지와 연결된 땅을 모두 사들였다.

이언 헌터는 1920년 금주법 시기에 미국에서 라프로익 위스키를 약용으로 포장해 수출 승인을 받는다. 당시 세관 직원이 라프로익의 향을 맡아보고는 약이 맞다고 허가해준 일화는 애호가들 사이에서 꽤 유명하다. 백 년 전 이야기처럼 오늘날 내게도 병원을 떠올리게 하는 것을 보면 라프로익 위스키의 페놀 향이 강력하긴 하다.

굵직한 시대별 라프로익의 이야기를 듣고 나서 우리는 몰트 반으로 이동했다. 시멘트 바닥에 보리가 곱게 펼쳐져 있었다. 건물을 지지하는 흰 기둥이 보리의 컬러와 대조되어 눈에 띄었다. 나이가 지긋한 투어 매니저인 수잔은 갓 싹을 틔운 몰트를 손에 한 움큼 쥐고 설명을 이어나갔다. 오래된 기계 사이로 몰트가 쏟아져 나왔다. 곧이어 건장한 청년 둘이 나와서 직접 플로어 몰팅을 시연했다. 한 명이 수레에 몰트를 가득 채우고 와서 시멘트 바닥에 몰트를 쏟아낸다. 그러면 다른 한 명이 쇠갈퀴처럼 생긴 그러버grubber와 삽을 이용해 보리를 평평하게 넌다.

이후 싹이 튼 몰트는 건조 과정을 거치는데 이때 라프로익 증류소의 깊은 훈연 향이 완성된다. 이탄으로 몰트를 건조시킬 때 발생하는 연기로 인해 라프로익 고유의 위스키 풍미가 형성되는 것이다. 아일라 섬의 피트 지대는 해조류 퇴적층으로 인해 요오드 함유량이

● 당시 라포로익 옆에 있던 증류소 매키앤드컴퍼니Mackie&Co.의 대표. 매키앤드컴퍼니는 라가불린 증류소의 전신이다.

라프로익 증류소의 플로어 몰팅.

라프로익 증류소의 피트.

많은데, 이로써 형성되는 페놀 화합물 때문에 병원을 떠올릴 만큼 페놀 향이 강하게 느껴지는 것이다.

특유의 진한 훈연 향이 일품인 라프로익 위스키는 현재 자체 플로어 몰팅한 보리와 포트 앨런 몰팅스의 보리를 섞어서 위스키를 만든다고 한다. 약 20퍼센트는 플로어 몰팅을 통해서, 나머지는 포트 엘런의 몰트로 충당한다. 재미있는 것은 두 곳의 피티드 몰트의 페놀 수치가 다르다는 점이다. 플로어 몰팅한 보리는 보통 55ppm 정도이고 구매하는 몰트는 40~45ppm 정도 된다고 한다. 또 하나 흥미로운 점은, 이곳에서 피트를 사용할 때는 건조보다 훈연이 주목적이기 때문에 '수분'이 있는 것을 사용한다는 것이다. 수분을 품고 있는 피트라니, 생각도 해보지 못한 지점이다. 이러한 디테일한 설명을 들으면 너무 신난다! 라프로익에서는 12시간 동안 피트 연기를 몰트에 충분히 입힌 뒤 20시간 동안 몰트를 건조한다.

디테일하게 공정을 살펴보는 재미

스코틀랜드에서도 몰팅을 직접 하는 증류소는 찾아보기 어렵다. 대부분은 외부의 몰트 회사에서 공급받기 때문이다. 증류소가 직접 몰팅을 하는지 여부는 증류소의 지붕인 파고다를 보면 알 수 있다. 몰트를 건조하면서 발생하는 연기는 지붕의 틈새로 빠져나가는데, 라프로익에서 꼭 보아야 하는 것이 바로 파고다에서 흘러나오는 연기다.

이어서 다른 건물로 이동해 당화와 발효 공정을 살펴보았다. 라프로익에서도 3단계에 걸쳐 용수를 투입하는 일반적인 당화 과정을 거친다. 그다음에는 8개의 발효조에서 발효가 진행되는데, 최근에는 발효 시간을 늘려서 72시간 동안 진행한다고 한다.

한쪽 벽면에는 발효 과정을 볼 수 있는 오래된 파란색 모니터와 각종 버튼들이 눈에 들어왔다. 공정의 진행 상황을 알려주는 계기판을 자세히 살펴보면 증류소의 파이프 흐름을 이해하는 데 도움이 된다. 그 옆에 작은 모니터에는 빔Beam이라는 글자가 보였다. 빔 산토리의 '빔'이었다. 증류소는 위스키의 향기처럼 아름답고 낭만적인 공간만은 아니다. 생산 공장이기 때문에 내부 공간이 어쩔 수 없이 소음으로 가득할 수밖에 없다. 디스틸러의 귀를 보호하기 위한 이어플러그 통이 계기판 옆 벽면에 보였다.

이후에는 라프로익 증류실로 이동했다. 나는 기능적인 부분을 떠나 날렵하고 곡선이 아름다운 라프로익의 증류기를 좋아한다. 라프로익의 증류기를 보면, 균형 잡히고 다리가 긴 조정 선수의 신체를 보는 듯한 기분이 든다. 라프로익은 1차 증류기가 3대, 2차 증류기가 4대 있다. 보통 1:1 매칭을 하거나 1:2 매칭을 하는 것이 일반적인데 이곳의 구성은 조금 특이했다. 2차 증류기 중 한대는 9,400리터, 나머지 3대는 4,700리터로 차이가 났는데, 최근에 생산량을 늘리기 위해 증설했다고 했다.

드디어 숙성고로 향했다. 투어 매니저 수잔이 직접 발린치로 오크통에서 위스키 원액을 뽑아냈다. 네 가지 원액을 함께 테이스팅하고 마음에 드는 한 가지를 100ml 플라스크에 담아 갈 수 있다. 테이

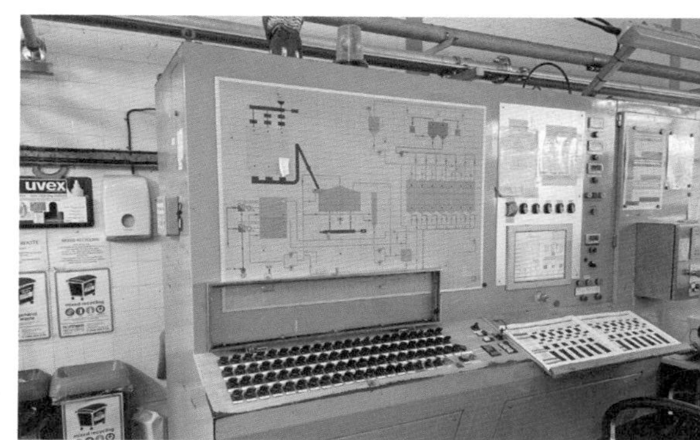

1 라프로익 증류소의 당화실 모니터.

2·3 1차 증류기와 증류실.

4 2차 증류기.

라프로익 증류소의 숙성고.

스팅을 하면서 얼굴이 빨갛게 달아올랐다. 뜨거운 증류기 옆을 지나 숙성고로 들어와서 물이 섞이지 않은 캐스크 스트렝스 위스키를 마신 탓에 열기가 올라온 듯했다. 마음에 들었던 PX 캐스크에서 숙성된 라프로익을 병입하는 장면을 담고 싶었는데 깔때기도 들고, 위스키병도 들고, 플라스크도 잡기에는 손이 부족했다. 함께 투어한 아저씨들이 그런 마음을 읽었는지 씩 웃더니 여기에 서보라고 하면서 휴대폰을 달라고 했다. 나중에 보니 센스 넘치게 동영상으로 이 장면을 담아주었다. 고마워요! 아저씨들.

뜨거운 커피와 찰떡궁합 위스키

투어를 마치고 라프로익 라운지로 왔다. 이곳에 들어오니, 위스키보다 커피 향이 가득했다. 위스키에 진심인 사람들이 술도 깨고, 추운 날씨에 몸도 녹일 수 있도록 커피를 무료로 제공하고 있었다. 라프로익을 상징하는 체크무늬로 된 테이블보가 깔린 곳에 자리를 잡았다. 그리고 머그잔에 뜨거운 커피를 담아 왔다. 위스키 팬이 분명한 할아버지들과 같은 테이블에 앉았다. 한 분이 내게 물었다.

"혹시 이곳 와이파이 비밀번호 알아요?"

"라프로익이에요."

철자를 적던 할아버지가 옆 친구에게 속삭였다.

"매번 라프로익은 스펠링이 헷갈리더라. a가 어디에 들어가지?"

"L-A-P-H-R-O-A-I-G."

"그래. AIG였어!"

라프로익 증류소의 라운지와 방문자 센터.

재미있는 것은 1846년 〈뉴욕 모닝 쿠리어New York Morning Courier〉에 Laphroaig가 a가 빠진 Laphroig로 소개되었다는 사실이다. 역시나 항상 헷갈리는 철자다.

라프로익은 증류소 내부보다 바다에 맞닿아 있는 외부 경치가 더 좋다. 이곳에서 시가를 한 대 태우면서 라프로익 PX 캐스크를 맛보면 더 좋을 텐데 비가 흩뿌리기 시작했다. 좀 더 시간을 보내고 싶었지만, 아일라의 마지막 날이라 다음을 기약하며 아쉬움을 뒤로하고 몸을 움직였다. 앞으로는 라프로익을 한 잔 맛보면 이 뜨거운 커피가 생각날 것 같다.

餘談 3

교회와 위스키

아일라 섬 남쪽 해안에 모여 있는 아드벡, 라가불린, 라프로익, 이 세 곳을 통틀어 킬달튼Kildalton 증류소라고 부른다. 이 지역에 킬달튼 교회가 있었기 때문이라고 한다.

이번 아일라 방문에서 드디어 킬달튼 교회 터를 방문했다. 2020년 어느 일요일 오후, 상상헌에서 '교회와 위스키'라는 경건한 테마로 현재 스코틀랜드에서 디스틸러로 활약하고 있는 정성운 씨를 초대했던 행사가 떠올랐다. 킬달튼 증류소의 세 가지 위스키를 테이스팅하고 위스키 스터디도 진행하면서 스코틀랜드에서 유학한 그의 경험담을 들었던 것이 엊그제 같은데, 바로 그 현장에 와 있는 것이 신기했다.

바람이 부는 들판과 언덕을 지나 킬달튼에 도착하니 영적인 기운이 아주 강하게 느껴졌다. 이번 아일라 일정은 아드벡 증류소 근처에서 유년 시절을 보낸 운전기사 짐 덕분에 풍성하게 즐길 수 있었는데, 이곳 킬달튼을 감상하는 포인트도 제대로 짚어주었다. 그는 돌담을 넘어서 교회로 들어가 소 울음소리를 듣고, 이곳의 바람을 온몸으로 느끼면서 시작해야 한다고 했다. 그의 손을 잡고 언덕을 올라 돌담을 넘었다. 내가 온 것을 환영이라도 하듯 바람이 더욱 세게 불었다. 만화경을 돌리면 계속 새로운 모습이 나타나는 것처럼 돌벽 사이사이에 있는 구멍으로 킬달튼을 감상하니 무덤과 커다란 돌에 섬세하게 조각된 켈틱 십자가와 야생 풀꽃이 시시각각 다른 모습으로 시야에 들어왔다.

오늘날 아일라 섬의 평온함은 그들의 투쟁의 역사에서 시작되었다는, 이곳 유적에 대한 안내문을 읽었다. 조금 더 걷다 보니 마침 멀리서 들리는 소 울음소리가 사무친 그리움처럼 들려왔다. 천장이 뚫려 있는 교회 터를 통과하는 바람과 소 울음소리는 말로 설명하기 어려운 감정의 회오리 속으로 나를 몰아넣었다.

킬달튼이라는 단어의 Kil은 게일어로 교회를 의미한다. 아일라 북서쪽에는 킬호만Kilhoman이라는 증류소가 있는데, 호만 교회로 번역할 수 있다. 예전에 켈틱 성자인 코만Comman이 6세기경 이 지역에 교회를 세웠다고 추정하고 있다. 여기에도 킬달튼처럼 킬호만 크로스Kilhoman

현재 남아 있는 킬달튼 크로스의 모습.

Cross라는 14세기경에 조성된 옛 십자가 터가 있다.

또 아일라 인근의 섬인 캠벨타운에는 글렌가일Glengyle 증류소에서 생산하는 킬커란Kilkerran이라는 위스키가 있다. 상표권 이슈로 글렌가일이라는 이름을 위스키 브랜드명으로 사용하기가 어려워, 지역의 역사를 나타낼 수 있는 킬커란 교회의 이름을 따서 붙인 것이다. 한편 여기 킬달튼 증류소 중 하나인 아드벡 증류소에서는 킬달튼이라는 이름의 한정판 위스키를 2014년에 출시한 바 있다.

교회라는 종교적 장소 역시, 삶의 한 부분이기에 지역의 역사와 더불어 오랜 시간 지역민의 삶과 함께 해왔다. 현재 싱글몰트 위스키를 만드는 증류소들은 지명에서 이름을 따온 경우가 대다수이기 때문에 증류소에 옛 교회의 이름을 붙이는 것 역시 자연스러운 일이었다. 이 매서운 바람과 파도가 치는 대자연 앞에서 인간은 한없이 작은 존재이기 때문에 신에게 기대는 행위는 어찌 보면 당연한지도 모르겠다.

"보연, 이제 가야 해."

짐의 재촉에 감정을 추스르고 다시 차에 올랐다.

Clydeside
클라이드사이드 증류소

증류소와 관광 산업, 도시형 증류소

한국인 최초의 스코틀랜드 증류소 디스틸러 정성운

서울의 한강처럼 글래스고에는 클라이드 강River Clyde이 있다. 오늘은 숙소에서 조금 일찍 나와 클라이드 강까지 걸어가보기로 했다. 글래스고 센트럴 역을 시작으로 30~40분간 도시를 구경하며 걷기에 딱 좋은 거리다. 구글맵에 의존해 걷다 보니 각종 전시회 및 정상회의가 열리는 대단한 규모의 SECScottish Event Campus 건물이 나왔고, 저 멀리 클라이드 강이 보였다. 강변을 따라 조금 더 걸어가니 BBC 방송국 건물이 나타나고, 그 끝에 정박선들이 눈에 들어왔다.

산책을 마치고 클라이드 강 끝자락에 있는 클라이드사이드 증류소에 도착했다. 오늘은 이곳에서 근무하는 한국인 디스틸러 정성운 씨를 만날 예정이다. 그는 커리어가 매우 독특하다. 서울대학교에서 사회학을 전공하고, 다른 분야에서 일하다가 위스키의 매력에 푹 빠져서 이후 양조와 증류로 가장 정평이 나 있는 헤리엇와트 대학교에서 석사 과정을 마쳤다. 현재는 한국인 최초로 스코틀랜드 증류소에서 근무하고 있다.

석사 과정 이후 그는 한국으로 돌아와 서울의 맥주 양조장에서 근무했는데, 그 시절에 내가 기획한 위스키 세션에 그를 초대하면서 처음 만났다. 그 뒤로 정성운 씨는 나의 훌륭한 위스키 스승이 되었고, 요즘도 종종 그가 여는 위스키 웹 세미나에 참여한다. 일요일 오후에 서너 시간 진행되는 세미나를 통해 생산자 관점에서 본 증류 프로세스와 논문을 리뷰하는 시간은 참으로 귀하다. 책을 읽다가 막히거나 증류소를 방문해서 모르는 것이 있으면 메일과 DM을 보내 그에게 묻곤 한다. 명석하고 자상한 스승께 늘 감사한 마음을 가지고 있다.

이번에 스코틀랜드를 방문하면서 오랜만에 인사를 전하고 싶었다. 주말이라 쉬는 날인데도 선뜻 증류소 투어를 시켜주겠다고 해서 무척 고마웠다. 그것도 무려 한국어로 말이다.

"성운 씨! 여기서 만나니 더 반가운데요?"

"잘 지내셨어요? 글래스고는 언제 도착했어요?"

인스타그램으로 종종 소식을 접하고 있기에 오랜만이지만 낯설지는 않았다. 근황 토크는 잠시 미뤄두고 증류소부터 둘러보기로 했다. 증류소의 생산 시설로 가는 길에 숍에서 일하는 직원을 만났다.

"이분은 저희 투어 매니저 캐리 앤 존스Carrie-Anne Jones예요. 투어도 이끌고 종종 외부에서 위스키 강연과 테이스팅 세션을 진행하는 분이에요."

"안녕하세요. 처음 뵙겠습니다. 투어를 진행하신다고 들었는데, 보통 투어는 하루에 몇 번, 몇 시에 진행되나요?"

"오전 10시부터 오후 4시까지 매시간 투어를 진행하고 있어요."

"와, 엄청 촘촘하게 진행되는군요!"

"맞아요! 많이들 방문하시니까요. 최대한 여러 타임을 운영하고 있어요. 두 분은 그럼 이번 타임 투어 앞에 이동하실 거예요? 아니면 뒤에?"

"저희는 투어가 진행되면, 그 이후에 뒤따라서 이동할게요."

한국어로 진행된 프라이빗 투어

캐리와 헤어지고 나서 성운 씨의 프라이빗 투어가 시작되었다.

"그럼 설비를 둘러보기 전에 간단히 클라이드사이드 증류소의 역사를 소개할게요. 이곳은 모리슨 보모어로 유명한, 모리슨 가문에서 운영하는 곳이에요."

아일라 섬에 있는 보모어 증류소는 지금도 유명하지만, 모리슨가에서 운영하던 시절의 갈매기가 그려진 보틀이 애호가들 사이에서 인기가 많다. 1963년에 위스키 브로커인 스탠리 모리슨Stanley P. Morrison이 보모어 증류소를 매입했는데, 그는 당시에 보모어, 오켄토션, 글렌기어리 등 여러 증류소를 운영했다. 이후 모리슨은 산토리에 증류소를 매각하고 A. D. 래트레이A. D. Rattray 독립 병입 회사를 운영하고 있다. 현재 모리슨 가문의 비즈니스는 아들인 팀 모리슨Tim Morrison으로 이어지고 있다. 이곳 로랜드에 위치한 클라이드사이드 증류소는 2017년에 설립했고, 2021년에 그들의 첫 번째 싱글몰트 위스키가 세상에 나왔다.

"왜 이곳 클라이드사이드에서 시작했나요? 파격적인 도전 같은데요?"

"글래스고는 스코틀랜드에서 두 번째로 큰 도시여서 방문객이 많아요. 도시에 위스키 증류소를 설립하면서 새로운 스타일의 위스키를 소개하고 더불어 관광 상품으로 기능하도록 기획된 거죠."

도시 한가운데에 있는 멋진 증류소 건물에서 여전히 건재한 모리슨의 자신감이 느껴졌다. 클라이드사이드 증류소는 오래된 항구의 건물을 그대로 활용해 증류소를 세웠다. 클라이드 강이 바로 보이는 통유리로 된 증류실이 특히 매력적이다.

"현재 클라이드사이드 증류소가 있는 공간은 예전에 선박 물류 창고였어요. 당시 다양한 물건들이 이곳에 보관되었는데, 위스키의 주재료인 몰트와 오크통들이 선적되던 곳이었죠."

한 벽면에는 이곳의 역사를 살펴볼 수 있는 흑백 사진들이 걸려 있었다. 이 부지는 모리슨 가에서 경매를 통해 낙찰 받아 구매했다. 현재는 사라진 이곳의 수문이 당시 모리슨 회장의 할아버지가 설계했다는 점이 특별했다. 모리슨 가의 헤리티지가 다시금 이어지고 있다는 점이 흥미로웠다.

"지도에서 보니까 바로 바다와 연결되더라고요. 그럼 여기를 바다로 봐야 하는 거예요? 아니면 강으로 보는 게 맞나요?"

"여긴 강이에요, 클라이드 강. 바다까지는 차로 20분쯤 걸려요."

"강가를 걸으면서 보니까 꽤 깊어 보이더군요."

"맞아요. 수심이 깊어서 크루즈도 운행해요. 조선소도 두 군데 있고요."

"예전에는 글래스고가 조선소로 유명한 지역이었다고 들었어요. 2000년대 초부터 십 년 전만 하더라도 STX(현재 케이조선)가 조선 분야에서 엄청 선전하고 있을 때라서 글래스고에서는 한국 사람이라고 하면 별로 안 좋아했다는 이야기를 어디서 들은 적이 있어요."

"그랬다고 하더군요. 여기도 현재 배를 만드는 곳의 경기가 썩 좋아 보이진 않아요. 아무래도 배를 만드는 원자재 가격과 유가가 많이 상승하고, 더 빠른 물류 운송 수단이 출현하다 보니 쉽지 않은가 봐요. 그럼 이제 지하로 이동해볼까요? 여기서부터는 생산을 담당하는 직원의 동선이에요."

일반 투어에는 포함되지 않는 공장의 아래층으로 내려갔다. 일반적으로 접근하기 어려운 공간인데, 지하 파이프를 한 번 둘러보고 나면 위스키의 생산 공정에 대한 이해도가 높아질 것이라고 그가 덧붙였다.

"여기는 매시턴이 있는 자리예요. 물탱크가 아래로 길기 때문에 1층과 2층을 통과해 만들어졌어요. 반짝거리는 게 물탱크고요. 여기 무광택의 탱크들 앞에 4개, 뒤에 4개 모두가 발효조예요."

곧게 뻗어 있는 발효조를 따라 고개를 들었다. 아래에서 위를 올려다보니 철망 바닥이 천장으로 보이는 것이 낯설었다.

"보통 증류소를 생각하면, 반짝이는 증류기와 워시백(발효조)의 뚜껑, 이런 것들을 떠올리잖아요. 그런데 실제로 근무하다 보면 이 지하에서 많은 일들이 이루어지더라고요. 익숙해지면 평범한 일이 되지만 펌프들, 열교환기, 밸브들, 이런 것들의 작동법을 일하면서 배우게 됩니다."

"(헤리엇와트) 학교에서 수업할 때는 이런 실질적인 설비에 대한 수업은 없었지요?"

"그렇죠. 이런 것들은 현장에 와야 배울 수 있어요. 그리고 반복해야 익숙해지는 일이지요."

지상에서 본 것과는 달리 증류소의 지하에는 정말 많은 기계와 버튼과 밸브들이 설치돼 있었는데, 보는 것만으로도 압도되었다.

"와, 이거 너무 헷갈릴 것 같은데요. 처음에 적응하고 익숙해지는 일도 보통일이 아닐 것 같아요."

"저는 한국에서 맥주 양조장에서도 일해봤잖아요. 그래서 출근하면 제일 먼저 이해하고 숙지해야 하는 것이 바로 파이프라인의 흐름이라는 것을 깨달았어요. 이게 업무를 파악하는 데 가장 큰 도움이 됐어요."

증류실을 제외하고는 맥주를 만드는 과정과 (맥주에서는 홉을 끓이는 중간 과정이 있지만, 여기에는 그게 없다는 점을 제외하고는) 대동소이하므로, 그는 맥주 양조장에서 일한 경험이 처음 증류소에서 근무할 때 얼마나 도움이 되었는지를 좀 더 설명해주었다. 다른 쪽으로 이동하려는 그를 붙잡고 나는 계속 질문을 쏟아냈다.

"이쪽의 파이프는 뭐예요? 다른 파이프와 조금 다른 것 같아요."

"보통 이렇게 단열 처리가 된 파이프는 스팀이 지나가는 파이프로 생각하면 돼요. 이건 세척용 물탱크와 연결된 거예요."

모든 설비에는 내부에 세척용 볼 밸브가 달려 있는데, 내부 장비를 씻는 스프링클러 같은 역할을 한다고 했다. 온도와 물의 압력으로 세척하는 원리라고 한다. 사용성과 동선을 고려해 사전에 이 파이프라인을 제대로 구축하는 것이 효율적으로 증류소를 운영하는 핵심이라는 생각이 들었다.

"중간에 필요에 따라 기존의 파이프라인을 뜯어서 고치기도 해요. 여기 보면 가는 구리관이 이번에 새로 설치된 거예요. 매뉴얼 호스manual hose가 저쪽에는 있는데 이쪽에는 없었거든요. 그런데 이쪽에도 물을 사용할 일이 많은 거예요. 그래서 물을 끌어다 쓰려고 새로 추가한 거죠."

살아 숨 쉬는 현장을 살펴보며 설명을 들으니 모든 게 쏙쏙 이해되었다. 우리는 보일러실로 함께 이동했다.

"기차 화통 같은 이 보일러로 가스를 태워 물을 180도까지 증기로 압축해 열이 필요한 설비로 공급하는 설비예요. 많은 증류소에서 코크란Cochran에서 만든 보일러를 사용해요."

"이 정도 사이즈의 보일러로 증류소 전체를 커버할 수 있어요?"

"우리 증류소는 이걸로 충분해요. 규모가 큰 곳은 보일러가 집 한 채 사이즈 정도 되기도 하더라고요."

"아, 그렇군요. 그러면 가끔 집에서 보일러가 고장이 나듯이 여기도 보일러가 말썽을 부릴 때가 있어요?"

"(웃음) 매일 고장 나요."

"그럼 보일러 회사에서 출장을 나오지 않아도 수리할 방법이 있나요?"

"보통 증류소 내부에서 조치 가능한 선에서 문제가 생기는데, 큰 문제가 생기면 바로 전문가를 모셔야 하지요. 예를 들어 일부 펌프가 노화돼서 멈추는 경우가 있어요. 그러면 얼른 여기로 내려와서 오류를 수정하고 재가동을 시켜요. 그렇게 누적된 오류들은 정비 기간에 모아서 근본적으로 수리하는 거죠."

"와, 그럼 아무리 자동화됐다고 해도 사람이 지속적으로 모니터링하고 손봐야 하는 부분이 꽤 많겠는데요?"

"예, 맞아요. 결국 사람이 움직이는 거죠."

함께 계단을 오르면서 이야기를 계속 이어갔다. 투어에서는 보이지 않는 후방도 깨끗했다. 클라이드사이드 증류소는 비교적 최근에 지어지긴 했지만 안 보이는 공간까지도 먼지 한 톨 없이 정갈했다.

"아니, 여기 진짜 깨끗한데요? 이 정도 수준으로 관리하기는 쉽지 않을 듯해요."

"괜찮나요? 매일 청소에 대해 잔소리하시거든요. 디스틸러리 매니저의 성격에 따라서 증류소의 청결 상태에 차이가 나는 것 같아요. 우리 매니저는 깔끔한 성격이라서 쾌적한 상태를 늘 유지하죠."

다음으로 몰트를 처리하는 공간에 도착했다. 구입한 몰트를 보관하는 몰트 빈이 눈에 띄었다. 검정색 엘리베이터인 몰트 호퍼malt hopper로 1.5톤을 운송하고, 두 쌍의 롤러가 달린 분쇄기로 분쇄 작업을 한다. 이곳에서는 증류용으로 개량된 수율이 높은 보리 품종인 로리엇이나 디아블로를 주로 사용하고 있다. 현재 스코틀랜드 증류소에서 일반적으로 가장 많이 사용하는 품종이다. 몰트는 심슨스에서 구매해 사용하고 있다.

"클라이드사이드 증류소의 규모는 어느 정도일까요?"

"한 배치마다 당화, 발효, 증류 과정을 거치는데, 이때 배치당 사용하는 몰트 양을 기준으로 증류소의 규모를 가늠할 수 있어요. 보통 한 배치당 몰트 사용량이 1톤이면 소형 증류소, 10톤이면 대형 증류소로 구분해요. 클라이드사이드는 1.5톤을 사용해요. 주 18회

생산하고, 연 최대 48주 가동하기 때문에 연간 518,400리터를 최대 생산할 수 있는 소형 증류소라고 보면 됩니다."

바로 옆 공간으로 이동해서 당화 과정을 살펴보기로 했다. 분쇄된 맥아인 그리스트가 이곳의 그리스트 호퍼grist hopper를 1.5톤까지 채우면 매싱할 준비가 된다. 지하에서 보았던 물탱크가 눈에 들어왔다. 당화조로 이동한 물과 그리스트가 섞이면서 매싱이 시작되는 것이다. 1차 급수는 1.5톤의 그리스트와 5,900리터의 물이 65도로 급수되면서 시작된다. 이때 당화조 한 대에는 급수 가능한 탱크 두 대로 구성된다. 오늘은 생산이 진행되지 않아서 당화조에 달린 창문을 통해 당화조 내부의 구성과 아래까지 볼 수 있었다.

전체 당화 사이클은 다섯 시간가량 소요되는데 1차, 2차, 3차에 걸쳐 작업이 이루어진다. 1차 급수가 시작되고 한 시간 뒤부터 당화액(맥아즙)이 이송되기 시작한다. 1차 급수 시에는 65도의 온수로 그리스트에서 당분을 빼낸다. 2차 급수 시에는 이미 당분이 빠진 그리스트에 강한 자극을 주어야 하므로 더 높은 온도의 온수로 진행한다. 3차 급수 시에도 2차보다 더 높은 온수로 작업을 진행하지만, 이때 생성된 당화액은 1차, 2차에 비해 성분이 약하기 때문에 다음 작업의 1차 급수 시 함께 재사용된다.

당화액이 발효조로 이동될 때는 온도를 약 20도로 식힌 후 진행된다. 당화액의 온도가 너무 높으면 발효 과정에서 투입되는 효모가 살기 어려운 환경이 되기 때문에 온도를 조절하는 것이다. 클라이드사이드 증류소는 7,500리터의 발효조 8대에서 약 72시간 동안 발효 과정을 거친다. 보통 초반 30시간에 대부분의 발효 과정이 끝난다. 발효 과정에서 생성되는 거품이 발효조 밖으로 넘칠 수 있기 때문에 발효조 위에 설치된 회전날이 거품을 잘라주는 역할을 한다.

클라이드사이드의 발효조에는 온도 조절 장치가 별도로 보이지 않았다. 여름철에 가장 더울 때는 34도까지 올라가는데 이는 발효에 적합한 온도가 아니라서 발효 시간을 좀 더 길게 변경하거나 생산량을 줄이는 방향으로 조절한다고 한다. 발효에 영향을 주는 시간은 일 년에 한 달도 채 안 되기 때문에 수동으로 관리하고 있다고 했다.

이후 발효조마다 특색 있는 원액으로 증류한 뒤 별도로 의도한 맛을 블렌딩하는 곳도 있는데, 현재까지 클라이드사이드 증류소는 그런 별도 작업은 하고 있지 않다고 한다.

글래스고의 계절과 날씨를 느낄 수 있는 증류실

드디어 증류실로 이동했다. 통유리로 된 증류실에서는 글래스고의 계절과 날씨를 그대로 느낄 수 있었다. 이 증류실에서 키가 가장 큰 증류기를 가까이서 올려다보니, 마치 유럽의 오래된 교회에 온 것처럼 경건하게 느껴졌다.

"매일매일 증류하는 시간이 너무 아름다울 것 같아요. 특히 석양이 질 때는 더 멋지겠어요!"

"네, 어떤 날에는 그 시간의 아름다움에 취해 있곤 해요. 종종 힐링이 되는 기분이 들 때가 있거든요. 그런데 이 아름다운 증류실은

클라이드사이드 증류소의 증류실과 증류기를 소개하는 정성운 씨.

통유리에다 통풍 시설이 따로 없어요. 디스틸러들이 여름에 작업할 때는 타들어가는 듯한 기분이 들기도 해요."

클라이드사이드 증류소는 주말에는 가동을 쉬고 주 5일 생산하기 때문에 오늘은 증류기의 열기가 없어서 둘러보는 데에는 쾌적했다. 대규모 증류소들은 보통 7일 내내 생산을 진행하는데, 작은 증류소들은 보통 5일 생산한다고 한다. 특히 내가 방문한 기간은 클라이드사이드 증류소의 사일런트silent 기간이기도 했다. 사일런트는 단어의 의미처럼 조용한 시기를 말하는데, 증류소의 가동을 멈추고 내부 청소와 재정비를 하는 기간이다. 보통 3주 정도 이 고요한 시간을 갖는데, 2주간은 증류기 및 각종 기기의 내부 청소와 기계들을 수리하고, 1주간은 직원들에게 휴가를 준다. 증류소도 사람도 모두 재정비하는 시간인 셈이다.

"여기 증류소에서 근무한 지는 얼마나 된 거예요?"

"시간이 참 빨라요. 이제 근무한 지 일 년이 넘었어요. 제가 막 출근했을 때가 클라이드사이드 증류소의 사일런트 기간이었어요. 이 일을 다시 반복하면서 감회가 새로워요. 작업이 능숙해진 것도 느껴지고요. 많은 일을 익히고 적응하는 시간이었어요."

그는 사계절이 지나고 나서야 증류소 생활에 적응이 되었다고 털어놓았다. 친절하고 꼼꼼한 동료와 선배들 덕분에 현장에서 배우는 것도 많다고 한다. 생산 시설은 24시간 가동되기 때문에 종종 교대로 야간 근무를 한다. 증류소 규모가 아주 크지 않고, 또 자동화 설비가 어느 정도 갖추어져 있어서 밤에는 1인 근무를 한단다. 밤 11시부터 아침 7시 교대까지 혼자서 설비를 가동하면서 보내는 시간도 고되지만 특별하다고 했다.

“증류기를 가동하면 물론 소음이 크지만, 아무도 없이 혼자서 근무하는 시간은 어쩐지 조용하고 느긋한 기분이 들거든요. 프리모 레비가 쓴 『주기율표』를 보면, 증류는 아름답고 느리고 철학적이며 조용한 작업이라고 하잖아요. 그러면서 증류를 통해 순수한 상태에 도달하고 어떤 종교적인 상태에 이르는 듯한 경험을 하게 된다고 말하는데, 야간 근무를 할 때 어떤 날은 그런 기분에 강하게 사로잡히기도 해요.”

위스키가 제조되는 공정에 따라 이동하는 파이프라인을 성운 씨의 설명에 따라 눈으로 한 번 더 읽어 나갔다. 증류는 1차 증류기에서 한 번, 2차 증류기에서 또 한 번 증류해서 비로소 위스키 원액을 얻게 된다.

“저희 증류소는 숙성고가 따로 없어요.”

“그러면 어디에서 숙성을 진행해요?”

“여기에서 한 시간 정도 떨어진 거리에 있는 윌리엄그랜트앤선즈에서 운영하는 거반 증류소에서 숙성고를 빌려 사용하고 있어요.”

그간 궁금했던 것들을 모두 쏟아내고 났더니 갑자기 허기가 느껴졌다. 우리는 증류소 카페로 장소를 옮겨 브런치를 먹으면서 근황 토크를 이어가기로 했다. 오픈 샌드위치가 맛있다는 그의 조언에 따라 샌드위치와 수프를 주문했다. 그와 동행한 덕분에 직원 할인도 30퍼센트 받았다.

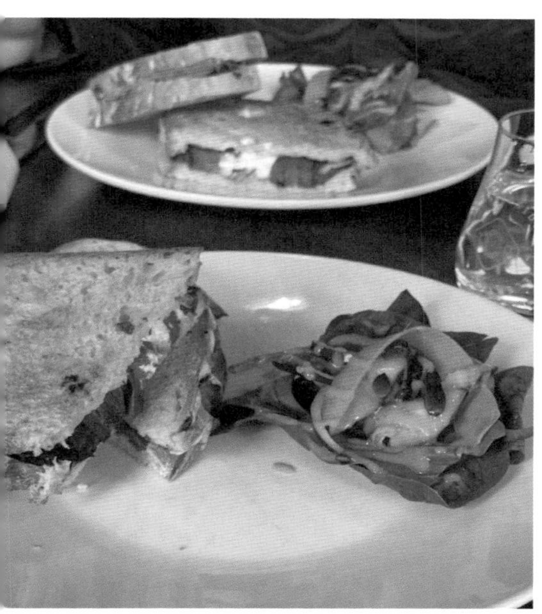

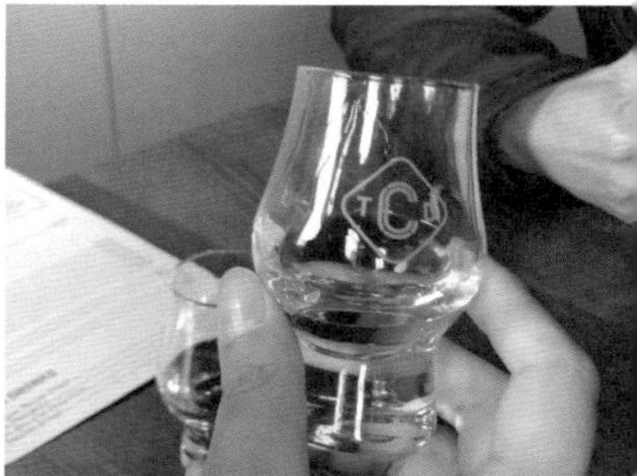

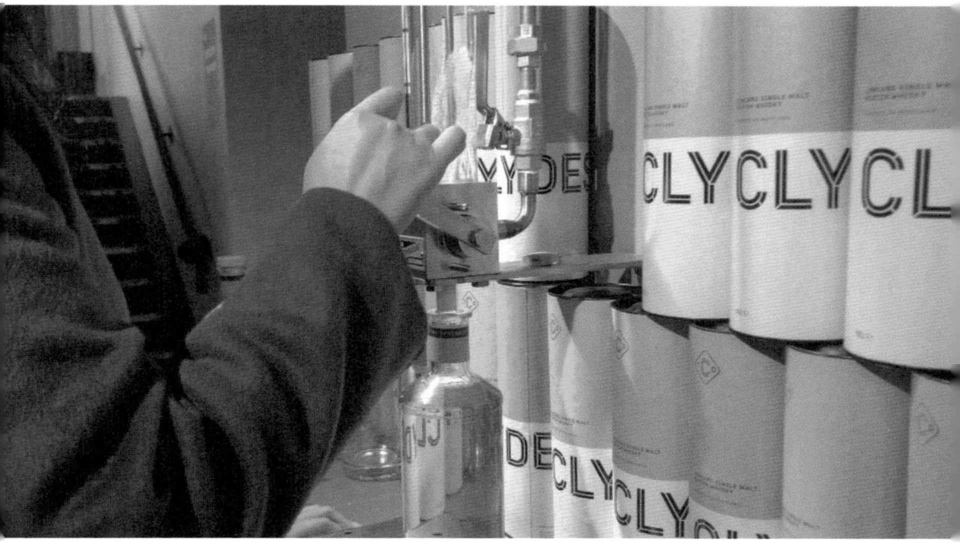

1 2
3

1 클라이드사이드 증류소의 카페.

2·3 위스키 테이스팅과 핸드필 위스키.

"앞으로 스코틀랜드에서의 일정은 어떻게 세우셨어요?"

"오늘은 글렌고인 증류소를 한 번 더 방문하고, 내일 아일라로 떠나요."

"오후에 가면 좋은 바를 몇 군데 추천해드릴게요."

그는 글래스고에서 들르면 좋은 바를 몇 군데 추천해주었다.

"그럼, 또 소식 전해요. 가족들에게도 인사 전해주세요."

클라이드사이드 증류소의 스케치 영상은
〈여행의 끝, 위스키〉 유튜브 채널에서 감상할 수 있다.

클라이드사이드 증류소로 가는 길에 보이는 SEC.

TIP11

글래스고 위스키 바 추천

The Pot Still

팟스틸

주소
154 Hope St, Glasgow, G2 2TH

전화
+44 141 333 0980

글래스고에서 바를 단 한 군데만 가야 한다면 가장 먼저 추천하고 싶은 곳이다. 글래스고 중앙역에서 도보로 6분 거리에 있는데 이 도시를 산책하다가 들르기에 좋은 곳이다. 증류기를 뜻하는 팟스틸Pot Still이라는 이름에서 알 수 있듯이 몰트 위스키를 판매하는 펍이다. 8백 종 이상의 위스키와 에일 맥주, 여러 스타일의 미트 파이를 판매한다. 팟스틸 파이와 위스키를 한 잔 주문해 맛보면서 잠시 쉬어 가기에 좋다. 별도 예약 없이 워크인으로만 입장 가능하다.

팟스틸은 현재 머피Murphy 가문이 소유하고 있는데, 이 공간은 19세기부터 술과 인연이 깊었다. 1867년에 존 힐John Hill이 와인과 위스키를 취급한 곳이기 때문이다. 이후에 테넌츠Tennents라는 맥주 회사에서 이곳을 개조해 펍으로 운영해오다가 1981년부터 현재의 이름인 팟스틸로 바를 시작했다. 프랭크 머피는 2003년부터 이곳에서 바 매니저로 근무했는데, 오너가 사망한 이후 이곳을 인수해 2011년부터 그 헤리티지를 이어가고 있다. 최근에 40주년을 맞이한 팟스틸의 한정판 위스키를 맛볼 수 있다는 점 역시 이곳을 방문하게 만드는 또 다른 매력이다.

팟스틸은 관광객과 위스키 애호가가 아니더라도 지역 사회에서 인기가 많은 바이다. 오후 5시부터는 늘 만석이어서 스탠딩으로 즐겨야 한다. 밤 9시 이후에는 상당히 많은 인원이 밀집하기 때문에 현지의 바이브를 즐기기에 좋다.

팟스틸 바의 입구와 내부 모습.

사진에 보이는 미트 파이가 일품.

팟스틸을 주말 저녁에 한 번, 점심에 한 번, 두 번 방문했다. 오전 11시에 오픈하는 곳이라 두 번째 방문에서는 점심도 해결할 겸 오후 2시에 들어갔다. 베이크드빈이 함께 곁들여 나오는 스코틀랜드 스타일의 미트 파이를 주문하고 위스키를 추천해 달라고 청했다. 위스키 시향을 요구하면 코르크에 살짝 묻혀 코에 가져다 댈 수 있도록 도와준다.

테이블에서 편히 위스키와 음식을 즐길 수 있지만 바텐더와 이곳의 이야기를 나누고 싶어서 스탠딩으로 마셨다. 밤 시간과는 달리 낮에는 햇살과 위스키를 조용히 즐길 수 있어서 더 좋았다. 물론 그 시간에도 맥주를 즐기는 이 동네 어르신들로 좌석은 2/3 이상 차 있었다.

또 한 가지 재미있는 것은 페이스북을 통해 팟스틸 위스키 걸즈The Pot Still Whisky Girls라는 커뮤니티를 운영한다는 점이다. 다양한 위스키 시음회와 증류소 투어 등 이벤트가 열리는데, 2012년 영국에서 처음 생긴 여성 위스키 커뮤니티다.

https://m.facebook.com/ThePostStillsWhiskyGirls

The Scotch Malt Whisky Society Glasgow
더 스카치 몰트 위스키 소사이어티 글래스고

주소
40 Bath St, Glasgow G2 1HG

전화
+44 141 739 8810

팟스틸에서 도보로 3분, 글래스고 중앙역에서 도보로 9분 거리에 SMWS 바가 있다. SMWS는 The Scotch Malt Whisky Society의 약자로, 1970년대에 스코틀랜드를 여행하던 핍 힐스Pip Hills가 증류소 숙성고에서 직접 위스키를 뽑아내 테이스팅해본 경험에 반해서 1983년에 설립한 위스키 동호회 격의 멤버십 클럽이었다. 처음에는 함께 펀딩을 통해 위스키 오크통을 매입해 병입한 위스키를 구매하는 방식으로 운영했지만, 현재는 가장 유명한 독립 병입자 회사 중 하나가 되었다.

여전히 멤버십으로만 운영되는데, 이 클럽에 가입하면 SMWS 한정판 위스키 보틀을 구매할 수 있는 기회와 SMWS의 전 세계 지점 바에 입장할 수 있는 특전이 주어진다. 물론 연회비가 있다.(지역과 환율에 따라 다르지만 한화로 약 10만 원 수준이다.)

최근 2023년 4월에 SMWS 한국 지점을 오픈하면서 많은 위스키 애호가들의 주목을 받았다. 가입하면 위스키 테이스팅 글라스 2종을 보내준다. SMWS 테이스팅 세션 50퍼센트 할인 바우처 2매, SMWS 파트너스 바 바우처, 회원들을 위한 전용 매거진Unfiltered Magazine까지 혜택이 다양하다.

그전에는 SMWS KOREA가 없었기 때문에 나는 SMWS JAPAN에 가입해서 이들의 서비스를 누렸다. 우리와 가까운 일본은 방문할 기회가 잦은데도 갈 때마다 일정에 쫓기곤 한다. 그래서 미리 온라인으로 주문하고 숙소로 위스키를 배송 받으면 쇼핑 시간을 절약할 수 있어서 상당히 편리하다.

SMWS GLASGOW는 시내 한복판의 지하 1층에 있어서 아는 사람만 방문하는 곳이다. 계단을 내려가 문을 열면 입구에서 바텐더가 SMWS 멤버인지 묻는다. 그때 아이디 넘버를 알려주면 환영 인사와 더불어 편안하게 즐길 수 있도록 도와준다.

2020년 1월, 가장 최근에 오픈한 글래스고 매장은 위스키 보틀 구매와 더불어 라운지

SMWS 글래스고의 입구와 내부 모습.

SMWS 글래스고 한정판 위스키를 테이스팅할 수 있다.

를 겸비한 곳으로 회원들이 위스키에 대한 정보와 열정을 교류할 수 있는 공간이다. 규모도 크고 공간도 바, 라운지, 테이스팅 룸, 독서 공간, 다이닝 룸 등 다양하게 분리되어 있어서 매우 쾌적하다. 글래스고에 머무는 동안 두 번 방문해서 원고도 정리하고 책도 읽고 여유롭게 시간을 보냈다. 테이블에 비치된 메뉴판을 넘기면, 매월 출시되는 새로운 위스키 보틀의 정보를 얻을 수 있다. 마지막 페이지에는 매장마다 진행되는 다양한 이벤트 소식이 실려 있다. 푸드 페어링 이벤트라든지 마스터 디스틸러를 만나는 증류소 투어 이벤트, 멤버들의 자체 대관 행사 기획 등 다양하게 교류할 수 있는 특별한 기획들이 있어서 일정만 맞는다면 좋은 콘텐츠를 즐길 수 있다.

특히나 SMWS의 각 매장에서는 그곳에서만 판매하는 한정판 보틀을 만날 수 있다. 나는 이번 스코틀랜드 방문에서 글래스고와 런던 매장에 들러 각각의 한정판 위스키를 구매했다. SMWS 보틀에는 위스키 증류소의 이름이 적혀 있지 않고, 오로지 숫자와 시처럼 은유적인 표현만 담겨 있는 것이 특이하다.

내가 테이스팅한 12.69의 경우, 'A NATURAL GREEN AND PURPLE WEAVE'라고 표기되어 있어서 마시기도 전에 상상력을 자극했다. 상세한 위스키 정보는 SMWS 홈페이지에서 검색하면 알 수 있다. 이 보틀은 벤리악 증류소의 위스키로 11년 숙성되었고 알코올 도수 58.7도로 204병 한정 수량으로 출시되었다. 부드러운 초콜릿과 레몬 껍질의 향긋함, 그리고 고소한 곡물의 향기로 시작되는 위스키는 입에 한 모금 머금으니 신선한 사과, 말린 자두와 건초, 그리고 고소한 마카다미아와 부드러운 가죽 향이 은은하게 피어났다. 한 시간 동안 천천히 위스키를 즐긴 뒤 분당 위스키 모임 형님들과 테이스팅하기 위해 한 병 구매하고 나왔다.

The Mash Tun

더 매시턴 B&B

스코틀랜드의 가장 오래된 바의 매력

이번 스코틀랜드 여정에서 스페이사이드를 방문했을 때 가장 오래 묵은 숙소는 더 매시턴The Mash Tun B&B이다. 1896년에 작은 배 모양으로 설계된 건축물로, 당시에는 '더 스테이션 바The Station Bar'라는 이름이었다고 한다. 건축물이 지어진 해를 기념해 이곳의 와이파이 비밀번호는 mashtun1896이다. 한 번 더 그 역사를 각인시키는 디테일한 터치가 귀엽다. 1963년에 아벨라워 철도가 폐쇄되면서 이곳의 이름도 함께 바뀌게 되었단다. 지금의 이름인 매시턴은 맥아와 물을 혼합하는 당화조(매시턴)에서 이름을 따왔다.

이 숙소에 있는 바가 스페이사이드에서 가장 오래된 바로 알려져 있다. 처음 이 바가 문을 열었을 당시를 상상해보면서, 이곳에 묵으면 꼭 바에서 한잔해야겠다고 생각했다. 술을 마시고 바로 올라가서 잘 수 있으니 얼마나 좋은가! 이 바에서는 글렌파클라스 패밀리 캐스크를 거의 모든 연도별로 가지고 있으며, 물론 잔술로도 마실 수 있다.

스코틀랜드 현지 스타일로 에일 맥주와 위스키를 한 잔씩 주문해서 양손에 들고 마시는 것도 재미있는 경험이다. 여러 나라에서 온 바텐더들도 한 번은 이곳에 들르기 때문에 여기서 만난 전 세계의 술친구들과 위스키에 대해 깊은 이야기를 나눌 수 있다. 스페이사이드 지역의 모든 증류소의 위스키를 보유하고 있다는 것도 장점이다. 한정된 시간 안에 모든 증류소를 방문하기는 어렵기 때문에 나는 이번 스페이사이드 방문에서 가보지 못한 증류소의 위스키를 청했다.

특히 푸짐한 아침식사는 오전부터 다양한 종류의 위스키를 마셔야 하는 증류소 순례자에게는 든든한 지원군이다. 마지막 날에는 이동 때문에 새벽 4시에 일어나야 해서 아침식사 시간에 맞추기 어려웠다. 이를 전해 들은 매니저는 아침 도시락으로 샌드위치와 요거트, 과일, 주스를 싸서 체크아웃할 때 전해주었다. 꼭 식사를 챙기라는 따뜻한 말과 함께. 여기는 그런 숙소다.

숙소의 모든 방은 증류소의 이름을 땄는데, 나와 보경 언니는 글렌피딕 룸과 맥캘란 룸에서 지냈다. 방마다 증류소의 상징적인 부분을 엿볼 수 있는 인테리어에 스코틀랜드의 타탄체크 이불까지 마음을 몽글몽글하게 하는 기획이 잘 녹아 있었다. 개인적으로는 두 방 중에서 더 높은 층에 있는 맥캘란 룸이 더 마음에 들었다. 트윈 베드에다 창밖의 뷰가 더 좋았다.

더 매시턴의 가장 큰 장점은 방에서 나오자마자 바로 2분 거리에 스페이 강이 빠르게 흐르는 모습을 볼 수 있다는 것이다. 또 아벨라워 증류소와 글렌알라키 증류소를 걸어서 갈 수 있기 때문에 교통비를 절약하는 데에도 톡톡히 한몫했다.

스페이사이드에서 우연히 만난 이들은 어디서 지내냐고 묻곤 했는데, 내가 '매시턴'이라고 대답하면 다들 모른다고 했다. 한번은 "가장 오래된 바가 있는 곳이라던데?" 하고 되물었다.

"아! 마-슈(튼)."

"그렇게 발음하는 거였어?"

1·2 더 매시턴 B&B의 입구 전경과 바.

3 더 매시턴의 푸짐한 조식.

글렌피딕 룸과 맥캘란 룸.

Port Charlotte Hotel

포트샬롯 호텔

아일라 푸드 페어링의 진수

겨울의 시작을 알리는 굴과 위스키 페어링

이름에서 스모키한 아일라 위스키의 강렬함과 바다의 이미지가 연상되는 것과는 정반대로 따뜻하고 소박한 숙소다. 헤더 꽃 색을 닮은 연보라색 침대와 가구는 푸근한 외갓집에 놀러 온 것 같은 기분이 들게 한다. 바다가 바로 내려다보이는 오래된 나무 창틀 위에는 체크무늬 커튼이 걸려 있다. 창문을 힘껏 올려 아일라의 파도 소리를 방 안으로 들였다. 소파에 앉아 파도 소리를 들으며 잠깐 쉰다는 게, 투어에서 마신 위스키 때문인지 눈을 떠보니 세 시간이 지난 뒤였다.

아일라로 오는 비행기에서 옆 좌석에 앉았던 브룩라디 증류소의 직원이 아일라의 맛집으로 포트샬롯 호텔을 추천해준 것이 생각났다. 이 호텔은 예전에 F 매거진에서 위스키 특집호를 냈을 때 소개한 곳인데, 채광이 좋고 아기자기한 모습이 마음에 들었다. 아일라에 가면 꼭 이곳에서 묵어야겠다고 생각했는데 음식까지 맛있다니…… 뜻밖의 행운을 만난 기분이었다.

아일라의 밤은 검정색이었다. 아무것도 보이지 않고 파도 소리만 울음처럼 들렸다. 아일라는 초행길이라 밤늦게 다른 곳에 가보기에는 엄두가 나지 않았다. 무리해서 멀리 나가기보다는 포트샬롯 호텔 레스토랑의 음식과 바를 제대로 탐구해보기로 했다.

“지금 음식을 주문할 수 있을까요?”

“주방에 한번 물어볼게요.”

밤 9시가 넘은 시간이라 레스토랑 손님들은 거의 빠져나가고 위스키와 맥주를 즐기는 이들만 남아 있는 듯했다. 레스토랑 매니저는 주방에 가서 빠르게 상황을 체크한 뒤 추천 메뉴를 알려주었다.

"그럼, 굴 플래터랑 클램차우더 수프, 그리고 아일라 몰트를 먹고 자란 소로 만든 햄버거로 할게요."

훌륭한 선택이라며 매니저는 윙크로 신호를 주었다. 지난번 브룩라디 증류소를 방문했을 때 투어 매니저는 당화 과정에 사용된 몰트의 잔여물은 헤어리 카우의 사료로 제공된다고 설명해주었다. 이미 그 이야기를 알고 있던 터라 소고기 맛이 궁금했다. 왠지 더 고소할 것 같기도 하고.

굴 플래터가 먼저 나왔다. 굴에 어울리는 위스키로는 아일라 위스키인 킬호만을 마셨다. 굴과 위스키 페어링은 아일라에 오면 꼭 한 번 해보고 싶었던 세리머니였다. 킬호만은 이번 아일라 일정에서 아쉽게 빠진 증류소라서 레스토랑에서라도 이 위스키를 즐겨보기로 했다. 그런데 한국에서 흔히 먹는 굴과는 전혀 다른 풍미의 굴이 조금 충격적이었다. 사이즈도 손바닥만 하고 엄청 크리미한 풍미가 느껴졌다. 한 입 베어 무니 산뜻한 바다의 맛보다는 그릭 요거트처럼 발효된 유제품을 먹는 기분이었다. 조금 느끼할 수 있는 굴의 맛을 스모키하고 달콤한 위스키로 씻어주었다.

킬호만은 팜 디스틸러리Farm Distillery로 아일라에서 키운 보리를 사용해 위스키를 만드는 곳이다. 비교적 최근인 2005년 아일라에 설립된 증류소다. 당시에는 124년 만에 아일라에 새로운 증류소가 생긴다는 사실만으로도 큰 이슈였다. 아일라는 스코틀랜드의 남서쪽

1 포트샬롯 호텔 레스토랑 바의 스코티시 에일 맥주.

2 굴과 킬호만 위스키.

3 몰트를 먹고 자란 소고기 햄버거.

4 캐러멜 초코 퍼지 디저트.

1	2
3	4

에 위치한 섬으로 아무래도 물류의 이동이 본토에 비해 용이하지 않다. 새로운 증류소를 세우는 일은 건축 자재 수급 및 위스키 생산을 위한 설비 이동에 높은 비용이 수반된다.

그럼에도 최근 스카치 위스키의 열풍으로 오랜 시간 잠들어 있던 디아지오의 포트 엘런 증류소는 기존 시설 확장과 신식 증류소 설립으로 재개장을 준비하며 긴 잠에서 깨어날 준비를 하고 있다. 또 2022년 글렌고인을 소유하고 있는 이언 맥클로드 증류소Ian McLeod Distillers에서도 아일라에 라간 베이 증류소Laggan Bay Distillery를 설립할 수 있는 허가를 받았다. 그리고 페르노리카Pernod Ricard에서 소유하고 있는 시바스 브라더스에서도 2023년 아일라에 증류소 설립 계획을 발표했다. 브룩라디 증류소를 마주 보는 위치라고 하니, 어쩌면 지금 식사를 하고 있는 포트샬롯 호텔에서 2026년에는 이 증류소를 바라보게 될지도 모르겠다.

겨울이 되면 우리나라의 많은 바에서 석화 메뉴가 등장한다. 위스키 팬들이라면, 굴을 입 안에 가득 넣고 위스키를 흘려 넣는 것이 바로 겨울의 시작을 알리는 신호탄이기 때문이다. 석화를 서비스로 제공한다고 안내하면서 매장으로 고객을 유인하는 전략이기도 하다. 또 어떤 곳에서는 석화와 위스키 세트 메뉴를 출시해서 객단가를 높이기도 한다. 마케터로 일해본 소비자로서 이들의 판매 전략을 모르는 바 아니지만, 위스키 애호가로서는 제대로 겨울을 맞이하는 이 기분을 놓치기 어렵다.

2022년 디아지오 코리아에서도 스카이 섬에서 생산하는 탈리스커와 오이스터 바의 컬래버레이션으로 특별한 메뉴를 개발하기도 했다. 클램차우더 수프와 석화 플레이트에 곁들이기 좋은 위스키 하이볼과 다양한 탈리스커 위스키를 매칭해서 제철 음식을 풍성하게 즐길 수 있도록 한 것이다.

캐러멜 초코 퍼지와 위스키 페어링

포트샬롯 호텔에서 가장 좋았던 것은 머리가 띵할 정도로 달콤한 캐러멜 초코 퍼지였다. 캐러멜 소스가 초코 퍼지를 완전히 뒤덮어버린 모양새였다. 여기에 아일라 위스키 한 모금을 꼭 마셔야 한다고, 바에 계신 할아버지가 신호를 보냈다. 짭짤하고 스모키한 킬호만이 입 속으로 타고 들어오자 단짠의 완벽한 페어링이 완성되었다. 이 엄청난 자극은 마치 혀 위에서 폭죽이 터지는 기분을 느끼게 했다.

그렇게 느긋하게 두 시간 정도 위스키를 곁들이며 식사를 즐겼다. 배가 터질 것 같아서 숙소로 올라가기 전에 주변을 조금 걷기로 했다. 가로등이 많지 않아서 꽤 어두웠지만, 파도 소리밖에 들리지 않는 아일라의 밤은 안전해 보였다. 구름이 걷힌 모양인지 환하게 밝은 보름달을 감상하다가 방으로 돌아왔다. 마음에 쏙 드는 방과 바다, 훌륭한 식사까지…… 이 멋진 순간을 혼자서만 만끽하는 게 아쉽다.

Port Charlotte Hotel
Main Street, Port Charlotte,
Isle of Islay, PA48 7TU.
+44 1496 850360

Tomintoul Cigar Malt

토민타울 시가 몰트

최강의 콤비, 시가와 몰트

시가, 멋으로 시작해 맛에 눈뜨다

내가 처음 시가를 접한 것은 분당 형님들과의 첫 모임에서였다. 1차는 이탈리안 레스토랑에서, 2차는 바에서 위스키를 마시고, 3차로 시가 라운지로 이동했다. 지금도 판교에 있는 '시가 바 퍼프'라는 곳인데, 깜깜한 시가 라운지에서 위스키를 한 모금 마시고 시가를 한 모금 내뿜는 형님들이 참 멋있었다.

그렇게 첫 시가는 '멋'으로 시작했다. 그러다가 4년 정도 시간이 흐르고 나서야 시가의 '맛'에 눈을 떴다. 커피와 시가, 콜라와 시가, 와인과 시가, 코냑과 시가……. 모든 페어링이 훌륭했지만 '위스키와 시가'는 그야말로 다이나믹 듀오(최강 콤비)였다.

위스키에는 시가 몰트Cigar Malt가 있다. 엄격히 말하면, 시가 몰트를 제조하는 특별한 과정이 있거나 시가 몰트가 위스키의 어떤 장르에 속하는 것은 아니다. 그보다는 시가와 어울리는 위스키에 붙여진 마케팅 용어에 가깝다. 가장 유명한 시가 몰트는 달모어 시가 몰트Dalmore Cigar Malt이다. 그리고 토민타울의 시가 몰트, 탐듀의 시가 몰트가 있고, 종종 독립 병입자들이 시가 몰트를 소개하고 있다.

2023년 4월에 코트야드 메리어트 서울 보타닉파크 호텔에서는 토민타울의 시가 몰트를 완성한 앵거스 던디 디스틸러스의 마스터 블렌더 이언 포티스Iain Forteath를 초대해 마스터 클래스를 열었다. 그는 시가 몰트를 개발할 때 특히 시장에서 많이 알려진 달모어 시가 몰트와 '차별화'를 꾀했다고 한다. 올로로소 셰리 캐스크에서 5년에서 20년 숙성한 원액을 블렌딩해 만들었다.

토민타울 시가 몰트의 가장 두드러진 특징은 가벼운 스모크 터치를 담았다는 점이다. 시가를 먼저 태우기 시작하면 이 점을 알아채기 어려운데, 위스키 테이스팅을 그에 앞서 시작하면 위스키의 훈연향으로 시가의 첫 모금을 부드럽게 연결할 수 있다. 이언 포티스는 시가 몰트를 만들면서 시가 40종을 선택해 집중적으로 밸런스를 찾아보았다고 한다. 함께 곁들이면 좋을 시가를 물어보니, 다비도프 윈스턴 처칠 레잇 아워, 파르타가스 D4, 호요 드 몬테레이 에피큐어 No. 2, 몬테크리스토 No. 2를 꼽았다.

토민타울 증류소를 방문했을 때도 마스터 디스틸러인 로버트 플레밍과 시가와 몰트의 페어링에 대한 의견을 나누었다. 본인은 시가 팬이 아니지만, 보통 증류소에서 시가 몰트를 구현할 때는 셰리 캐스크 숙성 위스키를 사용한다고 했다. 이후 여러 증류소의 마스터 디스틸러들을 만나 종종 시가 몰트에 대해 질문했다. 일반적으로 묵직한 스타일의 쿠반 시가에는 달콤한 페드로 히메네즈 셰리 캐스크로 페어링을 하고, 비교적 부드러운 도미니칸을 포함해 논쿠반 시가에는 올로로소 셰리 캐스크로 숙성한 위스키를 곁들여 다양한 스파이스로 맛과 향을 보완한다는 공통된 의견을 들을 수 있었다.

시가 몰트와 업셀링 전략

요즘은 여러 바에서도 위스키와 시가를 함께 즐길 수 있는 자리를 제공한다. 이는 애호가들이 서로의 풍미를 보완하면서 즐길 수 있도록 하기 위한 것이기도 하지만, 고도의 업셀링up-selling 및 크로스

1 토민타올 시가몰트 그랜드 론칭 행사장.

2 토민타올의 마스터 블랜더 이언 포스.

3 시가 몰트 테이스팅.

4 이언 맥클로드 사의 독립 병입자 치프턴 시가몰트 1997.

셀링cross-selling 전략이기도 하다. 업셀링은 판매자가 더 많은 수익을 창출하기 위해 추가 품목 또는 더 비싼 품목, 기타 추가 기능을 구매하도록 하는 판매 기술이다. 예를 들어 토민타울 10년을 테이스팅해 보려고 바텐더에게 질문을 던졌는데, 평소 나의 시가 애호를 파악한 바텐더가 조금 더 가격대가 높은 토민타울의 시가 몰트를 추천하는 것도 이런 전략이다. 크로스셀링은 기존에 소비자가 고른 물건에서 추가 제품 구매를 제안하는 것이다. 예를 들어 셰리 캐스크 숙성 위스키를 주문했는데, 여기에 잘 어울리는 쿠반 시가를 태우겠냐고 질문하는 것처럼 말이다.

바에서는 시가 판매를 통해 높은 마진을 확보할 수 있는 데다 시가는 기본적으로 약 한 시간 동안 태우기 때문에 자연스럽게 추가로 음료를 주문하게 된다. 시가를 한 스틱 더 즐긴다면, 음료도 그만큼 더 주문하게 되고 말이다. 그래서 고객의 '체류 시간'을 늘리기 위해서 굳이 시가를 판매하지 않더라도 와인처럼 시가 콜키지 제도를 운영하는 곳도 있다. 그러면 소장하고 있는 시가를 가지고 바에 가서 판매하는 음료와 함께 즐길 수 있다. 게다가 시가의 등급에 따라 곁들이는 위스키의 등급도 맞추게 되는데, 이보다 더 자연스러운 판매 전략이 또 있을까 싶다.

餘談 4

아일라에서 맛본 아침 시가

스코틀랜드에 오면 꼭 하고 싶은 일이 몇 가지 있었다. 증류소 투어, 바다와 숲 산책, 위스키 장인과 농담하기, 그리고 시가 태우기다. 스코틀랜드를 먼저 방문했던 친구들은 이곳의 물가가 충격적이기 때문에 시가는 꼭 한국에서 준비해 가라고 신신당부했다. 체류 기간도 길고 선물용 시가도 필요했기 때문에 40스틱의 시가를 들고 스코틀랜드에 왔다. 그런데 비행기에서 기절한 사건부터 시작해서 증류소 투어 도중의 위스키 테이스팅 시간이 생각보다 길고 그 종류도 많다 보니, 시가를 태울 수 있는 체력이 동나버렸다. 그래서 며칠 동안 서서히 체력이 올라오기를 기다려야 했다.

포트샬롯 호텔에 머물던 어느 날, 아침 7시에 눈이 떠졌다. 아직 해가 뜨기 전인지 방 안은 깜깜했다. '좋아, 바로 오늘이야.' 일어나서 사부작거리며 커피포트에 물을 올렸다. 선반에는 '공정무역fair trade'이라고 적힌 인스턴트커피가 두 봉지 있었다. 커피 잔에 커피 분말을 털어 넣고 끓는 물을 부었다. 한 손에는 머그컵, 다른 손에는 간단한 시가 도구를 챙겨 계단을 살살 걸어 내려왔다.

쨍한 일출을 기대했지만 하늘에는 구름이 가득했다. 잔뜩 흐린 하늘과 세찬 바닷바람도 나름대로 운치 있다는 생각이 들었다. 스모키한 위스키 향처럼 아일라의 아침과 잘 어울렸다. 바다를 바라보고 벤

치에 앉아 시가를 커팅하고 불을 붙였다. 시가는 담배보다 링게이지ring gauge가 크기 때문에 일반 라이터보다 터보 라이터로 불을 붙이는 편이 수월하다. 하지만 아일라로 오는 비행기에는 수하물 규정 때문에 라이터를 들고 탈 수 없었기에 하는 수 없이 성냥으로 불을 붙여야 했다. 호텔에서 얻은 성냥을 하나씩 그어가며 불을 붙였다. 거센 바람에 성냥불은 이내 꺼져버렸다. 하나를 또 꺼내어 붙이고, 또 다음 성냥을 꺼내고……. 마지막 성냥이 꺼지면 꿈도 온기도 사라지는 성냥팔이 소녀처럼 그렇게 최선을 다해 불을 붙였다. 큰 호흡으로 시가의 불씨를 살렸다.

시가를 깊이 드로draw하고 연기를 크게 내뿜었다. 어딘가 막혀 있던 가슴속이 뚫리는 기분이 들었다. 커피를 한 모금 마셨다. 그새 펄펄 끓던 커피는 딱 알맞은 온도로 부드러워졌다. 혀에 닿는 연기의 촉감과 커

아일라의 아침 시가와 식사.

피의 맛이 썩 잘 어울렸다. 연기를 내뿜을 때는 최대한 멀리 수평선을 바라보았다. 그리고 다시 머금을 때는 아일라의 아침 풍경을 내 안에 가득 담았다. 바람이 계속 불어서 시가가 균일하게 타지는 않았지만, 어느 때보다 마음이 평온했다.

그렇게 시가와 아일라 바다를 감상하고 방으로 돌아왔다. 푸짐한 스코틀랜드식 아침 식사를 하고 나자 다음 증류소로 떠나야 할 시간이었다.

아일라의 아침 시가는
〈하루의 끝, 시가〉 유튜브 채널에서 감상할 수 있다.

Part 4

위스키의 미래와 ESG 경영

Glengoyne

글렌고인 증류소

친환경 생산을 위한 도전

글래스고에 위치한 글렌고인Glengoyne 증류소는 스코틀랜드에서 처음으로 방문한 증류소다. 증류소를 방문하기로 한 날에는 긴장했는지 아침 6시에 눈이 떠졌다. 아직 시차 적응을 못한 탓도 있지만, 마스터 디스틸러와의 인터뷰를 앞두고 마음이 설레서 잠을 잘 못 잔 탓이다. 영어가 모국어처럼 능숙하지 않아서 인터뷰 질문지 외에도 스몰토크 주제까지 미리 준비했다. 스코틀랜드의 악센트가 낯설어서 더 긴장됐다. 숙소에서 인터뷰 질문지를 한 번 더 정리하고, 카페가 오픈하는 8시에 맞춰 방에서 나왔다.

새벽에 비가 또 내렸는지 길이 촉촉했다. 글래스고 중앙역 근처를 한 바퀴 걸으면서 아직 아침이 시작되지 않은 이 도시를 관찰하기 시작했다. 길에는 오가는 사람보다 새가 더 많았다. 스코틀랜드 은행 뒤에 있는 '카페 네로'라는 프랜차이즈 커피숍에 들어갔다. 토요일 오전, 시내에서 문을 연 거의 유일한 카페였다.

크루아상에 카푸치노를 주문하고 호흡을 골랐다. 카페에 들어와서 5분쯤 지켜보다가 가장 많이 주문하는 메뉴로 선택했는데, 젠장 실패다. 그렇지만 먼 길을 떠나기 전에 먹는 아침 식사인 만큼 아쉬운 마음을 뒤로하고 끝까지 잔을 비웠다.

아무리 기다려도 우버는 오지 않아요

글렌고인 증류소는 글래스고 시내에서 자동차로 한 시간이면 갈 수 있기 때문에 교통이 편리한 축에 속한다. 10시에 인터뷰 미팅을 예약했는데, 대중교통이 9시부터 운행된다고 하니 꽤 시간이 타이트했다. 교통비가 부담되긴 했지만 여유 있게 도착하는 편이 마음 편할 듯해서 택시로 변경했다. 그리고 우버 앱을 오랜만에 열었다. 근처에 차량이 한 대도 보이지 않았다. 십여 분쯤 기다리다 카페에서 일하는 직원에게 물었다.

"혹시 여기는 택시를 어떻게 불러요?"

"글래스고에는 우버가 없어요. 앱스토어에서 글래스고 캡GlasGo Cabs을 받아볼래요?"

그녀의 조언으로 현지 택시 애플리케이션을 설치했다. 그리고 출발지와 도착지를 지정하고 호출하니 바로 7분 뒤에 도착한다고 알람이 왔다. 예상 금액은 80파운드, 예상 소요 시간은 50분. 미팅 시간 30분 전에는 증류소에 도착해서 가볍게 둘러보고, 미팅을 시작할 수 있을 것 같았다.

택시를 타고 도시를 벗어나자 보리밭이 펼쳐지고 울창한 나무 터널이 시작됐다. 빗방울이 한두 방울 떨어지기 시작했지만 차 안에서 그 풍경을 감상하니 그저 아름다울 뿐이었다. 도로 정비가 잘 되어 있는 데다 주말 아침이라 증류소로 가는 도로에는 우리 차뿐이어서 마음이 평온해졌다. 파키스탄에서 이주했다는 운전기사와 이 동네의 삶은 어떤지 이야기를 나누다 보니 저 멀리 글렌고인 증류소가 보이기 시작했다. 증류소에 도착하니 아직 10시 투어가 오픈하기 전으로, 한 팀이 증류소 입구에서 이야기를 나누고 있었다. 입구에 보이는 방문자 센터로 가서 인터뷰 예약을 확인했다.

"오늘 10시 인터뷰 미팅으로 왔는데요, 보연이에요. 보연 정."

"음, 예약자 리스트에 이름이 없는데요?"

"다시 한 번 살펴봐주시겠어요? 보연 정, 대한민국 서울에서 왔어요. 디스틸러 매니저 로비 휴Robbie Hughes와의 미팅이에요."

다시 물어봐도 예약자 리스트에 내 이름이 없다고 했다. 서울과 증류소 간에 일정을 재확인하는 동안, 증류소 주변을 걸어보기로 했다. 타탄체크 바지를 입은 증류소 직원이 밝게 아침 인사를 건넸다.

"Morning!"

뭐 어떻게 되겠지. 정 안 되면, 증류소라도 좀 둘러보고 가면 되니까. 그사이 날이 개어 증류소의 파고다 지붕이 더 우뚝 솟아 보였다. 증류기 시설과 박물관을 지나 뒤편의 작은 개울가까지 크게 한 바퀴 돌며 산책했다. 맑은 물 아래로 여러 색깔의 돌이 또렷하게 보였다.

증류는 하일랜드에서, 숙성은 로랜드에서

다시 방문자 센터로 돌아왔다. 증류소 입구에 심어둔 아기자기한 꽃들이 할머니 집에 온 것처럼 따뜻하게 나를 반겨주는 듯했다.

"혹시 연락이 되었나요?"

"오늘 이 건으로 연락했다는 직원이 휴무라서 전화를 안 받네요. 조금만 더 기다려줄래요?"

담당 직원은 당황하는 기색으로 여기저기 계속 연락을 취했다. 여기서 내가 할 수 있는 일은 없을 듯해 글렌고인의 맑은 공기나 실컷 만끽하자는 마음으로 좀 더 주변을 걸었다. 미팅이 취소되면 어떡하나 싶은 걱정보다는 오길 잘했다는 생각이 들었다. 그렇게 증류

아기자기하게 꾸며진 글렌고인 증류소 입구.

소 부근의 자연환경에 감탄하며 걷고 있는데, 멀리서 글렌고인 점퍼를 입은 점잖은 신사가 다가왔다. 그는 오래 기다렸다며 멋진 미소로 내게 악수를 청했다.

"안녕하세요, 저는 로버트예요. 오늘은 제가 투어를 진행하지 않고 사무실에서 근무하는 날이라 스코틀랜드 전통 의상을 입지 못했어요. 디스틸러리 매니저가 곧 도착한다고 하니, 그동안 당신을 위한 프라이빗 투어를 시켜줄게요."

로버트를 따라 증류소 안으로 따라 걸어 들어갔다.

"우리 증류소는 1888년에 큰 홍수 피해로 숙성고가 무너져 내렸어요. 그 당시를 찍은 오래된 흑백 사진이 몇 장 남아 있지요. 지금 서 있는 곳, 여기가 바로 원래 숙성고 자리예요. 당시에는 여기 뒤편부터 네 개의 숙성고가 있었지요. 그리고 이후 1966년에 위스키 생산량 확대를 위해 현재의 증류소 모습으로 재건축하면서 창고를 옮겼어요."

"왜 옮겼어요? 창고가 너무 작아서요?"

"맞아요. 증류소가 확장되면서 생산량을 감당하기엔 창고가 너무 작았던 거죠. 여기 길 건너편에 있는 숙성고 보셨나요?"

"네. 그런데 길 건너편은 로랜드죠?"

"맞아요! 우리가 서 있는 곳은 하일랜드 위스키 생산지인데, 저기 길 건너편은 로랜드 위스키 생산지예요. 바로 저 길이 하일랜드와 로랜드의 경계지요. 저 길은 1784년에 만들어졌어요. 그렇게 길을 중심으로 구획을 나눈 것은 세금 징수 때문이에요. 이 길은 서쪽 해안의 헬렌즈버그Helensburgh부터 동쪽 해안의 던디Dundee까지 이어지죠. 재밌는 것은 우리 증류소의 증류 작업은 대부분 하일랜드에서 진행하고, 숙성은 엄밀히 말하면 로랜드 지역에서 한다는 거예요. 이게 글렌고인 증류소의 독특한 점이지요."

글렌고인은 현재까지도 하일랜드 싱글몰트 위스키로 분류되고 있다.

"여기 이 건물은 예전 매니저의 집인데요. 증류소에서 이 건물을 1840년에 구매했어요. 그즈음(1833년)에 글렌고인 증류소가 '합법적으로' 증류 면허를 취득했죠. 자, 이제 예전의 쿠퍼리지로 이동할게요."

로버트의 안내에 따라 오크통을 만들던 쿠퍼리지로 이동했다.

"우리도 예전에는 오크통을 만드는 쿠퍼가 있었어요. 현재 글렌고인 역사관이 예전 쿠퍼리지였지요."

"그럼, 요즘에는 쿠퍼리지를 아웃소싱하나요?"

"네. 글래스고와 스페이사이드 쿠퍼리지를 이용하고 있어요."

예전에 오크통을 만들던 역사관은 생각보다 아담했다. 1833년에 사용했던 시계부터 빅토리아 시대에 치마 속에 숨겨서 밀주를 운반하던 수통, 1900년대에 증류소를 둘러싸고 일어난 갖가지 사건을 담은 흑백 사진들까지 여러 시간을 빽빽하게 담고 있었다.

증류소 투어는 보통 역사관을 살펴보고, 이후에 위스키를 만드는 순서(몰팅-당화-발효-증류-숙성-병입)에 따라 진행된다. 우리는 역사관을 뒤로하고 예전의 몰팅 하우스로 향했다.

"몰팅 하우스는 바로 앞 건물인데, 2층 네 개의 창문이 있는 곳에서 몰팅을 했어요. 오른쪽 위에 크게 보이는 가마kiln로 보리를 건조했죠. 1층에서 열을 가해 보리를 건조시켰어요."

"들어가 볼까요? 아쉽게도 여기서부터는 사진 촬영이 안 돼요."

이번 여정을 잘 기록하기 위해 작은 짐벌까지 구매해 챙겨 왔다. 그리고 되도록 많은 장면을 담으려고 노력했다. 하지만 증류소는 좁은 동선과 뜨거운 열기 때문에 위험하고, 일부 생산 과정은 기밀로 취급돼 촬영이 불가했다. 몰트를 분쇄하는 공간, 당화하는 공간, 증류하는 곳으로 순차적으로 이동하면서 로버트의 설명이 이어졌다. 증류 시설까지 천천히 살펴보고 외부로 나왔다.

글렌고인 증류소의 친환경 프로젝트

우리는 길 건너편의 로랜드에 위치한 숙성고를 바라보면서 글렌고인의 친환경 프로젝트에 대해 이야기를 나누었다.

"증류소 근처에는 12개의 작은 웅덩이로 구성된 정화 공간이 있어요. 갈대밭으로 이루어진 1번 웅덩이에서는 증류소에서 나온 액체 폐기물을 통과시켜 정화시킵니다. 약 6킬로미터 떨어진 이곳에는 여러 종의 식물과 동물이 서식하고 있어서 지속적으로 순환하고 정화하는 작용이 일어나요. 다른 여러 증류소에서도 야생 습지를 벤치마킹하기 위해 찾아오지요. 또 근처에는 두 개의 벌집이 있어요. 1만 8천 마리의 벌이 여기서 살고 있지요. 벌들이 모이는 이유는 어쩌면 위스키 오크통의 달콤한 향기 때문일지도 모르지만요. 우리는

글렌고인 증류소의 숙성고와 습지 프로젝트.

이곳에 서식하고 있는 동식물들이 자연에서 건강하게 생활할 수 있도록 도움을 줍니다."

"이 꿀을 맛볼 수 있나요?"

"어쩌면 숍에서 가능할지 모르겠네요."

눈이 시원해지도록 멀리 자연을 바라보면서 야생 습지 프로젝트 이야기를 상세하게 들었다. 이곳은 야생 새를 관찰하는 사람들이 많이 오는 곳이기도 하다. 매년 겨울에는 기러기 떼가 이곳 글렌고인의 언덕으로 이동한다. 글렌고인이라는 증류소의 이름도 스코틀랜드 게일어로 글렌Glen은 계곡, 고인Goyne은 야생 기러기라는 뜻으로, '야생 기러기의 계곡'이라는 의미가 담겨 있다. 자연과 함께 상생하려는 노력은 오랜 세월 이곳 사람들의 숙명이 아니었을까?

최고급 위스키가 잠들어 있는 아름다운 숙성고

로버트와 함께 1번 숙성고로 이동했다. 숙성고에서는 쿰쿰하면서도 달콤한 위스키 향이 느껴졌다. 1910년까지는 보리를 건조시키는 가마로 사용되던 곳이라, 일반적인 더니지 숙성고와는 달리 곳곳에 예전 흔적들이 보였다. 가마를 개조해서 만든 1번 숙성고에는 여러 숙성고에서 엄선한 최고급 캐스크만 보관되어 있다. 글렌고인 증류소는 현재 약 1만 2천 개의 오크통을 숙성하고 있는데, 그중 더니지 숙성고에는 약 5천5백 개가 숙성 중이고, 나머지 대부분의 위스키는 약 10~12미터 높이로 쌓은 팔레트 숙성고에서 숙성하고 보관한다.

"이곳에서는 마음껏 사진을 찍을 수 있어요, 보연."

"와, 숙성고가 정말 아름다워요!"

숙성고 한쪽의 벽에는 여러 종류의 오크통에서 숙성한 위스키 원액이 레몬차 색부터 해 질 녘 하늘의 색, 짙은 씨간장 빛이 도는 원액까지 순차적으로 스펙트럼을 이루며 진열되어 있었다. 로버트는 글렌고인에서 사용하는 두 종류의 오크통을 비교해가며 설명을 이어갔다.

"아메리칸 화이트 오크통과 북스페인에서 온 유러피언 오크통을 가지고 있어요. 각각의 오크통은 저마다 다른 특징이 있지요. 아메리칸 화이트 오크는 우선 내추럴 바닐라 향이 있고 샌달우드, 꿀, 코코넛, 열대 과일의 풍미도 있어요. 유러피언 오크는 훨씬 스파이시해요. 시나몬, 초콜릿, 오크, 건조 과일, 크리스마스 케이크 같은 풍미를 보틀에서 느낄 수 있죠."

특히 스페인의 오크통을 사용하면서는 그 지역에 적어도 20그루 이상을 다시 식재하고 있다고 덧붙였다. 또한 지속가능성이 중요하기 때문에 오크나무 숲의 5퍼센트만 사용하도록 제한하고 있다고 했다. 적어도 2백 년 이상은 이 숲이 잘 보존될 수 있도록 말이다.

글렌고인의 가장 큰 특징 중 하나는 위스키를 숙성하는 오크통을 사전에 준비하는 데에만 6년 정도의 기간을 거친다는 점이다. 스페인 북부 지방에서 벌목한 후 나뭇결에 따라 재단한 뒤 북스페인에서 6개월 이상 건조하고, 다시 남스페인으로 옮겨 와 18개월 이상, 즉 2년간 자연 건조한다. 미국 오크도 비슷하게 4년 동안 건조를 거친다. 그렇게 건조하고 난 뒤에야 쿠퍼는 오크의 상태를 살피고 재단하고 조립해 오크통을 만든다. 완성된 오크통에는 셰리 와인을 담아서 오크통 시즈닝을 하는데, 이때 셰리 와인은 올로로소 셰리 와인을 사용한다. 셰리 와인은 오크통에서 2년 반 이상 숙성된다. 이렇게 긴 세월을 거친 오크통은 대략 1천5백 유로(한화로 약 216만 원) 정도로 비싸다. 오크통의 컨디션에 따라 차이가 있지만 통상 세 번까지 재사용하고 평균 60년 정도 사용한다.

"그러면 올로로소 셰리 캐스크만 사용하나요? 페드로 히메네즈는 안 쓰고요?"

"아주 적은 비중으로 페드로 히메네즈를 사용하기도 합니다."

매년 천사가 글렌고인 증류소에서 약 3만 3천 병의 위스키를 가져간다고 덧붙였다.

"우리는 천사가 내려와 위스키를 맛보고, 다시 천국에 가서 비를 내린다고 생각해요."

오늘의 비가 내일의 위스키가 되는 곳, 바로 여기 스코틀랜드의 이야기다. 오크통에서 숙성되는 동안 발생하는 연간 위스키 증발량을 엔젤스 셰어라고 하는데, 보통 스코틀랜드에서는 1~2퍼센트가 발생한다.

우리는 조금 옆으로 이동해서 1번 숙성고의 메인 공간을 자세히 살펴보기 시작했다. 여느 대저택의 입구처럼 굳게 닫힌 창살 사이로 검은 흙바닥 위에 뚜껑의 색이 다른 오크통이 3층으로 쌓여 있었다.

"가장 오래된 오크통은 여기 빨간색의 네 개인데, 1972년에 통입된 거예요. 내년에 50년 숙성 위스키로 출시할 예정이죠."

2021년에는 1967년, 1968년, 1969년에 증류해서 통입한 위스키를 병입했는데, 그동안 증발량이 많아서 딱 150개의 보틀이 나왔다고 한다. 200리터 기준의 오크통 한 개에 10년 이상 숙성하면 보통 200~230병 이상의 위스키가 나오는 것을 감안할 때, 정말 적은 양의 위스키가 남은 것이다.

"여기 아주 재미있는 캐스크들이 보이지요? 뚜껑이 글씨를 읽어 볼래요?"

"롯데 캐스크네요!"

뚜껑에는 롯데 칠성 음료 회사라고 적혀 있었다. 글렌고인의 우리나라 공식 수입사는 롯데 칠성인데, 전 부회장님의 이름이 적힌 통부터 특별한 두 개의 오크통이 한쪽에 자리 잡고 있었다. 1번 숙성고는 보통 가장 긴 시간, 또 가장 귀한 원액을 보관하는 곳으로, 이 위스키들이 언젠가 세상에 나오는 그날이 상당히 기대된다.

"150년 전, 그러니까 아주 오래전부터 위스키 오크통 뚜껑에는 컬러 코드로 분류 표기를 했어요. 어떤 타입인지, 재사용을 했는지 그런 표기였죠."

"색깔에는 어떤 의미가 있는 거예요?"

"당시에는 모두가 글을 읽을 줄 아는 건 아니었거든요. 그래서 컬러 코드로 표기해둔 거예요."

모든 증류소는 저마다의 컬러 코드를 가지고 있다. 처음 사용하는 통은 검은색으로, 재사용하는 경우에는 보통 흰색으로 페인트칠

글렌고인 증류소의 숙성고 내부.

DUMGOYNE
247
1995
499
GLENGOYNE DISTILLERY
DUMGOYNE
247
2006
2417
GLENGOYNE DISTILLERY
DUMGOYNE
2011
1740
GLENGOYNE DISTILLERY
DUMGOYNE
1567
GLENGOYNE DISTILLERY
DUMGOYNE
484
3210
GLENGOYNE DISTILLERY
DUMGOYNE
2002
360
GLENGOYNE DISTILLERY
DUMGOYNE
474

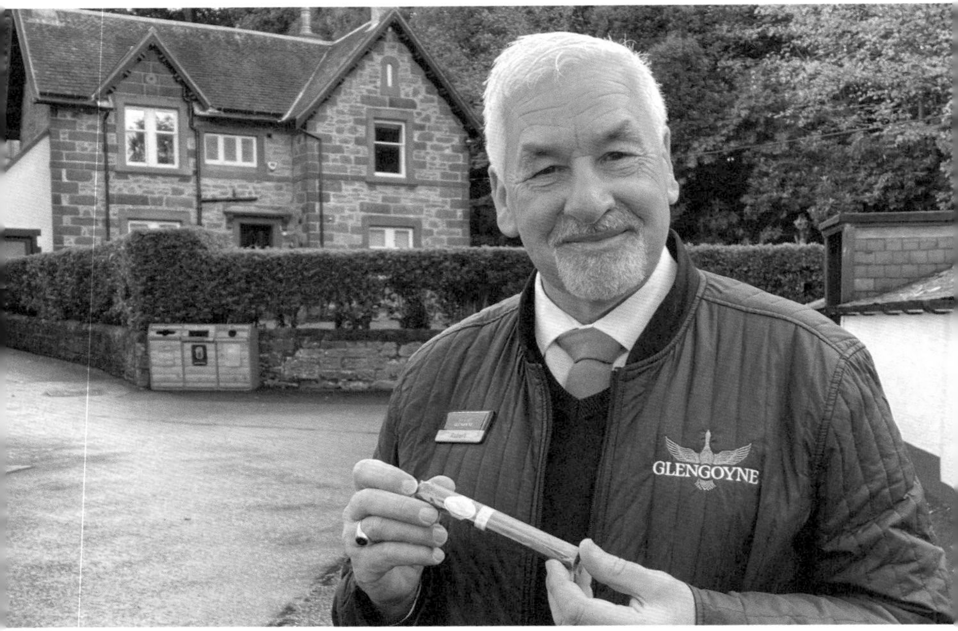

1 글렌고인 증류소의 투어 매니저 로버트.

2 글렌고인 증류소의 올드 하우스 외관.

을 한다. 또 좋은 향을 가진 오크통을 따로 구분해서 페인트칠을 하는 경우도 있다.

"여기는 온도를 조절하나요? 자연 그대로 두나요?"

"온도를 조절하는 장치는 따로 없어요. 여기는 엄청나게 극적으로 온도가 변하진 않아요. 여름과 겨울도 천천히 더워지고 천천히 추워지죠."

"그럼, 우리 올드 하우스로 움직여볼까요? 거기서 로비 휴를 만날 수 있을 거예요."

곧 다가올 겨울에는 숙성고의 습기와 온도가 어떻게 변할지 상상해보면서, 우리가 지나쳐 왔던 올드 하우스로 이동했다.

로버트와의 글렌고인 증류소 투어는 〈여행의 끝, 위스키〉 유튜브 채널에서 감상할 수 있다.

INTERVIEW

글렌고인 디스틸러리 매니저, 로비 휴

다정한 로버트 덕분에 글렌고인 증류소의 따뜻한 표정과 온기를 느낄 수 있었다. 로버트와 증류소 구석구석을 돌아보는 동안 디스틸러리 매니저 로비 휴가 도착했다.

“많이 기다렸죠?”

“로버트 덕분에 증류소를 속속들이 둘러보는 재미가 있었어요.”

"뭔가 전달이 좀 꼬인 것 같은데, 다행히 제가 가까운 데 있었어요. 집이 이 근처거든요. 시내에서 오후 2시에 일이 있으니까, 한 시간 반 정도 여유가 있어요. 그럼, 천천히 이야기를 나누어볼까요?"

나는 간단히 자기소개를 하고 작은 선물로 나의 책 『하루의 끝, 위스키』와 다비도프 시가 코리아 에디션을 전달했다. 곧 인터뷰가 시작되었다.

Q 여기서 2003년부터 일하셨다고 들었어요. 2023년이 근무하신 지 20년이 되는 해인데 특별한 이벤트가 있나요?

A 딱히 없어요. 20년의 세월이 엄청 긴 시간이라고 생각하진 않거든요. 물론 이곳 증류소에서 근속한 시간이 저에게 가장 긴 시간인 건 맞아요. 저는 열여덟 살 때부터 업계에서 일하기 시작했거든요. 글렌고인이 저의 12번째, 어쩌면 13번째 증류소일 거예요. 정말 많은 증류소에서 근무했죠. 글렌고인에 오기 전에는 디아지오에서 일했어요. 최근 시바스에서 인수한 얼라이드 증류소Allied Distillers에서도 일했고, 캐나다 회사인 하이람워커앤드선즈에서도 일했지요. 여러 곳에서 일했지만 제가 가장 오랫동안 일한 데가 바로 이곳 글렌고인이에요.

Q 그래도 20년은 긴 시간이잖아요?

A 아니에요. 위스키 업계에서는요. 어쩌면 다른 업계에서는 긴 시

간일지도 모르겠네요. 보통 3~4년에 한 번은 이직하기도 하니까요. 하지만 위스키 업계에서는 한 증류소에서 40년 이상 근무하는 일이 다반사예요. 열여섯이나 열일곱 살 무렵부터 근무하기 시작해 예순다섯 살까지 근무한 분들도 꽤 알고 있어요. 그래서 아직은 축하 파티를 할 때가 아니라고 생각해요.

Q 여러 커리어를 거쳐 오셨는데, 왜 2003년에 하필 글렌고인을 선택하셨나요?

A 그전까지 저는 주로 큰 회사에서 일했어요. 대기업에서 일할 때는 많은 지원을 받을 수 있죠. 일하다 보면 항상 문제가 생기는데, 그럴 때 누군가에게 바로 전화 한 통으로 조언을 구할 수 있다는 장점이 대기업에는 있지요. 2003년에 지금의 회사(이언 맥클로드 증류소)가 글렌고인 증류소를 매입했어요. 당시 이들에겐 위스키 산업의 경험이 전무했죠. 증류소를 운영해본 적도 없었어요. 제게도 아주 큰 도전이었고요. 그즈음 저는 19년의 경력이 있었어요. 그 젊은 나이에 이렇게 좋은 증류소를 운영할 수 있는 기회는 정말 드물었죠. 거의 스스로 운영해야 하는 상황이었거든요. 지원이 별로 없을 거라는 걸 이미 알았어요. 재정적 조언이라든가 비즈니스에 대한 조언 같은 거요. 그런 환경에서 실제로 위스키를 만드는 일은 엄청난 도전이자 기회라고 생각했어요. 제가 일하고 있던 디아지오는 물론 좋은 회사였지만, 글렌고인으로 이직하는 건 좀 더 주체적으로 일할 수 있는 기회가 주어진다는 걸 의미했죠. 저는 이 일을 진심으로 즐기고 있고, 당시의 선택을 한순간도 후회한 적이 없어요.

Q 무엇이 당신을 위스키 산업에 뛰어들게 만들었나요? 자라온 환경에서 자연스럽게 받아들여진 건가요?

A (웃음) 전혀 자연스럽지 않았어요. 저는 용접공이 되려고 했어요. 그런데 어느 날 밤 아버지가 제게 오시더니 발블레어 증류소에 자리가 있다고 말씀하시는 거예요. 내일 아침에 디스틸러 매니저를 만나보라고 하셨죠. 지미라는 매니저에게 제 이야기를 해두었다면서요.

Q 원래 지미와 아버님은 아는 사이였나요?

A 아니에요. 전날에 친구들과 술집에 갔는데, 거기서 만난 지미가 아버지에게 자기 회사에 공석이 있다고 이야기한 모양이에요. 배럴을 이동하는 업무였죠. 아버지는 아들이 일자리를 구하고 있으니 내일 아침에 한번 보내보겠다고 한 거죠. 그래서 다음 날 저는 지미를 만나러 갔고 5분 정도 인터뷰를 진행했어요. 그게 시작이었죠. 1984년 10월 1일이에요. 그 뒤로 30년이 흐른 거죠. 소명 의식이 있거나 뭐 그런 건 아니었어요.

Q 저는 운명이라고 생각되는데요?

A 아니에요. 저는 학교를 다니지도 않았고, 위스키 증류소에서 일하는 것도 원하지 않았어요. 그렇지만 증류소에서 일하기 시작했을 때는 정말 좋았어요. 진짜 많이요.

Q 그러면 근무하셨던 발블레어의 위스키를 마셔보면 글렌고인을 이해하기 쉬울

까요? 당신의 위스키 스타일을 좀 더 이해하고 싶거든요.

A 둘은 전혀 달라요. 발블레어는 더 북쪽에 있고, 좀 더 묵직합니다. 물론 너무 멋진 위스키죠. 글렌고인은 좀 더 가볍고 과실감이 더 풍부해요. 모든 위스키 증류소는 스타일이 제각각이에요. 저는 그게 싱글몰트의 위대함이라고 생각해요. 예를 들어 보드카는 증류소마다 다른 점을 찾기 어렵지만, 위스키는 다른 점을 쉽게 찾을 수 있잖아요. 글렌고인을 투어했으니 이미 아실 텐데, 우리는 천천히 증류하는 게 특징이에요. 제가 여태까지 일했던 증류소 중에서 가장 느리게 증류하고 있어요. 천천히 증류하면 위스키의 풍미를 구성하는 매우 많은 요소들(congeners)이 생성됩니다. 그 풍미들이 다음 과정에 영향을 미치게 되죠.

Q 그러면 천천히 증류하는 것이 더 좋은 향을 만들까요?

A 천천히 증류하는 것은 알코올이 구리에 접촉하는 시간을 늘려주기 위한 거예요. 증류가 진행되는 동안 무거운 물방울은 다시 떨어지고, 가벼운 물방울은 다시 올라가요. 그러면서 서로 교차하게 되는데, 천천히 증류하면 그 시간이 늘어나게 되죠. 그러면서 에스테르 형성이 촉진돼 특별한 풍미를 가진 글렌고인이 완성되는 거예요.

Q 그래서 글렌고인이 섬세하면서도 과실감이 풍부한 거군요.

A (잔에 있는 위스키 향을 맡으며) 네, 이 위스키를 음미해보면 엄청난 과실 향을 느낄 수 있어요. 이건 12~14년 숙성된 원액인가 보군요.

글렌고인 증류소의 증류기.

갓 증류한 뉴메이크를 마셔보면 청사과 향이 짙게 나거든요. 가장 주요한 향이 청사과이고, 그 아래로 가죽 향도 느껴져요. 새 가죽이요. 새 시계 또는 새 가죽 재킷에서 느껴지는 그런 향이요. 그런데 이 청사과가 점점 빨갛고 잘 익은 사과로 변해요. 향의 이런 변화는 매우 드문 거예요. 글렌고인의 주요한 특징이지요.

Q 당신의 첫 싱글몰트는 무엇이었나요?

A 아마도 발블레어였을 거예요. 발블레어를 마시기 전에는 위스키에 흥미가 없었거든요. 제가 정식으로 고용되었을 때는 열여덟 살에 불과했고, 그 나이에는 누구도 싱글몰트를 마시지 않았어요. 아마도 그때는 보드카를 마셨을 거예요. 보드카 코크나 보드카 오렌지 주스 같은 칵테일이요. 발블레어에서 처음 테이스팅할 때는 그렇게 좋은지 몰랐던 것 같아요. 어릴 때는 그냥 달콤한 것이 좋잖아요. 그런데 시간이 지나고 나이를 먹으면서 아마도 스물두 살 즈음에 싱글몰트 위스키를 제대로 감상할 수 있게 된 것 같아요.

Q 그렇군요. 역시 싱글몰트는 어른의 술이군요. 저는 위스키에 사용하는 보리가 궁금해요. 스코틀랜드에서도 위스키에 사용하는 보리 품종이 계속 변화해왔는데, 요즘은 어떤 보리를 사용하는지, 왜 그 품종을 선택했는지가 궁금해요.

A 글렌고인에서 보리를 바꾼 지가 3~4년 정도는 된 것 같아요. 보리는 여러 병충해에 약하기 때문에 주기적으로 품종을 바꿔줘야 해요. 농부들은 보리 품종을 어떤 때는 2년에 한 번꼴로 바꿀 때도 있

어요. 들판에서 씨앗을 심고 거두는 농부에게는 높은 수확량이 중요하잖아요. 보리의 수확량이 줄어들면 수익도 주니까요. 디스틸러의 입장에서는 우선 많은 양의 보리가 필요해요. 그래서 일 년에 두 번씩 바꿀 때도 있어요. 3개월에 한 번씩 점검하죠.

그런데 보리 품종이 위스키 풍미를 아주 많이 좌우하지는 않아요. 예를 들어 몰팅하는 과정에서 피트를 넣으면, 보리에 그 풍미가 담기게 되죠. 글렌고인은 보리에서 알코올의 수율에만 집중해요.

Q 그럼 요즘은 어떤 보리를 사용하나요?

A 지금은 로리엇 품종을 사용하고 있어요. 일 년 넘게 사용하고 있죠. 아마 앞으로도 일 년은 더 사용하게 될 것 같아요. 여전히 골든 프로미스를 사용하기도 해요. 골든 프로미스는 1960년대부터 사용했고, 아주 오래됐죠. 현재는 많은 증류소에서 골든 프로미스를 사용하지 않지만, 글렌고인에서는 골든 프로미스를 종종 사용하기도 합니다.

Q 보리에 대한 공부는 정말 어려운 것 같아요. 수시로 새로운 품종이 등장하니까요.

A 그렇죠. 보리 산업은 엄청 큰 비즈니스예요. 보리 생산자들은 항상 새로운 품종의 보리를 테스트해요. 주로 스코틀랜드 북동쪽에서 재배하죠. 또 덴마크, 캐나다, 뉴질랜드 등 외국에서 재배하는 보리를 수급하기도 하고요. 모든 보리가 위스키를 만들 수 있는 보리

가 되기는 어려워요. 가끔 병충해가 너무 심할 때도 있고, 수율이 너무 낮을 때도 있어요. 당화 과정에 적합하지 않을 때도 있지요.

Q　밀링 룸에서 보니까 보리를 제분해서 플라워 10퍼센트, 허스크 20퍼센트, 그리츠 70퍼센트의 비율로 사용하더군요. 이 비중은 어떤 의미가 있나요?

A　이건 디스틸러의 비율이라고 보면 돼요. 다른 스타일의 스피릿이 필요할 때는 그 정도를 조율하기도 해요. 글렌고인은 보통 허스크를 20~25퍼센트 정도 사용해요. 그럼 배수가 잘 되거든요. 배수가 잘 되면 중간 부분(그리츠)에서 당을 추출하기가 쉬워지죠. 이 중간 부분의 비중이 달라지면, 스피릿의 캐릭터에 영향을 주게 돼요.

Q　그럼 예전부터 사용하던 레시피로 진행하고 있는 거예요?

A　네, 맞아요! 아까 봤던 밀링 룸은 아주 오래된 곳이에요. 1912년부터 시작했으니까 벌써 백 년이 넘었죠. 우리는 그 시간 동안 같은 비율을 유지하고 있어요. 변화를 주지 않고 쭉 고수해 나가려고 노력하고 있지요.

Q　고숙성 위스키이거나 정말 특별한 위스키인 경우에도 레시피를 그대로 사용하나요?

A　네, 우리는 정말로 그 어떤 것도 바꾸지 않아요. 골든 프로미스 또는 로리엇을 쓰더라도 이 비율을 바꾸지는 않죠. 위스키가 매우 비싼 오크통에 들어갈 거라는 걸 알고 있기 때문에 아무것도 바꾸지

않아요. 일관성을 유지할 거예요. 위스키 풍미에 영향을 주기 때문에 매우 조심스럽지요.

Q 당신의 최애 글렌고인이 무엇인지 궁금해요. 그리고 왜 좋아하는지도요.

A 대답하기 어려운 질문이네요. 저의 최애 위스키는 더 이상 우리가 생산하지 않는 글렌고인 17년이에요. 몇 년 전에 생산을 중단했죠. 제가 스물다섯 살 때 바에서 처음으로 글렌고인 17년을 마셨어요. 17년 숙성 위스키 그 이상의 섬세한 맛과 향이 느껴져 도저히 17년 숙성이라고 믿기 어려울 정도였죠. 1980년대에 글렌고인은 유러피언 오크의 비중이 높았어요. 셰리 오크도요. 당시 제가 일하던 발블레어는 그렇지 않았거든요. 주로 아메리칸 오크, 버번 캐스크를 사용했죠. 셰리의 비중은 거의 없었어요. 저는 당시에 그런 특별한 스타일의 위스키를 경험해보지 못했어요. 그래서 처음 글렌고인 17년을 마셨을 때 충격을 받았던 거죠. 그 균형감과 과일의 향 그리고 뒤에 따라오는 스파이스들. 그래서 글렌고인 17년은 언제나 제 톱3 위스키 중 하나예요. 그리고 이곳의 매니저로 왔을 때 제가 그 위스키에 접근할 수 있다는 걸 알았어요. 제가 생각하는 기드 위스키guid whisky(guid는 게일어로 good이라는 뜻이다)는 항상 글렌고인 17년이었어요. 아쉽게도 우리가 더 이상 생산하지 않지만요. 현재는 15년 숙성 위스키를 출시하고 있어요. 지난 3~4년 전부터 재고가 여의치 않아서 이조차 생산하기가 어려웠죠. 이번 주부터 다시 15년을 소개할 수 있게 되었어요.

Q　그래서 15년이 17년을 대체할 수 있다는 말이지요?

A　네, 17년은 천천히 사라지게 된 거죠.

Q　그럼 글렌고인 17년 보틀은 가지고 계세요?

A　네, 한 병은 집에 있어요. 여기에는 없고요.

Q　위스키 컬렉션에 관해서도 설명해주실 수 있나요? 혹시 컬렉션의 특별한 기준 같은 게 있는지요?

A　제 위스키 컬렉션이 엄청나진 않아요. 저는 감상하고 모은다기보다 마시는 쪽이거든요. 그렇지만 제가 임페리얼 증류소에서 일할 때 생산된 100주년 보틀처럼 특별한 보틀이 출시될 때는 좀 사두죠. 글렌엘긴 100주년 기념 보틀이 나오면, 또 사둡니다. 가끔 귀한 위스키라고 생각되면 두 병을 삽니다. 한 병은 마시고, 한 병은 보관하려고요. 아마도 2백~3백 병 정도의 위스키를 가지고 있는 것 같아요. 얼라이드 디스틸러스에서 일할 때는 라프로익이 얼라이드 소속이어서 라프로익의 스페셜 보틀이 있어요. 엄청 다양한 보틀이 있었지요. 아일라의 위스키들, 맥캘란, 엄청 많은 탐듀, 발베니, 발블레어, 엄청 많은 글렌고인이요.

그래서 제 아이들은 언젠가 딜레마에 빠지겠죠. 제 셀러의 위스키 컬렉션을 어떻게 할지에 대해서 말이죠. 그들이 어떻게 할지는 알 수 없지만, 아무튼 저는 최대한 위스키를 즐기려고 해요. 물론 컬렉션 중에 몇 가지는 나이가 좀 더 들었을 때 마실 거예요.

Q 저도 컬렉팅보다는 마시는 걸 선호해요.

A 맞아요, 저는 즐기는 게 더 중요하다고 생각해요. 예를 들어 임페리얼 100주년 보틀은 이제 2천 파운드나 하더군요. 그냥 위스키였는데 지금은 오픈하기도 어려워졌어요. 이런 건 마시는 게 아니니까요. 너무 귀중해져서 오픈하기는 글렀어요.

Q 다음 질문을 해볼게요. 현재 기후 변화와 인플레이션 등 다양한 문제들이 발생하고 있는데, 이런 것들이 위스키 산업의 미래에 어떤 영향을 끼칠까요?

A 위스키 산업뿐만 아니라 현재 모든 사업이 직면한 문제라고 생각해요. 바로 눈앞에 당면한 문제는 에너지 위기와 인플레이션이에요. 원자재 비용과 인건비도 계속 증가하고 있고요. 당장의 보리 가격 인상만 봐도 그래요. 소비자에게는 바로 위스키 보틀의 가격 인상으로 다가올 겁니다. 반면에 기후 변화 문제는 훨씬 큰 문제지요. 뜨겁고 건조한 날씨 때문에 당장의 보리 재배도 쉽지 않거든요. 물 부족에 대한 문제나 탄소 배출에 대한 부분도 걱정이고요. 글렌고인의 습지 환경 캠페인에 대해 혹시 들어봤나요?

Q 네, 그럼요. 로버트와 함께 거닐면서 숙성고 뒤쪽부터 크게 조성된 습지에 대한 이야기를 들었어요.

A 그랬군요. 증류소를 생태학적으로 보존하기 위한 노력이에요. 현재 우리는 아일라에도 새로운 증류소를 설립하는 프로젝트를 준비하고 있어요. 이 증류소는 가장 친환경적인 증류소를 지향하고 있기

때문에 여러 측면에서 고민하고 있어요. 최대한 자연에 영향을 적게 주기 위한 노력을 기울이는 거죠. 10년에서 오래 걸리더라도 20년 내에 탄소배출량 제로를 목표로 하고 있어요. 물론 여전히 어려운 점이 많지만요. 석유와 가스를 전혀 사용하지 않고 증류소를 운영하는 게 현재로서는 쉽지 않지만, 이를 극복하기 위한 방안을 지속적으로 모색하고 있어요.

Q 그럼 이런 문제들을 논의하기 위해서 다른 증류소의 마스터 디스틸러들과도 교류하나요?

A 네, 저희는 스카치 위스키 협회와 멀티 디스틸러스 협회를 통해서 주기적으로 미팅하고 있어요. 저녁 식사 후에 끝없는 대화를 나누죠. 재미있는 것은 스코틀랜드의 증류소들은 서로가 적대적이지 않다는 거예요. 저희는 나란히 함께 성장하기 위해 서로 돕고 고민을 나눕니다. 가령 이곳 글렌고인 증류소에서 뭔가 문제가 발생하면, 저는 다른 증류소의 매니저에게 바로 전화해서 그 문제를 이야기해요. 그러면 함께 해결하기 위한 방안을 제시해주죠. 때로는 제품으로 시장에서 경쟁할 때도 있지만, 기본적으로는 함께 문제를 해결하고 성장하기 위해 노력하는 관계예요.

특히 탄소중립을 위한 과제는 어느 증류소나 당면한 문제예요. 서로 어떤 프로젝트를 진행하고 있는지, 무엇이 도움이 되었는지 등을 함께 공유합니다. 우리 증류소의 습지 프로젝트도 좋은 사례이기 때문에 다른 증류소의 많은 디스틸러 매니저들이 보러 오기도 해요. 문제와 해결책을 공유하는 거죠.

Q 건강한 관계군요! 이제 거의 마지막 질문으로 왔어요. 앞으로 미래에는 어떤 일을 계획하고 있나요?

A (웃음) 저는 현재 여러 가지 프로젝트를 담당하고 있고 새로운 론칭을 앞두고 있어요. 인도에 증류소를 설립할 준비도 하고 있고요. 스코틀랜드의 아일라에도 준비하고 있어요.

Q 인도에 새로운 증류소를요? 암룻과 같은 증류소와 제휴하는 게 아니고요?

A 완전히 새로운 증류소를 세우는 거예요. 또 다른 도전이죠.

Q 아일라에서의 도전도 신선한데요?

A 아일라 쪽도 걱정이 많아요. 현재 아일라에는 증류소가 많기 때문에 물 부족 문제를 어떻게 개선할지, 부족한 인력을 또 어떻게 충당할지가 고민거리예요. 지역 커뮤니티에 잘 적응하고 함께 성장해 나가야 하는 부분도 큰 숙제지요.

Q 아일라에 사는 분들은 거의 모두 증류소에서 근무한다고 들었어요. 새로운 인력을 배치하는 것도 쉬운 일은 아닐 것 같네요.

A 현재 아일라에는 11개의 증류소가 있는데, 저희가 아마 12번째 증류소가 될 거예요. 아일라 섬으로 이동하는 수단도 문제가 될 거예요. 배편으로는 충당하기 어려울 것 같아요.

Q 사람도 그렇고, 물류의 이동도 만만치 않겠네요.

A 맞아요. 하나씩 해결해 나가야 하는 숙제지요. 이런 프로젝트들이 현재 제가 미래를 위해 준비하는 일들이에요. 언젠가 저도 은퇴하게 되겠지만, 그때까지 지금 소속되어 있는 이언 맥클로드에서 최선을 다해 맡은 일들을 해보고 싶어요. 지금 우리 회사는 가족 경영을 하는 회사거든요. 그래서 당장 주주의 눈치를 본다든가 하는 일 없이, 긴 호흡으로 장기적인 안목으로 계획하고 증류소를 이끌기 때문에 좋은 회사라고 생각하고 있어요. 우리는 5~10년 뒤가 아니라 다음 세대, 그다음 세대를 위해 고민해요. 환경에 대한 문제도 그래서 글렌고인이 더 적극적으로 고민하고 움직이고 있는 거예요.

Q 오, 너무 좋네요! 다음 세대를 위한 위스키 증류소라니. 최근에 글렌고인의 인기가 엄청 높아졌어요. 그래서 늘 재고가 부족하잖아요. 한국의 팬들에게 한 말씀 부탁드려도 될까요?

A 한국의 위스키 찐 팬들, 조금만 기다려주세요. 저희는 진짜 열심히 일하고 있어요. 24시간, 7일간, 거의 매일 위스키를 생산하고 있어요. 우리가 할 수 있는 한 최대한 준비하고 있습니다. 물론 위스키가 숙성되는 데에는 10년, 20년 이상 걸리니까 빠르게 해결되기는 어렵겠지만요. 매년 위스키 생산량을 늘리면서 수요에 발맞추기 위해 노력하고 있어요. 얼마 전에 다시 글렌고인 15년 판매가 재개되었잖아요. 그렇게 하나씩 해결해볼 거예요. 지속적으로 좋은 위스키를 생산하기 위해 만반의 준비를 하고 있어요.

Q 맞아요! 최근에 글렌고인 15년 판매 소식이 참 반가웠어요.

A 한국은 저희에게도 정말 큰 시장이기 때문에 중요하게 생각하고 있어요. 유통 총판을 담당하는 롯데와의 파트너십도 공고히 하고 있고요. 글렌고인을 사랑해주셔서 감사하게 생각하고 있습니다.

Q 많은 위스키 팬들이 싱글 캐스크 위스키를 목 빠지게 기다리고 있잖아요. 글렌고인 코리아 에디션도 출시될까요?

A 싱글 캐스크는 너무 재미있지요. 각각 개성이 다른 위스키 캐스크를 숙성고에서 찾아서 맛보는 작업도 좋고요. 아마도 한국을 위한 특별한 위스키도 적당한 시기에 소개하게 될 거라고 봐요.

Q 그날만 기다리고 있을게요. 증류소 숍에 핸드필 위스키도 있다고 들었어요. 증류소 숍에서 판매하는 핸드필 위스키의 캐스크는 얼마나 자주 바뀌나요?

A 지금 숍에 있는 캐스크도 싱글 캐스크인데, 지난달 말에 오픈했어요. 이번 달 말이면 아마 다 판매될 것 같아요. 숍에서만 살 수 있는 거 알지요?

Q 네, 일인당 두 병이라고 들었어요. 제한을 둔 특별한 이유가 있나요?

A 그냥 두면 모두가 전부 사고 싶어 해요. 이건 증류소를 방문하는 분들을 위한 팬서비스 같은 거예요. 최대한 많은 분들이 즐길 수 있도록 말이죠. 핸드필 위스키 캐스크를 고를 때는 너무 고숙성이거나 너무 비싼 것으로 하지 않아요. 10~15년 정도 숙성된 좋은 위스키

를 선택해서 시중에서 판매되는 것보다 합리적인 가격으로 준비합니다. 모두가 즐길 수 있도록 배려하는 거죠.

Q 인터뷰 마친 후에 핸드필 위스키에 사인을 요청해도 될까요?

A 그럼요, 같이 이동합시다.

Q 오늘 인터뷰에 긴 시간 내주셔서 감사해요.

A 별말씀을요. 저도 즐거웠어요.

디스틸러리 매니저 로비 휴와의 인터뷰는
〈여행의 끝, 위스키〉 유튜브 채널에서 감상할 수 있다.

글렌고인 증류소의 올드 하우스 내부에 있는 테이스팅 랩.

TIP12

친환경 생산을 위한 글렌고인 증류소의 도전

2011년에 글렌고인 증류소는 습지대를 조성하기 위해 20종의 식물 1만 4천5백 그루를 심었다. 단 이틀 만에 습지는 폐수를 맑은 물로 바꾸어주었다. 증류소에서 나오는 액체 폐기물을 멀리까지 운반할 필요가 없도록 가까운 곳에 자연 정화 시설을 갖춘 것이다.

글렌고인에서 발생하는 액체 폐기물은 12개의 습지대에 빽빽한 갈대밭으로 조성한 작은 웅덩이를 통과하게 된다. 이 과정을 통해 천천히 정화된 물은 이후 로몬드 호수Loch Lomond와 강으로 합류하게 된다.

이 습지대는 폐기물을 25퍼센트 이하로 줄어들게 한다. 또 남겨진 고체 폐기물은 354가구가 사용할 수 있는 에너지로 제공된다. 어느덧 이 프로젝트가 시작된 지 11년이 지났다. 현재 글렌고인 습지대는 생물종의 다양성을 잘 보전하면서 지역의 야생동물들에게 안식처를 제공하고 있다. 글렌고인 언덕에 올라가면 풍력 발전을 하는 커다란 팬이 보이는데, 이를 통해 백퍼센트 풍력 에너지로 증류소를 가동하고 있다.

글렌고인 증류소에서 습지 조성 10주년을 기념해 10년 싱글 캐스크 제품 위스키로 'Wildfowl and Wetlands Trust Cask'를 출시했다. 습지 조성 프로젝트가 시작된 직후에 첫 증류된 위스키를 퍼스트 필 유러피언 셰리 오크에 숙성했다. 판매 수익금은 WWT(Wildfowl and Wetlands Trust, 야생 새와 습지 트러스트)에 전달되어, 영국 전역에 더 많은 습지를 만드는 프로젝트에 지원될 예정이라고 한다.

餘談5

오직 증류소에서만 구매 가능한 위스키

위스키 애호가들이 증류소에서 가장 흥분하는 순간은 다음의 두 경우다. 하나는 숙성고에 있는 오크통에서 발린치로 직접 위스키를 뽑아내 테이스팅할 때고, 다른 하나는 오직 증류소 숍에서만 구매할 수 있는 위스키를 만날 때다. 모든 증류소에서 항상 이 서비스를 제공하지는 않기 때문에 보통은 운이 좋아야 만날 수 있는 절호의 기회다.

“글렌고인 증류소 숍은 좀 둘러봤어요?”

“아까 기다리면서 아주 살짝요.”

“그럼 같이 가서 구경할래요? 여기에서만 만날 수 있는 위스키가 있어요.”

“물론이죠!”

나의 큰 목소리에 마스터가 흠칫 놀란 모양이었다. 나는 흥분하면 목소리가 매우 커지면서 떨리는데, 함께 위스키 핸드필을 한다는 사실에 데시벨 조절에 실패했다. 마스터와 함께 증류소 숍으로 들어갔다. 그를 본 직원들이 농담 섞인 인사를 건넨다. 증류소를 총괄하는 마스터를 어려워하는 사람이 하나도 없는 것으로 보아, 글렌고인은 매우 수평적인 관계로 운영되고 있다는 걸 눈치챌 수 있었다.

숍 안쪽에는 11년간 올로로소 셰리 캐스크에서 숙성된 56.5도의 위스키가 보였다. 글렌고인 증류소는 셰리 캐스크 위스키가 특히 매력적

1 디스틸러리 매니저 로비 휴의 서명.

2 핸드필 위스키를 처음 담아보는 로비 휴.

3 핸드필 위스키 딥핑.

이다. 오늘 운이 좋다.

“우리가 병입하는 걸 도와줄 수 있나요?”

로비 휴의 말이 끝나기 무섭게 한 직원이 빈 보틀을 들고 와서 병입 방법을 설명해주었다. 일인당 최대 두 병까지 구매할 수 있다고 한다.

“그럼 두 병 담을게요. 한 병은 마스터가 직접 담아주시면 좋겠어요.”

“제가요? 알겠어요. 저도 이곳에서 핸드필은 처음 해봅니다.”

실린더의 레버를 당기니 위스키가 가득 차오른다. 잠시 기다렸다가 보틀을 대고 레버를 내렸다. 졸졸 위스키가 담긴다. 옆으로 이동해서 뚜껑을 닫고 라벨을 붙였다. 특별히 마스터에게 사인을 요청했다.

“보통은 직원이 뒤편으로 가서 병뚜껑에 밀랍으로 실링 작업을 해주거든요. 여기는 일반 고객의 동선은 아니에요. 오늘은 특별히 뒤로 가서 같이 한번 볼까요?”

로비와 동행한 덕분에 재밌는 경험을 많이 한다. 담당자가 실링 시범을 보여주더니, 다른 한 병은 직접 해보지 않겠냐고 제안했다.

“오, 그럼 제가 해볼게요.”

예전에 메이커스 마크 행사에서 비슷한 실링 체험을 해본 적이 있었지만, 생각보다 예쁜 모양으로 딥핑하는 것은 쉽지 않았다. 실링이 마를 동안 기다리고 있으면 포장을 해준다고 했다. 종이에 한 번 감싼 뒤 글렌고인이 새겨진 검정색 주머니에 위스키를 담아주었다.

“비행기를 탈 테니까 깨지지 않도록 포장해주는 게 좋겠죠?”

담당 직원은 편리한 에어캡을 사용하는 대신 재생 용지로 만든 삼각기둥 모양의 종이 박스에 위스키를 담아주었다. 환경을 고려하는 글렌고인 증류소의 면모가 위스키 포장에서도 엿보였다.

양손 가득 위스키와 굿즈를 들고 숍을 나와 교통편을 알아보기 시작했다. 현재 위스키가 전 세계적으로 많이 소비되면서 스코틀랜드의 증류소 대부분은 확장 공사를 하고 있었다. 특히 숙성고를 늘리는 공사가 곳곳에서 진행되고 있었는데, 좁은 2차선 도로가 1차선이 되기도 하고 버스 정류장이 사라지기도 했다. 글렌고인 증류소 역시 숙성고를 확장하면서 도로 공사도 함께 진행하느라 임시 버스 정류장이 마련되어 있는 듯했다.

"여기가 글래스고로 돌아가는 버스 정류장 맞나요?"

"나도 그러길 바라고 있어요."

볼이 발그스레한 무리들과 간절한 마음으로 함께 버스를 기다렸다. 17분 정도 지나니 버스가 왔다. 휴~ 안심이다. 숙소에 짐을 두고 이제 슬슬 글래스고 시내를 둘러볼까?

글렌고인 증류소의 임시 버스 정류장.

Glenfarclas

글렌파클라스 증류소

환경을 생각하는 드램 마라톤

드램 마라톤이 열리던 날

이번 스코틀랜드 방문에서 가장 궁금했던 행사는 드램 마라톤이었다. 술 한 모금을 뜻하는 드램Dram과 마라톤Marathon, 두 단어를 결합한 것인데, 보통 10월에 대회가 열린다. 스코틀랜드에서 가장 많은 증류소가 밀집되어 있는 스페이사이드에서 2017년부터 시작된 마라톤 대회로 올해 2022년에는 10월 15일 토요일에 열린다고 했다.

스코틀랜드 투어를 준비하면서 미친 검색 끝에 우연히 이 이벤트를 발견했다. 글렌파클라스에서 글렌피딕 증류소까지 여러 증류소를 통과하며 뛰는 이색적인 달리기 대회였다. 42킬로미터를 뛰는 코스는 풀 드램Full Dram이라고 하는데, 글렌파클라스 증류소에서 시작해 탐듀 증류소를 지나 아벨라워를 거쳐 글렌피딕에서 끝나는 코스였다.

풀 드램은 달리기 훈련을 전혀 하지 않은 내게는 불가능한 목표였다. 그래서 여러 프로그램 중에 아벨라워 증류소에서 글렌피딕 증류소까지 달리는 10킬로미터 코스의 현실적인 프로그램을 선택했다. 이 대회에 나가려고 한국에서 미리 트레이너와 상의해 러닝 훈련을 시작했다. 그런데 막상 티켓이 오픈되자 바로 솔드아웃되는 바람에 참가 신청을 못하고 말았다. 대회 주최 측과 여러 증류소에 수차례 메일을 보내며 질척거렸으나 결국 문은 열리지 않았다.

드디어 10월 15일 토요일, 비록 참가 신청은 못했지만 대회가 열리는 아침에 일찍 나와서 출발선과 피니시 라인에서라도 이 대회를 구경하기로 했다. 숙소인 매시턴에서 차로 십 분 정도 달려 글렌파클라스 증류소에 도착했다. 시계를 보니 9시 50분. 증류소 광장에 가득 모인 사람들은 벌써 몸을 풀고 있었다. 천5백여 명의 참가자들이 번호표를 달고 증류소를 가득 채웠다. 군중들 사이로 오래된 증류기가 우뚝 솟아 있는 모습이 눈에 띄었다.

구름이 잔뜩 끼어 금세라도 비가 쏟아질 것 같은 하늘에는 관심도 없다는 듯 선수들의 표정이 제법 진지하다. 스코틀랜드의 전통 의상인 킬트를 입은 연주자가 백파이프를 연주하기 시작했다. 연주를 마치고 큰 박수가 쏟아지자 바로 진행자가 마이크를 들고 외쳤다.

"이제 출발선에서 모두 준비해주세요. 드램 마라톤을 시작합니다. 준비, 3, 2, 1, 스타트!"

순차적으로 참가자들이 출발선을 지나 뛰기 시작했다. 야속하게도 하늘에서 빗방울이 하나둘 떨어지고 있었다.

탄소중립을 실천하기 위한 증류소의 노력

나는 선수들과는 반대 방향으로 몸을 움직여 글렌파클라스 증류소를 살피기 시작했다. 이날 마라톤 대회로 증류소 투어는 운영하지 않았는데, 저 멀리 보니 생산 팀은 출근을 한 모양이었다.

글렌파클라스 증류소는 스코틀랜드에서 가족 경영으로 회사를 운영하는 몇 안 남은 증류소 중 하나다.(그 외에 글렌피딕 증류소, 발베니 증류소와 캠벨타운에 위치한 스프링뱅크 증류소가 있다.) 설립된 지 약 185년이 지난 현재, 존 그랜트John Grant가 5세대 경영으로 헤리티지를 계승하고 있으며 그의 아들 조지George 역시 마케팅 업무로 경영에 참여하고 있다.

글렌파클라스는 전통적인 방식의 숙성고인 더니지 숙성고에서 위스키를 숙성하는데, 다음 세대를 위해 30개가 넘는 더니지에서 약 6만 8천 개의 오크통을 숙성하고 있다. 특히 더니지의 경우 습기가 더 많이 스며들 수 있는 흙바닥에서 오크통이 숙성되기 때문에 비교적 높은 습도에서 위스키가 천천히 숙성된다. 대개 패밀리 캐스크처럼 고숙성 위스키와 한정판 위스키를 생산할 때 많이 이용된다.

현재 5대(존 그랜트 3세)와 6대(조지 그랜트 4세)가 함께 가족 경영으로 이어가고 있는 글렌파클라스 증류소는 여전히 전통적인 방식을 고수하며 위스키를 만드는 곳 중 하나다. 전통적인 직화 방식 증류기traditional direct fired still로 2번 증류를 진행한다. (최근 거의 모든 스코틀랜드 증류소는 간접 가열로 증류한다.) 또, 숙성고는 더니지 숙성고로만 백퍼센트 구성되어 있다. 스페인의 한 가문이 운영하는 보데가Bodega에서 유러피언 오크 캐스크를 공수하여, 오직 셰리 와인 캐스크로 위스키를 만드는 것으로 유명하다.

글렌파클라스의 더니지 숙성고들을 지나 조금 더 걸어가니 구수하고 쿰쿰한 냄새가 빗줄기 사이로 바람을 타고 왔다. 매싱과 발효 작업장의 간판이 보였다. 매싱 작업을 거친 맥아즙은 발효조로 이동하게 되고, 남은 곡물 찌꺼기는 소의 사료로 재활용된다. 앞서 이야기한 헤어리 카우들의 주식이다. 위스키 산업 역시 최근 모든 산업 분야가 그러하듯 ESGEnvironmental, Social, Governance 경영이 화두다. 증류소도 탄소중립을 실천하기 위해 지역 환경 보존 캠페인에 적극적으로 동참하는 곳이 많다.

빗줄기가 점점 더 굵어지기 시작했다. 더 이상 글렌파클라스 증류소를 산책하기에는 무리라고 판단돼 차를 타고 피니시 라인이 있는 글렌피딕 증류소로 향했다. 증류소 앞에 있는 커피 팟Coffee Pot이라는 작은 카페에 들어가서 우비부터 조용히 벗었다. 뜨거운 블랙커피를 한 잔 마시면서 잠시 몸을 녹이고, 구글맵으로 근처를 살펴보았다.

카페 맞은편에는 포사이스 그룹의 사무실이 있었다. 포사이스는 증류기를 만드는 곳인데, 스코틀랜드와 아일랜드의 전통적인 위스키 명가들의 증류기를 제조한다. 글렌피딕과 글렌리벳, 글렌그랜트를 포함해 증류소에서 가장 많이 사용하는 증류기 브랜드다. 증류기를 살펴보면 음각으로 포사이스라고 적혀 있는 것을 확인할 수 있다. 스코틀랜드뿐만 아니라 미국의 우드포드 리저브, 대만의 카발란, 핀란드의 테렌펠리를 비롯해 한국의 쓰리소사이어티스 증류소 역시 포사이스의 증류기를 사용하고 있다.

한 시간가량 세차게 비가 내리더니 언제 그랬냐는 듯 햇빛이 밝게 비추기 시작했다. 카페에서 나와 글렌피딕 증류소 쪽으로 걸어갔다. 때마침 밝은 표정의 세 청년이 씩씩하게 목에 나무 메달을 걸고 지나가고 있었다.

"드램 마라톤을 완주하고 오는 길이에요?"

"네, 맞아요."

"혹시 그게 위스키 오크통을 재활용해서 만들었다는 메달 맞아요? 좀 구경해도 될까요?”

보통 오크통은 증류소마다 차이가 있긴 하지만 최대 네 번까지 사용한다. 처음 사용한 오크통을 퍼스트 필First Fill이라 부르고, 두 번째로 사용한 오크통은 세컨드 필Second Fill, 세 번째는 서드 필Third Fill, 이후에는 리필 캐스크Refill Cask라고 부른다. 위스키 오크통으로서 수명을 다한 오크통은 가구 공장에서 사용되거나 다양한 방식으로 재활용된다. 드램 마라톤의 메달 역시 그런 오크통으로 만든 것인데 대회에 참가한 사람들에게 탄소 발자국을 줄이기 위한 노력에 동참했다는 또 다른 자부심을 심어준다.

노랑, 주황, 초록의 바람막이를 입은 세 친구는 사진도 찍으라며 포즈도 취해주었다. 모두 스코틀랜드 출신이었다. 달리기를 구경하는 중간 중간에 참가자들에게 출신지를 물어보니, 영국 외에도 미국과 독일에서도 많이 온 모양이었다.

언젠가 한국에서도 증류소 달리기 대회가 열린다면 굉장히 즐거울 것 같다는 상상을 했다. 김창수 증류소부터 쓰리소사이어티스까지 달리면 86킬로미터니까 이제라도 체력을 키워야겠다. 어쩌면 두 증류소 사이에 또 다른 위스키 증류소가 생길지도 모르겠다.

드램 마라톤의 생생한 현장과 참가자들의 인터뷰는 〈여행의 끝, 위스키〉 유튜브 채널에서 감상할 수 있다.

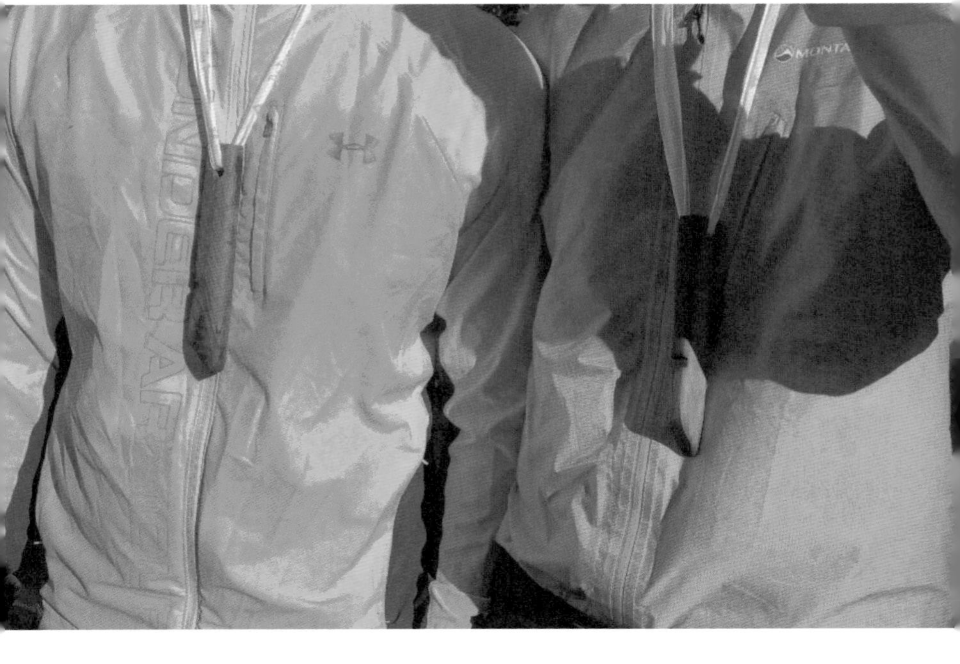

드램 마라톤을 완주한 청년들과 오크통을 재활용한 메달.

Caol Ila

쿨 일라 증류소

투어에서 만난 환경운동가 부부

주라 섬을 가장 아름답게 감상할 수 있는 포인트

아일라의 숙소인 포트샬롯에서 쿨 일라Caol Ila 증류소까지는 차로 25분 정도 걸리는 거리였다. 그리고 부나하벤 증류소는 쿨 일라 증류소 근처에 위치해 있었다. 포트샬롯-쿨 일라-부나하벤 증류소 코스로 다니면 딱 맞아떨어졌을 텐데, 증류소 예약이 가능한 시간을 따라야 했기 때문에 이동 동선이 길어질 수밖에 없었다.

우선 숙소에서 30분가량 차로 달려 남쪽에 있는 라프로익에 도착해 투어를 마치고, 다시 35분 동안 차를 타고 북동쪽으로 올라와 쿨 일라 증류소에 가야 했다.

"보연, 며칠 이곳에서 지내보니 너의 일정과 동선이 남에서 북, 서에서 동으로 가는 요상한 동선이라는 게 이해되지? 시간 면에서도 에너지 차원에서도 비효율적이야."

"짐, 미안해요. 예약이 어려워서 어쩔 수 없었어요."

"쿨 일라까지 가는 시간이 너무 촉박하니까 조금 달려볼게."

라프로익 증류소에서 투어를 마치고 이야기를 나누느라 시간이 이렇게까지 지체됐는지 몰랐다. 매번 나는 예상 시간보다 늦게 나왔고 짐은 이제는 가야 한다고 재촉했다. 이번 아일라 행의 페이스메이커는 운전기사 짐이었다. 그 덕분에 무리한 일정을 모두 소화할 수 있었다.

라포로익 증류소에서 출발하자마자 짐은 시속 100킬로로 밟고 달렸다. 도로가 깊이 팬 곳을 지날 때마다 꽉 잡으라고 주의를 주었다. 그렇게 달려왔는데도 예약 시간에 5분이 늦었다. 드디어 아일라에서의 마지막 증류소인 쿨 일라 증류소에 도착했다.

쿨 일라 증류소는 주차장에서 방문자 센터로 가는 길이 색달랐다. 보통은 주차장에서 방문자 센터 입구가 서로 가깝게 자리 잡고 있다. 그런데 여기는 주차장의 지대가 높아서 밑으로 길게 이어진 나무 통로를 걸어 내려가고 또 계단을 한참 내려가야 방문자 센터의 자동문 출입구가 나왔다. 하지만 해안선을 따라 파노라마처럼 펼쳐지는 바다를 바라보며 이 길을 걷는 것만으로도 눈이 시원해지고 힐링이 되는 기분이었다.

쿨 일라는 게일어로 아일라 해협을 뜻하는데 증류소에서 한눈에 보이는 바다를 보니 그 이름이 바로 이해되었다. 여기서는 바다를 사이에 둔 맞은편 섬이 잘 보이는데, 그곳이 바로 주라Jura 섬이다. 주라 섬을 가장 아름다운 뷰로 감상하고 싶다면 여기 쿨 일라 증류소 방문자 센터의 통유리 창을 통해서 보면 된다.

쿨 일라 증류소는 새 단장을 마치고 2022년 8월에 재개장했기 때문에 운 좋게도 쾌적한 상태의 증류소를 만날 수 있었다.

나는 여러 투어 프로그램 중에서 숙성고 투어를 선택했다. 숙성고에서 잠들어 있는 다섯 가지 캐스크에서 직접 위스키를 꺼내 맛보는 프로그램이다. 테이스팅 세션은 나의 집중력도 중요하지만 함께하는 참가자들의 영향을 많이 받는다. 테이스팅 노트를 교환하면서 배우는 부분이 많기 때문이다.

우리 테이스팅 세션의 인원은 나를 포함해 세 명, 가이드까지 네 명이었다. 우선 인원수는 환상적이다. 충분히 여유 있게 이야기를

쿨 일라 증류소의 방문자 센터로 가는 길.

나눌 수 있겠다 싶었다. 그들은 이제 막 시작했다면서 5분 늦은 나를 따뜻하게 환대해주었다. 그리고 곧 버번 리필 캐스크에서 15년간 숙성한 위스키 원액을 잔에 따라주었다.

"모든 스코틀랜드의 싱글몰트 위스키는 저마다 개성이 있어요. 혹시 라가불린 증류소에 다녀오신 분이 있나요? 라가불린과 쿨 일라는 같은 피티드 몰트를 사용하고 발효 시간도 같아요. 그런데 라가불린은 조금 더 스모키하고 오일리하며 바디감이 있죠. 쿨 일라는 그보다는 좀 더 꽃향기와 후추 향기가 느껴집니다."

투어 가이드는 디아지오라는 같은 지붕 아래에 있는 라가불린 증류소와 쿨 일라 증류소의 위스키 특징을 비교해 가면서 설명을 이어갔다.

"라가불린은 증류 시간이 길고 증류기의 라인암이 아래로 가파르게 꺾여 있어요. 그래서 스피릿이 더 묵직하죠. 쿨 일라 증류소의 라인암은 거의 평행처럼 보이는데, 아주 살짝 아래쪽을 향해 있어요. 라가불린만큼 라인암의 각도가 가파르지는 않아요. 대신 증류기가 더 길죠. 그래서 원액의 증기가 올라가면서 증류기에 더 많이 접촉되어 부드럽고 섬세해지는 거예요."

우리는 위스키를 한 모금씩 맛보면서 그의 말에 말없이 고개를 끄덕였다.

"카듀Cardhu는 조금 더 부드럽고, 프루티하고, 더 달콤합니다."

블렌디드 위스키를 구성하는 위스키 원액 중 맛과 향을 담당하는 것을 키 몰트key malt라고 한다. 그는 조니워커의 키 몰트 중 하나인

쿨 일라 증류소의 증류기(위)와 라가불린 증류소의 증류기(아래) 비교.

카듀 증류소 원액의 특징도 설명해주었다. 조니워커의 키 몰트를 생산하는 글렌킨치, 카듀, 크라이넬리시, 그리고 쿨 일라까지. 이 네 증류소를 '포 코너 디스틸러리Four Corner Distilleries'라고 부른다. 디아지오가 보유하고 있는 몰트 위스키 증류소의 특징을 예를 들어 비교하면서 쿨 일라 위스키의 특징을 소개했다.

"자, 첫 번째 위스키의 맛은 어떤가요?"

"피트가 잔잔하게 느껴지네요."

본인을 환경운동가라고 소개한 피터가 대답했다. 이어서 함께 환경운동가로 활동하고 있다는 그의 부인 소피가 덧붙였다.(두 사람의 이름을 임의로 피터와 소피로 붙여보았다.)

"부드러운 토피의 달콤함이 좋은데요?"

"맞아요. 크리미한 토피에 레몬 제스트의 싱그러움과 시리얼의 고소함도 느껴져요."

나의 테이스팅 소감도 이야기했다. 소피가 마시기 쉬운 스타일의 유쾌한 이 위스키가 위험할 것 같다고 하자 모두가 크게 웃었다.

"두 번째 위스키를 오크통에서 꺼내려고 하는데, 누가 해보겠어요?"

피터와 소피는 내게 먼저 해보라며 웃으며 권했다.

"그럼 제가 해볼게요."

다른 증류소에서 수차례 발린치로 원액을 뽑아보았기 때문에 발린치를 잡는 손이 꽤 편안해졌다. 엄지손가락에 압력을 줘서 발린치 끝에 있는 구멍을 막고 원액을 빨아들인 후 실린더에 조준하고 엄

쿨 일라 증류소의 숙성고에서 발린치로 원액을 뽑는 모습.

지손가락을 뗐다. 두어 번 위스키를 뽑아내고 의기양양하게 자리로 돌아왔다.

"두 번째 위스키는 수색이 조금 더 어둡지요?"

"그러네요. 숙성 기간이 좀 더 길까요?"

"숙성 기간이 수색에 영향을 주기도 하지만, 보통 가장 큰 영향을 주는 것은 어떤 오크통을 사용했느냐예요. 이번 위스키는 퍼스트 필 아메리칸 오크에서 11년간 숙성한 위스키입니다."

이전에 재사용 아메리칸 오크에서 숙성한 위스키에 비해 숙성 기간은 짧지만 색은 훨씬 짙었다. 나무로 지어진 숙성고는 위스키 향과 우리들이 때때로 내뱉는 탄성으로 가득 찼다. 투어 매니저의 설명을 듣고 난 뒤 소피는 잔에 코를 다시 갖다 댔고, 피터는 위스키를 다시 한 모금 마셨다. 나는 테이스팅 노트를 적느라 손이 바빴다.

쿨 일라 #2

11년 퍼스트 필 아메리칸 오크

55.5%

캐러멜 퍼지, 크리미, 젠틀 스모크

진짜 맛있음

호들갑을 떠는 우리를 진정시키고 나서 투어 가이드는 퍼스트 필 버번 캐스크에 대한 설명을 이어나갔다.

"미국에서 버번 위스키를 만들 때는 법적으로 새 오크통을 사용해야 한다는 규정이 있어요. 그래서 한 번 버번 위스키를 담았던 오크통은 보통 스코틀랜드로 수출합니다. 덕분에 스코틀랜드에서는 좋은 가격으로 양질의 아메리칸 오크통을 얻을 수 있지요."

앞으로는 미국에서도 환경이나 경제적인 요인을 고려해서 버번 위스키를 만들 때 1회 재사용까지 허용될 수 있다고 한다. 지켜봐야 할 일이지만 충분히 가능성 있는 이야기였다. 그렇게 되면 스코틀랜드를 비롯해 전 세계 위스키 시장이 오크통 수급을 둘러싸고 생산에 큰 지각 변동이 있을 것이라고 덧붙였다.

"고도수 위스키인데 괜찮은가요? 물을 조금 첨가해보겠어요?"

"때때로 물을 첨가하면 위스키 향이 더 깨어나는 경향이 있긴 하지만 오늘은 이대로가 너무 훌륭해서 물이 필요 없을 것 같아요."

소피의 대답에 우리는 고개를 끄덕였다.

가이드는 여기서 조금 더 스파이스가 살아나면 크리스마스 케이크처럼 느껴질 거라고 이야기해주었다. 스코틀랜드에서 크리스마스 케이크는 럼에 과일을 절여서 만드는 케이크류를 말한다. 한국에서 보통 겨울에 먹는 하얀 생크림에 딸기가 올라간 케이크를 상상하면 안 된다. 그보다는 슈톨렌이나 파네토네에 더 가깝다. 최근에는 우리나라의 베이커리에서도 12월이 되면 유럽의 크리스마스 케이크를 많이 판매하기 때문에 어렵지 않게 맛볼 수 있다.

이어서 다음 위스키를 꺼내보기로 했다. 이번에는 소피가 오크통 앞으로 다가갔다.

"실은 이번에 제 생일을 기념해서 여기에 왔거든요. 특별한 생일

추억을 만들기 위해 자전거로 아일라 투어를 해보기로 했어요."

그제야 사이클 복장으로 증류소에 온 부부의 모습이 이해되었다. 환경운동을 하는 커플다운 특별한 이벤트였다. 위스키를 천천히 발린치로 꺼낸 뒤 소피가 자리로 돌아왔다. 우리는 약속이라도 한 듯 다 같이 생일 축하 노래를 불렀다.

"Happy birthday to you. Happy birthday to you~."

생일을 맞은 그녀가 뽑아 온 세 번째 위스키는 리필 아메리칸 오크에서 18년간 숙성한 원액이었다. 언피티드unpeated(=논 피티드) 위스키로 이전과는 맛이 완전히 달랐다. 소금기가 느껴지는 위스키 원액은 마치 테킬라를 마시는 것 같았다. 그렇지만 위스키는 역시 위스키. 이어서 사과와 바닐라 푸딩의 향기가 코와 입에서 느껴졌다. 흥미로운 점은 조니워커의 키 몰트로 잘 알려진 쿨 일라 위스키 원액이 피트 위스키가 아닌 언피티드 원액을 주로 블렌딩에 사용한다는 것이다. 이전에는 피티드 몰트를 사용하지 않은 쿨 일라는 아일라 스타일이 아니라 하일랜드 스타일의 원액이었기 때문에 블렌더들에게는 쿨 일라 하일랜드로 불렸다. 가이드는 1980년대의 하일랜드 스타일을 표방해서 만들어진 위스키라고 설명해주었다.

"이거 완전 아침 위스키Breakfast whisky인데요?"

위스키를 꿀떡꿀떡 마시던 소피가 말했다. 이전에 55도가 넘는 피트 위스키를 마시다가 50.2도의 언피티드 원액을 맛보니 아침에 마셔도 좋을 정도로 부드럽게 느껴진다고 했다. 생일에 아일라에 온 위스키 팬다운 코멘트였다. 그녀는 부드러운 미소를 유지하면서도 날카로운 지적을 이어나갔다.

"그런데 피트를 계속 채취하는 게 가능한가요? 무한정 나올 수 있는 자원은 아닐 텐데요. 피트를 태우는 과정에서 생기는 환경 오염에 대한 문제도 있을 테고요."

"맞아요. 피트는 현재 유한한 자원이에요. 다음 세대까지 사용할 수 있는 피트가 현재 아일라에 있다고 알려져 있지만요. 피트 층이 1밀리미터 생기려면 일 년의 퇴적 시간이 필요하다고 해요. 그래서 최근에는 피트 스모크 특유의 향기를 재현하는 인공적인 향도 실험하고 있다고 해요. 아직 성공 단계는 아니지만요.

현재 쿨 일라 증류소는 바이오매스 보일러biomass boiler를 도입해 탄소 발자국을 줄이기 위한 노력을 하고 있어요. 생산 공정 전반에서 물 낭비를 줄이고 에너지 효율을 높이기 위한 방향을 지속적으로 모색하고 있죠."

실제로 스카치 위스키 협회Scotch Whisky Association는 2035년까지 스코틀랜드의 이탄 지대를 보존하고 복원하는 데 적극적인 역할을 할 수 있도록 'Peat Action Plan'을 내놓았다. 쿨 일라를 소유하고 있는 디아지오에서는 라가불린 증류소 2백 주년 유산 기금으로 아일라의 약 7백 에이커(약 85만 평)에 달하는 이탄 지대 복원에 자금을 지원했다.

"맛있는 위스키를 계속 마시고 싶어서 걱정이 좀 됐어요."

마무리 짓는 소피의 말에 잠시 무거워졌던 공기가 유쾌한 웃음으로 바뀌었다.

우리는 다시 위스키 테이스팅을 이어나갔다.

쿨 일라 증류소에서 만난 환경운동가 부부와 함께 숙성고에서 진행한 테이스팅.

“그런데 보연, 테킬라 같다니 너무 짓궂은 표현 아니야? 한번은 테킬라 캐스크 피니시 위스키를 마신 적이 있는데, 최악이었어.”

소피는 자신의 경험을 이야기하며 테킬라 특유의 강한 캐릭터가 위스키의 풍미를 오히려 방해한다고 주장했다. 테킬라 캐스크에 대한 경험이 없는 나로서는 대꾸하기 어려웠다. 그렇지만 언젠가 테킬라 캐스크를 한번 경험해보고 싶다. 세상에 나쁜 술은 없으며, 또 그만큼 경험치를 높여줄 테니까.

소그룹 세션이다 보니 역시 솔직한 테이스팅 노트를 나누면서 화기애애한 시간을 보낼 수 있었다. 가끔은 그들의 대화 속도가 너무 빨라서 농담을 따라잡지 못할 때가 있었는데, 그럴 때면 내 표정을 쓱 읽고는 한 번 더 요약해서 의견을 물어봐주었다.

“그럼 이번에는 제가 위스키를 꺼내 올게요.”

피터가 자리에서 일어나 발린치를 손에 들었다. 그가 꺼내 온 위스키는 강하게 오크통을 그을린heavily charred 캐스크에서 숙성한 위스키였다. 가이드는 모스카텔Moscatel 캐스크라고 소개했다. 모스카텔은 포르투갈어로 뮈스카Muscat 품종을 일컫는데 주로 달콤한 강화 와인을 뜻한다.

“와, 헤빌리 차드 캐스크라서 그런지 바닐라 풍미가 상당히 강하네요!”

진득한 바닐라 향기에 이어서 후추, 시나몬, 정향 등 다양한 스파이스들이 매력적으로 피어났다. 타닌도 꽤 느껴지는 스모키한 위스키인데 상당히 당도가 높았다.

함께 시간을 보내면서 공통 관심사로 오래 이야기를 나누다 보니 어느덧 우리 사이엔 친근감이 감돌았다.

"메모라든가 표현하는 걸 보면 왠지 너는 마케터일 것 같아. 무슨 일을 하니?"

"오, 어떻게 알았어? 나는 마케터이면서 동시에 위스키에 관한 글을 쓰고 있어."

갑자기 부부의 눈이 동그래지더니, 지금까지 우리가 위스키에 관해 나눈 대화는 모두 잊어 달라며 너스레를 떨었다.

"그러면 책도 출간한 거야?"

"맞아. 『하루의 끝, 위스키』라는 책이야. 이번 여정은 다음 책을 준비하기 위한 과정이고."

"갑자기 네 얘기를 들으니까 아까 그 아침 위스키는 하루의 끝에 마셔도 좋을 것 같다는 생각이 든다."

"그러네. 편안하게, 잠들기 전에 나이트 캡으로."

드디어 가이드가 마지막 위스키를 캐스크에서 꺼냈다. 12년간 버진 오크 캐스크에서 숙성한 위스키였다. 이 위스키를 마시면서 우리는 대화를 이어갔다.

"이번에 준비하는 책은 어떤 내용이야?"

"'여행의 끝, 위스키'라는 제목인데, 스코틀랜드의 위스키 증류소를 여행하는 이야기야."

우리는 동시에 섬세한 향의 쿨 일라 위스키를 홀짝였다. 낯선 섬에 홀로 온 나를 부부는 대견하게 바라보았다. 영상을 촬영하면서 연신 노트에 빼곡하게 기록하는 모습이 색달랐던 모양이다. 소피가 내게 물었다.

"그래서 너는 이 위스키 여행의 끝은 뭐라고 생각해?"

순간, 마땅한 대답을 찾지 못했다. 이 여행의 끝은 무엇일까? 위스키를 탐구하는 마음과 목표는 무엇일까? 순수하게 위스키 테이스팅이 좋아서 시작한 일인데, 글을 쓰고 강연도 하는 일로 확장되었다. 나는 무엇이 되고 싶은 걸까? 섬세하게 느껴졌던 쿨 일라의 향기가 갑자기 복잡하게 다가왔다. 이번 여정에서 답을 찾아야 하는 또 다른 주제가 생긴 듯했다.

테이스팅 세션을 마치고 다시 아름다운 길을 되짚어 올라가 주차장 입구에 다다랐다. 우리는 거기서 따뜻한 작별 인사를 나누었다. 소피와 피터는 다시 헬멧을 썼다. 해변을 따라 걷다가 술이 좀 깨면, 다시 자전거를 탈 거라고 했다.

나는 아일라 공항으로 서둘러 가기 위해 짐의 차에 올랐다.

여행의 끝, 위스키.

앞으로 나는 어디로, 또 어떻게 떠나게 될까?

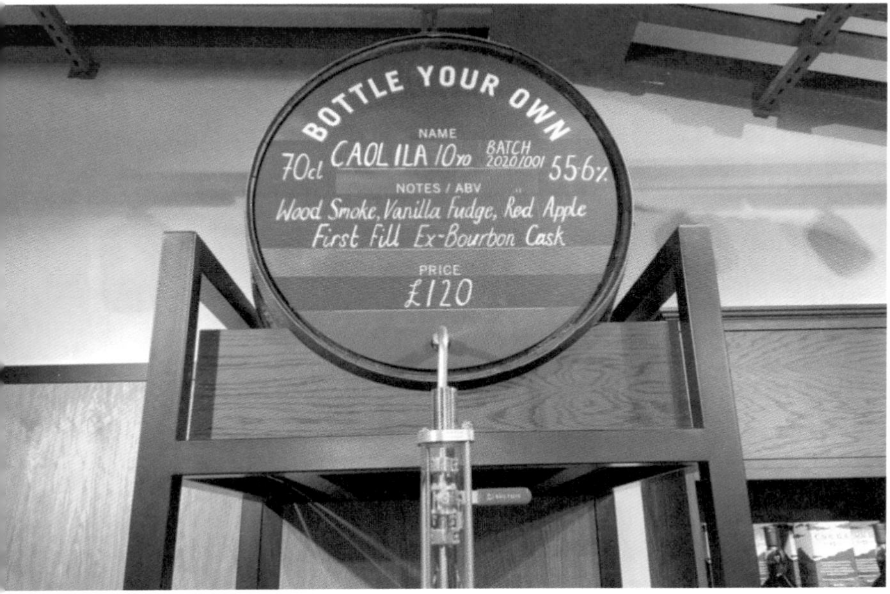

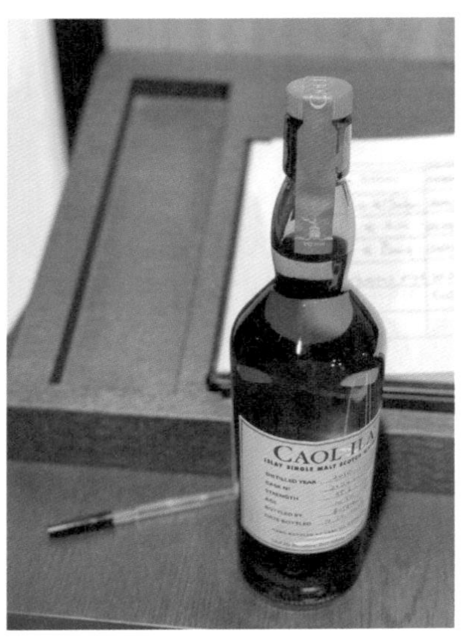

쿨 일라 증류소의 핸드필 위스키.

TIP13

버번 캐스크와 스카치 위스키

미국에서 버번 위스키를 만들 때는 까다로운 규정이 있다. 스코틀랜드에서는 버번 위스키를 담았던 오크통을 많이 사용하기 때문에 이 규정을 인지하면 스카치 위스키에 대한 이해의 폭이 넓어진다.

버번 위스키의 규정

미국에서 생산

주재료로 옥수수를 51퍼센트 이상 사용, 기타 곡물 혼합물 사용

새까맣게 그을린 새로운 참나무통에서 숙성

160(US)proof(알코올 도수 80%) 이하로 증류

125proof(알코올 도수 62.5%) 이하에서 통입

80proof(알코올 도수 40%) 이상으로 병입

우선 버번 위스키는 언제나 새로운 참나무통에서 숙성해야 한다. 그래서 그 많은 버번 위스키를 단 한 번 담았던 오크통은 스코틀랜드를 포함해 여러 국가로 수출된다. 스코틀랜드에서 위스키를 만들 때 버번 오크통을 사용해서 위스키를 숙성하는 이유 중 하나다. 접근성이 좋기도 하고 여기에서 숙성된 위스키 원액은 특별한 맛이 있다.

오크통에서 숙성할 때 나오는 성분들 중에는 바닐린vanillin과 락톤lactones이 있다. 바닐린은 우리가 잘 아는 바닐라 향이 나는 향기 물질이고, 락톤은 코코넛 향이 나는 향기 물질로 이해할 수 있다. 바닐린과 락톤은 친유성lipophilic이라서 물보다 알코올에 잘 녹는다. 버번 위스키는 증류 이후 오크통에 통입할 때 법적으로 알코올 도수가 최대 62.5도까지 가능하도록 규제한다. 스카치 위스키는 그런 제재가 없는데, 통상 63.5도에 맞추어 오크

통에 통입한다. 그 이유는 버번 캐스크를 사용할 때 이전 목재에서 녹아 나온 향기 물질을 한 번 더 끌어내야 하기 때문에 조금 더 높은 알코올 도수로 담는 것이다.

반면 버번 위스키를 담았던 오크통이 아닌 새 오크통인 버진 오크virgin oak를 사용할 때는 60도 이하로 담는다. 나무 맛이 너무 강하게 배지 않게 하기 위해서다. 레드 와인을 포함해서 강화 와인을 담았던 오크통을 사용하는 경우에는 55도에 맞춰 통입한다. 그리고 재사용을 하면 그에 따라 알코올 도수를 조금씩 높여 이후에는 약 65도까지 맞춰 통입한다. 이를 캐스크 에듀케이션cask education이라고 한다.

旅程

직항은 없어요, 스코틀랜드 입장

팬데믹 이후 첫 비행이다. 매번 술을 탐구한다는 핑계로 여기저기 꽤 다녔는데, 오랜만에 해외여행을 준비하다 보니 모든 것이 낯설었다. 유가 상승과 더불어 우크라이나 전쟁 이슈로 유럽행 항공료가 엄청나게 올랐다.

한국에서는 스코틀랜드로 가는 직항이 없다. 그래서 두 가지 방법을 고려했다. 첫째, 런던행 비행기 티켓을 구매하고 런던에서 애버딘으로 가는 방법이다. 이 경우 티켓이 생각보다 비쌌다. 둘째, 런던을 거쳐 스코틀랜드의 수도인 에든버러로 가서 캐슬 투어도 하고, 증류·양조로 유명한 헤리엇와트 대학교를 탐방하는 루트다. 이 역시 교통비가 비싸고 대중교통으로 이동하는 동선이 만만치 않았다. 과감하게 에든버러 일정을 포기했다.

비행도 비행이지만 차량 통행 방향이 반대인 영국에서는 직접 운전할 엄두가 나지 않았다. 여러 경우의 수를 고려해 이번 위스키 모험의 시작은 글래스고로 정했다. 루프트한자를 타고, 프랑크푸르트를 경유해 글래스고로 도착하는 일정이다. 현지에서는 비행기, 기차, 버스를 타고 가끔씩 택시를 이용하는 것으로 이동 수단을 정리하고 나니 마음이 한결 편해졌다.

드디어 출발하는 날. 루프트한자는 처음인데, 정갈해서 마음에 든다. 날씨도 화창하고 네이비 컬러의 포근한 담요를 받고 나니 여정의 예감이 좋다. 책 한 권 들고 조용히 앉아 있는 옆자리 승객까지 완벽했다.

대략적인 비행 일정은 이렇다. 인천에서 프랑크푸르트까지 15시간 비행하고, 프랑크푸르트에서 3시간 정도 대기하다가 80분을 더 비행하면 글래스고에 도착한다. 긴 비행 시간 동안 할 일을 수첩에 적어보았다.

- 첫 증류소인 글렌고인 증류소의 인터뷰 질문지 다시 정리하기.
- 도착해서 호텔 동선 체크.
- 첫날 밤 바 투어 일정 체크.
- 최신 영화 한 편 감상.
- 매거진 원고 마감.

생각보다 할 일이 많네? 순서대로 세 가지 일을 마무리하고, 레드 와인을 한 잔 청했다. 영화도 보고, 원고 마감은 한숨 돌리고 해도 될 것 같다. 〈크루엘라〉를 보면서 와인을 두 잔 마셨다. 화장실이 가고 싶어졌다. 일어나서 화장실 사인이 보이는 앞쪽 통로를 향해 몸을 움직이는데 갑자기 눈앞이 깜깜해졌다.

'무슨 일이지?'

눈을 떴더니 승무원들과 승객들이 나를 내려다보고 있다. 영어를 못 알아듣는 것 같다는 사람들과 아직 소리를 못 듣는 것 같다는 수군거림이 얼핏 들린다.

"들리세요?"

"손님, 지금 잠깐 기절하셨는데, 바로 일어나지 마시고 여기 조금 기대세요."

한국인 승무원이 다가와서 내 손을 잡아주며, 걱정 어린 목소리로 말을 건다. 이게 어찌 된 일이지? 2~3분쯤 지났나? 몸을 일으키려고 하는데, '후' 도저히 안 되겠다 싶었다. 승무원은 사과 주스를 건넸다.

"한 모금 드시면, 당 충전이 될 거예요. 안 내켜도 한 모금 드세요."

사과 주스를 좀 마시고 크게 숨을 들이쉬니 조금 나아진 것 같았다. 불현듯 화장실 생각이 났다.

"저 화장실 좀 다녀올게요."

승무원의 귀에 속삭였다. 그녀는 바로 앞에서 대기하고 있을 테니 천천히 움직이라고 했다. 어지러운 머리를 부여잡고 나왔는데, 내 좌석까지 가는 길이 너무 멀게 느껴졌다. 승무원이 지금 바로 좌석으로 가는 건 위험해 보인다며 부축해서 뒷자리로 데려갔다.

"산소 마스크를 착용하세요. 맥박과 산소포화도도 체크해 볼게요. 조금 나아지면, 그때 자리로 가는 게 좋을 것 같아요."

생각보다 맥박이 빨리 정상으로 돌아오지 않았다. 십 분 간격으로 건강 상태를 체크하던 승무원은 결국 나를 보내주지 않았다. 남은 비행 시간 내내 산소 마스크를 쓰고 누워서 갔다. 깜빡 잠이 든 것 같은데 어느덧 프랑크푸르트 공항에 도착했다.

비행기에서 기절해버린 나는 움직일 힘이 없었다. 조신하게 탑승구 앞 벤치에 앉아 수분을 보충하면서 정신 똑바로 차리고 글래스고까지 무사히 도착하는 것이 낫겠다 싶었다. 프랑크푸르트 공항은 시가 섹션이 유명하기에 시가를 구매하고, 게이트 옆 흡연 라운지에서 시가도 한 스틱 즐길 야무진 생각을 했던 나 자신이 어이없었다. 역시 사람 일은 알 수 없는 것!

잠시 쉬었다가 글래스고행 비행기에 탑승했다. 고요했던 프랑크푸르트행 비행기와는 반대로 글래스고행 비행기는 밤 9시 50분으로 제법 늦은 시간임에도 시끌벅적했다. 여기저기서 영국 악센트가 들려오는데, 짧은 비행이라 그런지 상당히 어수선했다. 글래스고에 가는 기분이 들기 시작했다. 80분을 비행한 후 드디어 공항에 도착했다. 입국수속하는 곳으로 내려가니 'UK BORDER'라는 글씨가 크게 보였다.

밖으로 나오니 이미 자정이 거의 다 되었다. 늦은 시간이라 택시를 타려고 두리번거렸다. 사람들이 어디론가 우르르 몰려가기에 덩달아 따라가보기로 했다. 시내로 가는 500번 버스 정류장 앞. 누군가 휘파람을 불면서 십 분만 기다리면 버스가 도착한다고 외쳤다. 15분이면 시내로 간다니, 돈 굳었다!

예약해둔 호텔 근처 정류장에서 내렸다. 방금 비가 내렸는지 땅이 촉촉하고 물웅덩이가 군데군데 보였다. 도심 한가운데라서 위치가 좋고, 가격도 인테리어도 캐주얼한 이비스 스타일 호텔이다. 호텔 직원이 빠르게 체크인을 도와주었다. 아일라로 가기 전까지는 이곳에서 며칠 머무를 예정이다. 보통 해외여행을 하면 에어비앤비로 숙소를 잡는 경우가 많은데, 스코틀랜드는 처음이고 혼자서 소화하는 일정이라 조심스러운 마음에 모두 호텔로 예약했다. 방에 들어오니 긴장이 풀리면서

1 프랑크푸르트 공항.

2 글래스고 공항 수속.

잠이 쏟아졌다. 첫날 밤에 가려고 봐둔 위스키 바는 내일 컨디션을 봐서 도전해봐야겠다. 남은 일정, 제발 또 기절하는 일이 없길.

스코틀랜드 증류소 가는 길

1 인천 —비행 이동→ 영국 런던 —비행/기차 이동→ 스코틀랜드 애버딘 —차량 이동→ 스코틀랜드 스페이사이드

2 인천 —비행 이동→ 영국 런던 —비행/기차 이동→ 스코틀랜드 에든버러 —차량 이동→ 스코틀랜드 하일랜드/로랜드

3 인천 —비행 이동→ 독일 프랑크푸르트 —비행 이동→ 스코틀랜드 글래스고 —비행/배 이동→ 스코틀랜드 아일라

스코틀랜드 남서쪽의 작은 섬, 아일라 가는 길

사실 이번 일정에서 아일라 섬으로 가는 것은 불가능해 보였다. 급박하게 스코틀랜드 일정을 정하다 보니 증류소 예약이 너무너무 어려웠던 것. 증류소를 방문하면 다양한 생산자들을 인터뷰하고 마스터 디스틸러도 인터뷰하고 싶었는데! 현실은 인터뷰는 고사하고, 일반 증류소 투어 예약을 잡는 것조차 어려웠다. 팬데믹 이후에 증류소들이 투어 횟수를 줄였고, 그사이 위스키의 인기는 전 세계적으로 높아져서 인기 과목을 수강 신청하듯 예약이 쉽지 않았다. 그래서 효율적인 동선을 고려하기보다는 예약만 할 수 있다면 어떻게든 가는 쪽으로 마음을 바꾸었다.

또 스코틀랜드의 남서쪽에 위치한 아일라 섬으로 가는 일은 인천에서 글래스고로 가는 것보다 고려할 사항이 많았다. 보통 스코틀랜드

증류소 투어를 계획하는 사람들은 자동차를 렌트해서 구석구석에 있는 증류소를 찾아다닌다. 밀주를 만들던 역사가 있어서 증류소들이 산속에 많이 숨어 있기 때문이다. 띄엄띄엄 있는 증류소를 차도 없이 대중교통으로 이동하기에는 무리가 있었다. 특히 아일라에 가는 경우엔 차를 배에 싣고 섬으로 들어가는 방법을 많이 고려한다. 서울에서도 운전이 서툰데 여러 가지가 반대인 영국에서의 운전은 내게 무리였다. 게다가 운전하면서 다니면 가장 중요한 위스키 테이스팅을 하기가 어렵지 않은가!

고민을 거듭하던 차에 스코틀랜드에 오기 전 싱가포르에 있는 몰트바인 올드 얼라이언스Auld Aliance를 가게 됐다. 브룩라디 증류소의 위스키를 테이스팅하고 있는 나를 보고 있던 매니저가 아일라를 다녀온 이야기를 들려주었다. 2주 뒤에 스코틀랜드를 방문할 계획이라고 했더니 그녀는 여러 노하우를 방출했다. 그중 가장 도움이 됐던 것은 바로 아일라행 비행기였다. 글래스고에서 로건 에어Logan Air를 타고 아일라로 들어가는 게 편리하다고 했다. 그런데 이 비행편은 하루에 단 두 번뿐이니 서둘러서 예약하라고 일러주었다. 그마저도 날씨가 궂으면 취소된다고.

그날부터 나는 매일 로건 에어 홈페이지에 접속했다. 이상하게도 주말의 아일라행 좌석은 남은 자리가 보이지 않았다. 알고 보니 이 비행기는 고작 35석이었다. 심지어 내가 가려고 했던 주말에는 아일라 재즈페스티벌이 열리는 주라서 인파가 몰려, 비행기는 고사하고 배편도 모두 없었다. 하는 수 없이 주말은 포기하고 월요일 오전 비행기로 예약했다.

글래스고에서 아일라로 떠나는 날, 오전 8시 비행기를 타기 위해 새벽 4시에 일어났다. 오전 6시, 다시 500번 버스를 타고 15분 만에 공항에 도착했다. 탑승 수속이 시작됐다. 작은 비행기라서 일반적으로 핸드캐리가 가능한 기내용 캐리어 수납도 안 된다고 해서 짐을 부쳤다. 탑승 수속을 마치고 비행기를 타러 게이트로 이동했다. 지긋한 나이의 스튜어디스가 빨간색 타탄 체크 유니폼을 입고 탑승 안내를 시작한다. 실제로 비행기에 오르니 비행기가 정말 작다는 게 실감 났다. 조종석과 내 자리까지는 고작 2미터 정도 되는 듯했다. 작은 비행기는 엄청나게 흔들렸다. 늘 동경하던 곳이지만, 바람에 흔들리는 작은 비행기를 타고 홀로 낯선 섬에 들어가자니 덜컥 겁부터 났다. 잔뜩 긴장한 내게 옆자리의 승객이 말을 걸었다.

"너무 걱정하지 마세요. 저는 매주 이 비행기로 출근하거든요."

"항상 이 정도로 흔들리나요?"

"오늘은 굉장히 양호한 편이에요. 금방 도착하니까 긴장 풀어요."

그분은 집이 글래스고라서 평일에는 아일라에서 근무하고 주말에는 글래스고에서 가족과 시간을 보낸다고 했다. 그가 입은 회색 점퍼에는 보타니스트 진Botanist Gin이라고 적혀 있었다. 보타니스트는 브룩라디 증류소에서 만드는 진이다.

"브룩라디 증류소에서 일하세요? 저 보타니스트 좋아해요."

"네. 고마워요. 아일라는 처음인가 봐요?"

"네, 첫 방문이에요. 브룩라디 증류소 근처에 있는 맛집을 추천해줄

1 1 로건 에어 탑승.
2 2 아일라 공항.

수 있을까요?"

"포트샬롯 호텔이라고 있어요. 이곳 아일라의 식재료로 만든 식사가 괜찮아요."

"오, 저 거기가 숙소예요!"

숙소 예약을 제대로 잘했다! 어느덧 창문 너머로 아일라 섬이 보이기 시작했다.

"저곳이 아일라 섬 맞죠?"

"네, 저기가 피트 습지예요."

드디어 아일라가 내 발아래 펼쳐졌다. 비행 시간은 20분이라고 했지만, 50분이 지나서야 도착했다. 작은 비행기의 매력은 수속 시간이 짧다는 것! 십 분 만에 짐을 찾아 나올 수 있었다.

"네가 보연이니?"

이전에 아일라를 다녀왔던 친구가 추천했던 운전기사 짐Jim이 내게 다가와 말을 걸었다. 그는 지금 막 날이 개었다며, 맑은 아일라의 날씨를 만끽하라고 환영 인사를 했다. 호텔에 짐을 두고, 첫 번째 증류소로 이동하기로 했다.

숙소인 포트샬롯 호텔은 공항에서 차로 40분 정도 거리에 있었다. 나중에 알게 된 사실이지만, 아일라에서 이쪽저쪽으로 이동하기에 썩 좋은 위치는 아니었다. 숙소는 아일라 섬의 중심인 보모어 지역으로 잡을 것을 추천한다.

"커피 한 잔 마시는 건 어때? 아일라 친구를 소개해줄게."

짐은 포트샬롯 해안가에 붙어 있는 하얀 나무집으로 나를 데려갔

1 아일라 바다를 감상하며 커피마시러 가는 길.

2 로킨달 시푸드 키친의 주인 아주머니.

3 로킨달 시푸드 키친의 입구.

다. 입구에 페인트로 하얗게 칠한 오크통을 통과하니 로킨달 시푸드 키친Lochindaal Seafood Kitchen이라는 간판이 눈에 들어왔다. 우리가 들어갔을 때는 주인 부부가 아침 식사를 하고 있었다.

“식사하고 계셨어요? 한국에서 보연 씨가 왔는데, 잠시 같이 커피 한잔하려고 들렀죠.”

“이제 막 출근해서 뭐 준비된 게 없는데! 우선 커피는 있어요.”

짐의 천연덕스러운 말에 주인은 무뚝뚝하면서도 친근한 몸짓으로 커피를 내주었다. 창문 밖에 반짝이는 아일라의 아침 바다를 감상하며, 커피를 한 모금 두 모금 천천히 마셨다. 멀리서 용감하게 혼자 온 나에게, 동네 어르신들은 네가 와서 날이 좋다며, 나를 햇살sunshine이라고 불러주었다. 내 덩치도 여기서는 꽤 귀여움으로 통하는 모양이다.

다시 글래스고로

아일라의 쿨 일라 증류소를 마지막으로, 또 서둘러 아일라 공항으로 가야 했다. 비행 시간을 앞두고 보통 세 시간 전에 수속을 밟는 게 일반적인데, 한 시간도 남기지 않고 도착하고 말았다. 다행히 로건 에어의 글래스고행 비행기는 수속 시간이 짧았다. 문제는 늘어난 나의 짐이었다. 보통 작은 서류 가방 정도는 가지고 탈 수 있고, 기내에 있는 짐칸에 올릴 수 있다. 그동안 증류소에서 구매한 각종 위스키와 굿즈로 가득 찬 짐을 보더니 승무원은 고개를 내저었다. 세 개의 짐가방은 모두 부쳐야 한다고 했다. 추가 비용을 내고 짐을 부쳤다. 보통 승객들의 짐이 많으면, 늦게 온 승객의 짐은 부치지 못하는 경우도 있다고 했다.

1 로건 에어에서 수하물 부치기.

2 로건 에어의 작은 비행기.

초조하게 기다리던 내게 그는 운이 좋다며 윙크를 날렸다.

흔들리는 작은 비행기가 두 번째라 그런지 긴장감은 없었다. 증류소에서 마신 위스키도 아직 덜 깨서 기내에서 쪽잠을 잤다. 글래스고에 도착하니 저녁 8시가 넘었다. 무거운 짐을 짊어지고, 글래스고 숙소에 도착하니 보경 언니가 나를 기다리고 있었다. 그녀는 런던에서 진급 교육으로 어학연수를 마치고 나서 나를 만나러 스코틀랜드로 날아온 참이었다.

"김 부장님, 저녁은?"

"아직 안 먹었어. 알잖아, 나 입맛 없는 거."

"그럴까 봐 글래스고에서 아주 유명한 해산물 레스토랑을 예약해 뒀어요."

생선 요리로 유명한 감바[Gamba]라는 레스토랑에서 와인을 곁들이며 그간의 회포를 풀었다.

"오랜만에 방문한 런던은 재밌었어요?"

"아니, 생각보다 그냥 그랬어. 혼자 있어서 그랬는지."

"언니, 스코틀랜드는 재밌어요. 우리 내일부터 엄청 신날 거예요."

나의 작은 모험담을 귀 기울여 들은 보경 언니는 새로운 여행지에 대한 기대에 부풀었다.

"내일 아침 7시에 이동해야 하니까, 딱 한 잔만 마시고 일어나요."

글래스고에서 좋았던 바 팟스틸을 언니와 함께 가서 정말로 딱 한 잔만 마시고 숙소로 돌아왔다.

스페이사이드로 가는 길

서울에서 출발하기 전에 글래스고에서 스페이사이드로 가는 길을 알아보았다. 한 번에 가는 대중교통을 찾기가 생각보다 쉽지 않았다. 기차와 버스를 계속 알아보았다. 버스를 네 번이나 환승해서 9시간이 걸리는데 그마저도 한 번 버스를 놓치면 끝장이었다. 인버니스Inverness까지 기차를 타고 가서 엘긴Elgin으로 건너가고 이후에 버스로 더프타운Dufftown에서 이동하는 방법도 있었다. 이것도 환승 기차를 놓치면 그날 하루를 공치는 일정이었다. 기차표도 생각보다 비쌌다. 결국 둘 다 포기하고 과감하게 택시를 예약했다.

아침 7시에 택시를 탔다. 운전기사는 스페이사이드에서 묵을 우리 숙소까지 3시간이 좀 넘게 걸릴 거라고 했다. 본격적인 여정을 앞두고 긴장한 탓인지, 새벽부터 일어나 분주하게 움직인 탓인지 공간이 넉넉한 SUV 차량에 오르니 졸음이 몰려왔다.

"보연아, 해 뜬다. 옆에 창문 봐봐."

차를 탄 지 15분쯤 지났을까? 일출이 시작되었다. 계속 이어지는 숲과 들판을 지나 다시 숲을 만나는 택시 투어 자체가 힐링이었다.

"좀 비싸긴 했는데 택시 타기를 잘했다. 경치가 엄청 좋네!"

"그쵸? 저도 너무 오버하는 것 같았는데 편하긴 하네요. 서울 가서 또 열심히 벌어요."

스코틀랜드의 자연에 연신 감탄하던 중에 멀리 성이 보였다.

"기사님, 저 성은 뭐예요?"

"우측에 보이는 성이요? 스털링 캐슬Stirling Castle이에요."

12세기 초에 지어진 스털링 성은 현재도 영국 왕실 행사에 종종 등장하는 곳이다. 13세기 말부터 14세기 중반까지 스코틀랜드 독립전쟁 때 요새로 쓰이던 곳으로, 영국 역사의 살아 있는 박물관과 같다. 에든버러 성과 스털링 성 모두 이번 방문에서는 연이 닿지 않았는데, 멀리서라도 스털링 성을 감상할 수 있어서 다행이었다.

한참을 달리니 토모어 증류소Tormore Distillery의 시바스 브라더스Chivas Brothers 간판이 보였다. 스페이사이드에 도착한 게 실감 나기 시작했다. 비교적 최근인 2014년에 다시 문을 연 발린달록Ballindalloch 증류소를 지나니 글렌리벳 에스테이트Glenlivet Estate에 들어선다. 얼마 지나지 않아 오늘 방문할 글렌리벳 증류소와 토민타울 증류소에 가까운 숙소인 티슬듀Thistle Dhu B&B에 도착했다. 정원이 딸린 숙소는 생각보다 아름다웠다. 주방도 커서 무척 마음에 들었다. B&B 매니저가 반갑게 환영해 주었다.

"일찍 도착했네요! 글래스고에서 여기까지 택시 타고 온 거예요? 투숙객 중에 택시 타고 온 분들은 처음이에요."

"(웃음) 멀리서 왔어요. 제가 메일 드렸던 보연이에요. 저희를 11시까지 글렌리벳 증류소에 바래다준다고 하셨죠?"

"네, 맞아요. 어서 나갑시다. 차로 5분 거리니 지금 가면 투어 시작 전에 넉넉히 도착할 거예요."

우리는 찬찬히 숙소를 둘러볼 겨를도 없이 바로 스페이사이드 증류소 투어에 나섰다.

스코틀랜드 택시 정보

스코틀랜드 증류소가 있는 주요 지역은 우버로 이동하기 어려워 현지 택시를 예약하기를 추천한다.

글래스고

글래스고 캡

앱을 다운로드한 후 이용 가능

enquiries@glasgocabs.co.uk

+44 0141 332 5050 / 0141 774 3000

https://glasgocabs.co.uk/

하일랜드

하일랜드 택시

왓츠앱으로 전화 연결 가능

Thurso +44 01847 555555

Invergordon +44 01389 614614

Inverness +44 01463 333333

https://www.highland.taxi/

스페이사이드

스페이사이드 택시

http://www.speyside-taxis.co.uk/

에이스 택시

+44 01343 820820

enquiries@acetaxismoray.co.uk

https://acetaxismoray.co.uk/

크라이겔라키 카

+44 07960 567118

craigcars08@gmail.com

https://www.craigellachiecars.com/

아일라

운전기사 짐의 아일라 택시

+44 07967 505991

jimmaccalman@hotmail.co.uk

https://www.jims-islay-taxi.co.uk/

아일라 택시

+44 01496 850170 / +44 07771 921157

email info@islaytaxis.com

https://www.islaytaxis.com/

감사의 말

이 책이 나오기까지 도움을 주신 분들이 많습니다. 인터뷰 섭외부터 증류소 자료 확인까지 여러 차례 도움을 주신 손길에 다시 한 번 감사 인사를 전합니다. 회사명 기준(가나다 순)으로 소개합니다.

가자주류의 김상태 대표님과 하은정 부문장님, 안성희 전 부문장님

디아지오코리아의 성중용 원장님과 유미화 님

디앤피 스피리츠의 이세용 대사님, 롯데칠성의 김동준 팀장님

부루벨코리아의 다비도프 담당 조용범 매니저님

메타베브 코리아의 이종민 부사장님 이하 글렌알라키 마케팅 담당 도니무어 헤드 님, 브룩라디 증류소 담당 김준태 과장님

엠에이치샴페인즈앤드와인즈코리아의 김현리 매니저님과 제니 이사님

빔 산토리 코리아의 김홍배 님

윌리엄그랜트앤선즈코리아 이하 글렌피딕의 배대원 대사님, 발베니의 김미정 대사님

페르노리카코리아의 오연정 대사님

그리고 마지막으로 멀리 스코틀랜드에서 활약하고 계신 클라이드사이드 증류소의 정성운 님과 라세이 증류소의 이세기 님 고맙습니다.

여러 번 기획 방향과 글을 수정하는 내내 함께 고민해주신 모요사 출판사의 손경여 기획실장님과 김철식 대표님, 예쁜 책을 만들어주신 민혜원 디자이너님, 글을 쓰다 막힐 때 아낌없는 조언을 해주신 최예선 작가님 감사합니다. 이제 저희 위스키 한잔 해야지요?

이번 스코틀랜드 여정 중간에 합류해서 매일 함께 위스키를 마시느라 고생한 보경 언니와 시선, 늘 따뜻한 사랑과 응원을 보내주는 지넴, 나기, 미키, 어느덧 10년을 함께하는 분당 위스키 모임 식구들, 매주 일요일 아침을 함께 여는 조정 팀 킬러웨일즈 멤버들, 그리고 한 달간 자유 시간으로 좋았을(?) 준영, 모두 고맙습니다. 좋아하는 일을 잘 할 수 있도록 믿고 기다려주시는 부모님과 동생 혜연, 늘 감사한 마음으로 살겠습니다.

사진 제공

가자무역

토민타울 증류소 이미지 p.130~131, p.148, p.160, p.164, p.170, p.334(2번)

디아지오코리아

라가불린 증류소 이미지 p.46, p.47, p.200~201, p.210~211, p.212, p.215

쿨 일라 증류소 이미지 p.392~393, p.398

디앤피 스피리츠

맥캘란 증류소 이미지 p.242, p.247

메타베브 코리아

브룩라디 증류소 이미지 p.16, p.17, p.21(위), p.23(2번, 3번), p.26~27, p.28(위), p.30, p.44(1번)

글렌알라키 증류소 이미지 p.76~77, p.81, p.82, p.86, p.88, p.91(1번, 2번), p.93, p.95, p.96, p.98, p.102

롯데칠성

글렌고인 증류소 이미지 p.342~343, p.347(아래), p351(아래), p.356~357, p.358(아래), p.365, p.377, p.378

빔 산토리 코리아

보모어 증류소 이미지 p.180~181, p.185, p.187(아래), p.188, p.190(1번, 2번, 3번), p.192~193

라프로익 증류소 이미지 p.274~275, p.278~279, p.280, p.283(4번), p.284

엠에이치샴페인즈앤드와인즈코리아

아드벡 증류소 이미지 p.248~249, p.259, p.261(1번), p.268, p.269, p.270, p.273

윌리엄그랜트앤선즈코리아

발베니 증류소 이미지 p.50~51, p.54, p.57, p62, p.69

글렌피딕 증류소 이미지 p.218~219, p.222~223(1번, 2번, 3번), p.226~227, p.228

페르노리카코리아

더 글렌리벳 증류소 이미지 p.110~111, p.114(위)

여행의 끝 위스키

초판 1쇄 발행 2023년 12월 20일

지은이 정보연
펴낸이 김철식
펴낸곳 모요사
출판등록 2009년 3월 11일
(제410-2008-000077호)
주소 10209 경기도 고양시 일산서구
가좌3로 45, 203동 1801호
전화 031 915 6777
팩스 031 5171 3011
이메일 mojosa7@gmail.com

ISBN 978-89-97066-88-9 03320

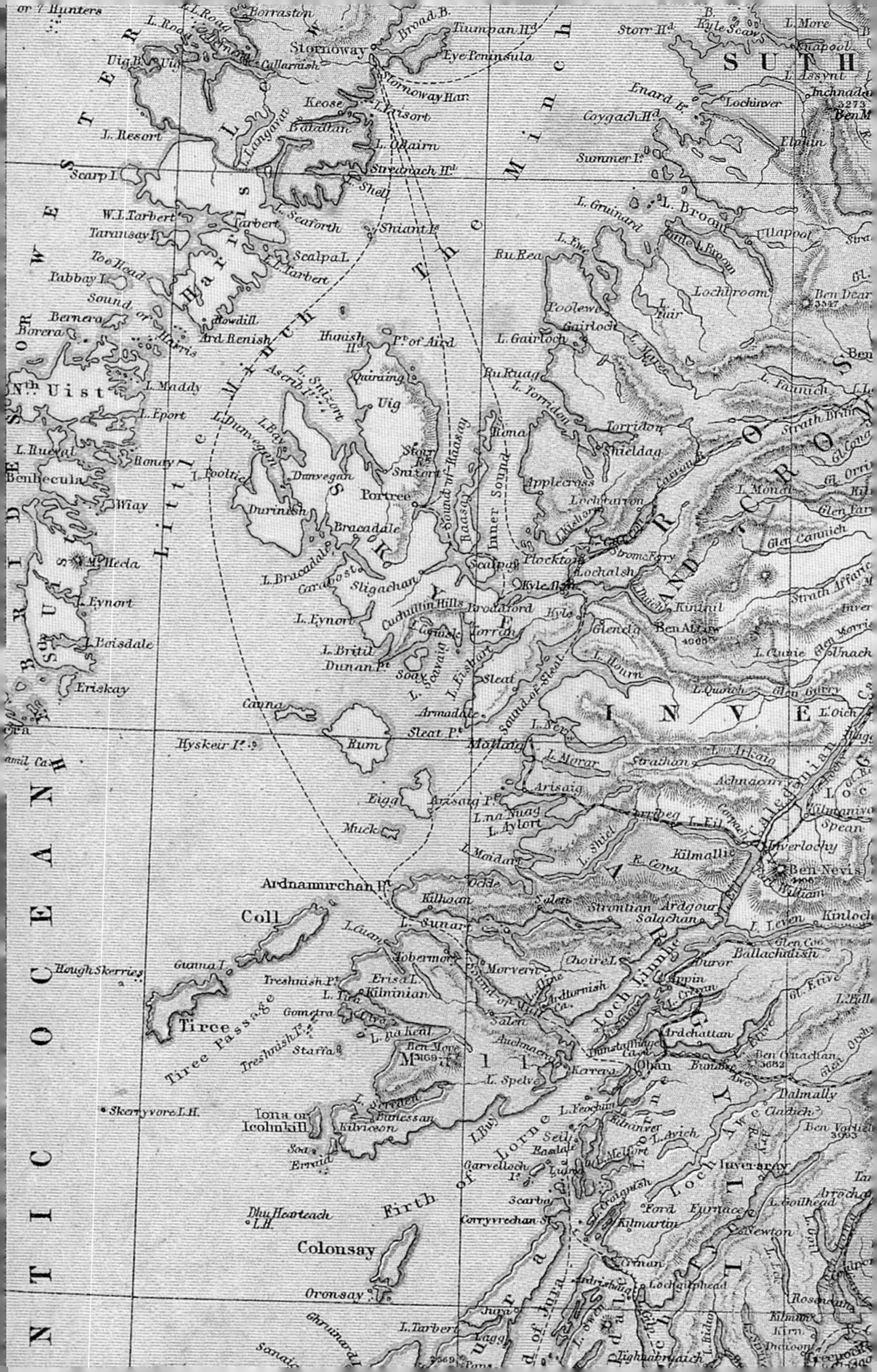

Stornoway
Broad B.
Tumpan Hd.
Eye Peninsula
Storr Hd.
Kyle Scaw
L. More
Kinapool
SUTH
Uig B.
Uig
Callarnish
Stornoway Har.
L. Assynt
Inchnadam
Keose
L. Erisort
Enard B.
Lochinver
Coygach Hd.
Balallan
L. Resort
L. Langavat
L. Odairn
Summer Is.
Elphin
Scarp I.
Stornoway
Shell
L. Seaforth
Shiant Is.
L. Gruinard
L. Broom
Ullapool
W. L. Tarbert
Tarbert
Taransay I.
Scalpa I.
E. L. Tarbert
Ru Rea
L. Ewe
Little L. Broom
Toe Head
Pabbay I.
Harris
Sound of Harris
Bernera
Borera
Rodil
Ard Renish
Lochbroom
Ben Dearg 3547
Poolewe
Gairloch
L. Gairloch
L. Maree
Hunish Hd.
Pt. of Aird
Ru Ruag
L. Torridon
Nth. Uist
L. Maddy
L. Eport
L. Snizort
Ascrib Is.
Quiraing
Uig
L. Fannich
L. Dunvegan
L. Bay
Rona
Torridon
Strath Bran
L. Rueval
Benbecula
Ronay
L. Pooltiel
Dunvegan
Storr Rk.
Snizort
Sound of Raasay
Raasay
Inner Sound
Shieldag
Applecross
Wiay
Durinish
Portree
Bracadale
Skye
L. Monar
Lochcarron
Glen Cannich
Mt. Hecla
L. Bracadale
Carabost
Sligachan
Scalpa
Plockton
Strome Ferry
Lochalsh
Kyle Akin
L. Eynort
S. Uist
L. Eynort
Cuchullin Hills
Broadford
Kyle
Glenelg
Kintail
Ben Attow 4000
Strath Affaric
L. Boisdale
L. Brittle
Dunan Pt.
Soay
L. Scavaig
L. Eishort
L. Hourn
L. Cluanie
Eriskay
Sleat
Sound of Sleat
L. Quoich
Glen Garry
Canna
Armadale
Sleat Pt.
L. Nevis
INVE
L. Oich
Hyskeir Is.
Rum
Mallaig
L. Morar
Strathan
L. Arkaig
Eigg
Arisaig Pt.
Arisaig
Achnacarry
L. na Nuag
L. Aylort
L. Eil
Spean
Muck
L. Moidart
L. Shiel
Kilmallie
Inverlochy
Ben Nevis 4406
Fort William
R. Cona
Caledonian Canal
Ardnamurchan Pt.
Ockle
Kilhoan
Salen
Strontian
Ardgour
Salachan
Coll
L. Sunart
L. Cuan
L. Leven
Kinloch
Glen Coe
Ballachulish
Hough Skerries
Gunna I.
Tobermory
Morvern
Choire L.
Duror
Treshnish Pt.
Erisa L.
Kilninian
L. Tua
Sound of Mull
L. Aline
Ardtornish
Loch Linnhe
Appin
L. Creran
Gometra
Ulva
L. na Keal
Salen
Tiree
Tiree Passage
Treshnish Is.
Staffa
Ben More 3169
Mull
Auchnacraig
Dunstaffnage Ca.
Ardchattan
Oban
Kerrera
Bunawe
Ben Cruachan 3682
L. Spelve
Dalmally
Skerryvore L.H.
Iona or Icolmkill
L. Scridein
Bunessan
Kilviceon
L. Buy
L. Feochan
Kilninver
Cladich
Ben Vorlich 3093
Soa
Erraid
Firth of Lorne
Seil
Easdale
L. Avich
L. Melfort
Loch Awe
Garvelloch Is.
Loch Fyne
Inveraray
Arrochar
Scarba
L. Craignish
Ford
Furnace
L. Goilhead
Dhu Heartach L.H.
Corryvrechan St.
Kilmartin
Newton
Colonsay
Crinan
Lochgilphead
Oronsay
Ardrishaig
Jura
L. Tarbert
Sound of Jura
Lagg
L. Sween
Tighnabruaich
Rosneath
Kilmun
Kirn
Greenock
ATLANTIC OCEAN
The Minch
Little Minch
Hebrides
Ross
Inverness
Argyll